August Heinrich Hoffmann von Fallersleben

Unsere volkstümlichen Lieder

August Heinrich Hoffmann von Fallersleben

Unsere volkstümlichen Lieder

ISBN/EAN: 9783743314863

Hergestellt in Europa, USA, Kanada, Australien, Japan

Cover: Foto ©Thomas Meinert / pixelio.de

Manufactured and distributed by brebook publishing software
(www.brebook.com)

August Heinrich Hoffmann von Fallersleben

Unsere volkstümlichen Lieder

Unsere

Volksthümlichen Lieder.

Von

Hoffmann von Fallersleben.

Suum cuique.

Dritte Auflage.

Mit Fortsetzung und Nachträgen.

Leipzig,

Verlag von Wilhelm Engelmann.

1869.

Seitdem Herder auf die Volkslieder der Fremde und des Vaterlandes die allgemeine Aufmerksamkeit gelenkt hatte, wirkte die Kenntniss derselben sehr wohlthätig auf die Dichter und die Kritiker. Während die Dichter sich daran bildeten und ähnliche Lieder hervorzubringen strebten, und die Kunstrichter bessere Ansichten gewannen und denen gemässe Forderungen an die Dichter stellten, kam beiden der Geschmack des Volkes entgegen. Die volksthümlichen Lieder, wie sie zunächst aus dem Göttinger Hainbunde hervorgingen, wurden zum Theil Gemeingut des ganzen Volks, zumal da sie ihm mit singbaren, wohlgefälligen Weisen zukamen.

So entstand eine ganz neue Poesie, die auf alle Beziehungen zum classischen Alterthum und zu der alten Götterlehre verzichtend, nur deutsch sein wollte in Form, Gefühl und Gedanken. Ihre Blüthezeit waren die 70r und 80r Jahre des vorigen Jahrhunderts, nachdem also zweihundert Jahre fast das deutsche Lied unter der Hand der Poeten entartet und dem Volk entfremdet gewesen war.

Durch die Musenalmanache seit 1770 verbreiteten sich diese neuen Lieder in die höheren Kreise und hie und da sogar beim Mittelstande, und gingen dann in die fliegenden Blätter über und wurden, 'gedruckt in diesem Jahr', auf den Jahrmärkten und Kirmessen verkauft und fanden ihren Weg in jedes Haus, in jede Hütte, wo man lesen und singen konnte. Die Volkslieder wurden dadurch nicht verdrängt, sie wurden daneben noch beibehalten und hie und da in fliegenden Blättern ('Sechs schöne neue Lieder') noch immer gedruckt. Der glückliche Erfolg, dessen sich die neuere Liederdichtung rühmen durfte, konnte Leuten nicht fremd bleiben, die mehr anstrebten als

das Volk für Poesie empfänglich zu machen, es dadurch zu
erfreuen und zu erheben. Es gab damals eine Partei, welche
sich der Volksaufklärung anzunehmen berufen fühlte, achtbare
Männer des Gelehrten- und geistlichen Standes, sogar Staats-
beamte. An ihrer Spitze stand der Berliner Buchhändler Friedrich Nicolai mit seiner 'allgemeinen deutschen Bibliothek' und
ihrem ganzen Anhange. Wie nun Poesie und Musik bisher von
jeder Partei für ihre Zwecke benutzt wurden, so geschah es
auch bei dieser. Ihre beiden Hauptzwecke waren: Aufklärung
in allen Ständen, und Anpreisung und Verbreitung des Gemein-
Nützlichen. Wo sich nur etwas im Leben und in der Poesie
blicken liess, was nach Aberglauben oder etwas Wunderbarem,
nicht gleich mit einem Sinne Erfassbarem schmeckte, da wurde
es aufgescheucht wie ein Wild, verfolgt und zu Tode gehetzt;
ebenso wurde alles bekämpft, was selbst in der Poesie der
Nützlichkeitstheorie entgegen zu streben schien. Man begriff
nicht, dass alles Schöne schon in und durch sich selbst etwas
ist; man wollte die Poesie ohne irgend einen sittlichen und
nützlichen Zweck nirgend gestatten. Allerdings sind und waren
viele Volkslieder nicht eben ganz sauberer Art, allerdings findet
sich in vielen Bruchstücken, die oft ganz verschiedenen Liedern
angehörten und jetzt als Ein Lied gesungen werden, kein Zu-
sammenhang, zumal in Liebesliedern der Art viel Unsinn, aber
das alles durfte doch noch nicht eine ganze litterarische Partei
gegen die Volkspoesie und die volksthümliche Lyrik in Harnisch
bringen! So viel Gemeinheit, so viel Unsinn und Geschmack-
losigkeit ist doch immer noch nicht in den Volksliedern nach-
weislich als wirklich in der gelehrten Poesie zu Tage gekommen
ist und immer noch kommt. In der That ward ein geheimer
Vernichtungskrieg vorbereitet. Nicolai hatte die Bestrebungen
der volksthümlichen Dichter lächerlich zu machen gesucht. Jetzt
handelte es sich darum ihre Leistungen zu verdrängen.

Dies glaubte man schon bewerkstelligen zu können, wenn
man selbst eine Art Volkslieder dichtete, Lieder, worin die
Welt von einem möglichst niedrigen Standpunkte betrachtet und
alle Gefühle möglichst ruhig und gemessen und klar gehalten
würden, weil man der Meinung war, dass das Volk nur ganz
gewöhnlich und niedrig fühlen und denken dürfe. Auf diese
Weise hoffte man den Geist des Volkes aufzuklären, das Gemüth

zu veredeln und ihm selbst den Weg zum Genusse der himmlischen Dichtkunst zu bahnen. Man wollte gewiss etwas Gutes,
aber philisterhafter ist für das geistige Bedürfniss des Volkes
nie gesorgt, ärger ist das poetische Leben des Volkes nie miss-
verstanden worden *).

R. Z. Becker, dessen Noth- und Hülfsbüchlein seit dem J.
1788 ein Lieblingsbuch des Bauern- und Mittelstandes geworden war, glaubte nun auf ähnliche Weise, wie er in jenem
Buche besonders die leibliche Cultur des Volkes befördert hatte,
sich auch seiner ästhetischen annehmen zu müssen. Er veranstaltete eine grosse Liedersammlung und gab sie 1799 heraus
unter dem Titel: 'Mildheimisches Lieder-Buch von 518 lustigen
und ernsthaften Gesängen über alle Dinge in der Welt und alle
Umstände des menschlichen Lebens, die man besingen kann.
Gesammelt für Freunde erlaubter Fröhlichkeit und ächter Tugend, die den Kopf nicht hängt von Rudolph Zacharias Becker.'

Die Lieder sind in vier Theile getheilt: **)

1) Die Natur ausser und um den Menschen in ihrer
Herrlichkeit, darunter: Wolken, Regen, Hagel, Sturm,
Gartenlust, die Insecten ff.

2) Der Mensch nach seinem Lebenszweck, seinen
Eigenschaften, Pflichten und Tugenden ff. Darunter: Verstand und Vernunft, Wahrheit und Irrthum,
freier Wille und Selbstständigkeit ff.

---

*) Darum spricht denn auch der Gnom im ,,Prolog zum Grossen Magen
Leipz., Brockhaus 1815)" S. 33. im Sinne der Philisterei und nüchternen
Aufklärung Folgendes:
   Und so muss man's immer weiter treiben,
   Für die dummen Teufel, das Volk, brav schreiben;
   Leider gibt's da noch Unkraut die Menge,
   Der Eulenspiegel, die alten Gesänge,
   All der Unrath Gedruckt in diesem Jahr,
   Das verdreht den Leuten die Köpfe gar,
   Wollen's mildheim'sche Liederbuch noch nicht goutieren,
   Die Moralien beim Misten und Hofieren,
   Mögen's nimmermehr für Volkslieder halten
   Und singen immer noch die alten.

**) So in den späteren Ausgaben; in der ersten sind noch der 3. und
4 Theil zusammen und das Ganze besteht aus 80 Abschnitten (der 79
zwei Lieder für die Juden!), während in den neueren Ausgaben 88 Ab-
schnitte mit 800 Liedern.

3) Der Mensch im häuslichen und gesellschaftlichen
Leben, darunter: Kirmesslieder, Neujahrslieder, Lieder
an Jubelfesten, Vogel- und Scheibenschiessen ff.

4) Der Mensch in der bürgerlichen Gesellschaft nach
den verschiedenen Ständen, Geschäften und
Gewerben. Hier ist nicht leicht ein Stand und Gewerbe
ausgelassen, sogar an die Bettelleute, Besenbinder und
Gaukler ist gedacht, warum nicht auch an die Spitzbuben,
Corrigenden und Schinderknechte? Dieser 4. Theil ist besonders belustigend; es ist unglaublich, was man den Leuten von sich selbst zu singen zugemuthet hat!

Der Fleischer singt:

> Mit Blut bespritzt, mit Messern scharf
> Und Beilen schwer versehen,
> Kann ich dem tapfersten Soldat
> Muthvoll zur Seite stehen.

> Zwar hab' ich nichts mit Menschenblut
> Im Schlachtgewühl zu schaffen:
> Das Kalb, das Schwein, das sanfte Schaf
> Stirbt nur von meinen Waffen.

> Ein braver Fleischer mag das Vieh
> Wohl schlachten, doch nicht quälen;
> Und am Gewichte lässt er nie
> Auch nur ein Quentchen fehlen.

Der Schornsteinfeger:

> Pech-kohlenrabenschwarz bin ich!
> Doch könnt' ich weiss sein, wenn ich wollte.
> Denn ich bin nicht so fürchterlich,
> Als mancher Mensch wol denken sollte:
> Stell' ich gleich einen Teufel für,
> So hält's ein Engel doch mit mir.

> 9. Ihr Leute, wolltet ihr auch gleich
> Die Feuermauern selber kratzen,
> Alsdann besudeltet ihr euch,
> Bekämet hübsche schwarze Tatzen

Und hättet doch nichts ausgericht,
Denn ihr versteht das Handwerk nicht.

11. Drum wer es gut und redlich meint,
(Soll sonst die Polizei bestehen,)
Der sei des Schornsteinfegers Freund
Und trinke auf sein Wohlergehen
Ein Glas in Zucht und Ehrbarkeit
Vom Safte, der das Herz erfreut.

Der Töpfer:

2. An ihn (Gott) denk' ich bei meiner Scheibe.
So leicht ich sie im Kreise treibe,
So leicht dreht er den Erdenball
Und ferne Welten ohne Zahl.
Ich fühl' die Schwäche die mich drückt,
Da mir so mancher Topf missglückt etc.

Der Scheerenschleifer:

Mein Magen leid't auch keine Noth
Beim ungedeckten Tisch.
Ein gutes Bier und schwarzes Brot
Das hält gesund und frisch.
Wie manchen feisten Bachussohn
Plagt Wind und Indigestion.
Scheer, schleif! etc.

Alles sollte singen in allen Tages- und Jahreszeiten, in allerlei
Lebensverhältnissen und Anlässen, ja sogar noch in der Stunde
des Todes, denn wirklich enthält das Mildh. Liederbuch sogar
einige Lieder für Sterbende!

Trotzdem erwarb sich das Buch, besonders durch seine verbesserten und vermehrten Auflagen, das grosse Verdienst, viele
vortreffliche Lieder mit guten Singweisen — denn es erschienen
dazu auch Melodien — verbreitet zu haben und beförderte somit
den neuen Umschwung der lyrischen Poesie.

Während Becker das ganze Volk, zumal den Bauer- und
Mittelstand, und meist das gereiftere Alter berücksichtigte,
dachte man schon vor ihm daran, die Lust am Singen bei der

Jugend zu wecken durch passende ansprechende Lieder mit singbaren Weisen. Zunächst waren es die Philanthropen, die auch
in dieser Beziehung zu wirken sich berufen fühlten. Christian
Heinrich Wolke, einer der eifrigsten Philanthropen, gab eine
Liedersammlung heraus unter dem Titel: 'Zweihundert und
zehn Lider frölicher Geselschaft und einsamer Frölichkeit, gesamlet von Wolke. Dessau 1782.' Wie sehr darin das poetische
Interesse dem pädagogischen untergeordnet ist und als Nebensache betrachtet wird, lehrt die Vorrede. Darin heisst es unter
Anderm S. VIII:

Zweihundert und zehn Lider frölicher Geselschaft und einsamer Frölichkeit, gesamlet von Wolke (Dessau 1782) S. VIII.

' Wann ich abänderte? wenn ein Lied bloss zum Vergnügen auf-
munterte, so suchte ich auch Gedanken an Pflicht und Arbeit
hineinzuflechten, z. E. in 111 (Meines Lebens werth zu sein),
ferner, wann der traurige, in so vielen geistlichen Liedern und im
gemeinen Leben vorkommende altjüdische Gedanke: Mensch,
du bist Erde und sollt wieder zur Erde werden, vorkam, so setzte ich den christlichen, tröstlichern und wahrlich
auch poetischschönern, der uns an die selige Unsterblichkeit erinnert. Z. E. S. 29. (Wer wollte sich mit Grillen plagen) in der
voruntersten Zeile des trefflichen Liedes von Hölty wurde Engel
aus Asche. Ich liess vieles weg, weil ich die Lieder der Liebe
und Wollust allen unverheuratheten jungen Leuten für gefährlich und schädlich halte, da die Lesung derselben sie antreibt,
Dinge zu wünschen, die sie nicht finden können, oder deren
Genuss Thorheit, Mittel zu ihrem Unglück, und ein bürgerliches
Verbrechen wäre, also sie unruhig und auch schon ohne Genuss
elend machen könnte ff.'

Während Wolke mehr die Jünglinge der höheren Stände
im Auge hatte, dachten andere Pädagogen an die Kinder des
Handwerker- und Bauernstandes. Auch die Volksschule sollte
singen. August Ludwig Hoppenstedt veranstaltete eine der-
artige Sammlung und gab sie unter dem Titel: 'Lieder für Volksschulen' im J. 1793 heraus. Hoppenstedt hatte die Lieder unter
drei Abtheilungen gebracht: Lieder von der Schule überhaupt;
Lieder christlicher Weisheit und Tugend, und Lieder frommer
Fröhlichkeit für allerlei Alter, Zeiten, Stände, Geschäfte und
Gelegenheiten: er hatte hie und da Einleitungen in Gesprächen,

und kurze Bemerkungen in Bibel- und anderen Sprüchen hinzugefügt. Das Buch fand Beifall und wurde in alle Volksschulen des Churfürstenthums Hannover eingeführt und erhielt sich
zum Theil bis jetzt. So sehr auch das Religiöse und Sittliche
vorherrschend ist, so findet sich doch manches echtpoetische
Lied, das freudig von den jungen Gemüthern aufgenommen
wurde und ihnen ein froher Begleiter durch's Leben blieb.

Viele Sammlungen wurden nun veranstaltet, um den neu
gewonnenen Liederschatz zu verbreiten. Das geschah aber nicht
mit jener dankbaren und gewissenhaften Rücksicht, welche ein
Sammler immer haben sollte: statt aus den Quellen zu schöpfen
wurden fliegende Blätter mit oft bereits verdorbenen Texten benutzt, eigene Aenderungen überdem vorgenommen, die Namen
der Dichter selten mehr bemerkt, oder beliebige hinzugefügt, bis
denn endlich eine Liederlichkeit bei diesen Sammlungen einriss,
die wirklich beispiellos ist.

Die Kritiker hätten diesem Unwesen zeitig genug steuern
können, sie hielten sich aber viel zu vornehm, als dass sie sich
hätten mit diesen Liedern befassen sollen, die ihnen andern
poetischen Erzeugnissen gegenüber zu unbedeutend erschienen,
obschon sie der einzige volksthümliche Zweig unserer neueren Litteratur geworden sind. Gelehrte, wie sie selbst waren,
wollten sie nur gelehrte Poesie, die ererbte Kunstlyrik gelten
lassen und überhörten die Stimmen derjenigen, die sich für ihre
besseren Ansichten von Poesie und ihre eigenen volksthümlich-
poetischen Leistungen rechtfertigen mussten. Hören wir, wie
Bürger sich aussprach!

Aus Daniel Wunderlich's Buche 1776.
(S. Bürger's sämmtl. Werke von Reinhard. 6. Bd. [1824.] S. 179 ff.)

Im 'Herzensausguss über Volkspoesie.'
S. 189. 'Diese alten Volkslieder bieten dem reifenden Dichter
ein sehr wichtiges Studium der natürlich poetischen, besonders
der lyrischen und epischlyrischen Kunst dar. Sie sind meist,
sowol in Phantasie als Empfindung wahre Ausgüsse einheimi-
scher Natur. Freilich hat die mündliche Tradition oft Manches hinzugethan und weggenommen, und dadurch viel lächerlichen Unsinn hineingebracht. Wer aber das Gold von den
Schlacken zu scheiden weiss, wird wahrlich keinen verächtli-

chen Schatz erbeuten. — Und wär's denn wol der Mühe nicht
werth, dass ein Mann mit Hemsterhuisisch kritischer Nase
sich darauf beflisse, den heterogenen Anflug wegzunehmen, und
die alte verdunkelte, oder gar verlorene Lesart wieder herzustellen? —'

'In jener Absicht hat öfters mein Ohr in der Abenddäm-
merung dem Zauberschalle der Balladen und Gassenhauer, unter den Linden des Dorfs, auf der Bleiche, und in den Spinn-
stuben gelauscht. Selten ist mir ein so genanntes Stückchen zu
unsinnig und albern gewesen, dass nicht wenigstens etwas, und
sollt' es auch nur ein Pinselstrich des magisch rostigen Colorits
gewesen sein, poetisch mich erbauet hätte etc.'

S. 191.

'Deutsche sind wir! Deutsche, die nicht griechische, nicht rö-
mische, nicht Allerweltsgedichte in deutscher Zunge, sondern in
deutscher Zunge deutsche Gedichte, verdaulich und nährend für's
ganze Volk, machen sollen. Ihr Dichter, die Ihr ein solches
nicht geleistet habt, und daher wenig, oder gar nicht gelesen
werdet, klaget nicht ein kaltes und träges Publicum, sondern
euch selbst an! Geb' uns Einer ein grosses National-Gedicht von
jener Art und wir wollen's zu unserm Taschenbuche machen.
Steiget herab von den Gipfeln eurer wolkigen Hochgelahrtheit,
und verlanget nicht, dass wir Vielen, die wir auf Erden woh-
nen, zu euch Wenigen hinauf klimmen sollen.'

S. 193.

'Ich hemme meine Herzensergiessung mit dem Wunsche, dass
doch endlich ein deutscher Percy aufstehen, die Ueberbleibsel
unserer alten Volkslieder sammeln, und dabei die Geheimnisse
dieser magischen Kunst mehr, als bisher geschehen, aufdecken
möge. Oefters hab' ich zwar schon mündlich diesen Wunsch
meinen Freunden geäussert, und gesagt, er sollte weiter fortge-
pflanzt, und irgend Wer veranlasst werden, ihn auszuführen.
Allein bisher noch vergebens! Unter unsern Bauern, Hirten,
Jägern, Bergleuten, Handwerksburschen, Kesselführern, Hechel-
trägern, Botsknechten, Fuhrleuten, Trutscheln, Tyrolern und
Tyrolerinnen cursiret wirklich eine erstaunliche Menge von Liedern, worunter nicht leicht eins sein wird, woraus der Dichter

für's Volk nicht wenigstens etwas lernen könnte. Manche davon,
so ich gehört, hatten im Ganzen, viele in einzelnen Stellen wahres poetisches Verdienst. Ein Gleiches versprech' ich mir von
weit mehrern, so ich nicht gehört habe. So eine Sammlung von
einem Kunstverständigen, mit Anmerkungen versehen! — Was
wollt' ich nicht dafür geben! — Zur Nachahmung im Ganzen
und gemeinen Lectüre wäre sie freilich nicht; aber für die
Kunst, für die einsichtsvolle Kunst würde sie eine reiche Fund-
grube sein. Nur die Poetenknaben müssten vor allen Andern
ihre, Alles betappenden Fäuste davon lassen, oder mit dem
güldnen Plectrum eins drauf haben.'

Bürger, Vorrede zur ersten Ausgabe seiner Gedichte, Göttingen 1778.

'Erreicht habe ich mein Ziel, worauf ich, seit der Zeit, da
die Begriffe von Natur und Wesen darstellender Bildnerei etwas
mehr in meinem Kopfe sich aufgeklärt haben, meistens losge-
steuert bin, wenn meine Lieblingskinder den Mehrsten aus allen
Classen anschaulich und behaglich sind. Und warum sollte
mich es nicht freuen, dass es bei verschiedenen, wo ich dies
Ziel mit Vorbedacht scharf auf das Korn genommen hatte, und
welche durch das ganze Volk, — worunter ich mit nichten den
Pöbel allein verstehe, — gäng' und gebe geworden sind, mir
gelungen ist, zu bestätigen die Wahrheit des Artikels., woran
ich festiglich glaube, und welcher die Axe ist, woherum meine
ganze Poetik sich drehet: Alle darstellende Bildnerei kann
und soll volksmässig sein. Denn das ist das Siegel ihrer Vollkommenheit!'

'Ich war erst Willens, mein ausführliches Glaubensbekennt-
niss hierüber an diesem Orte in das Archiv meines Zeitalters,
unbekümmert um den Ab- oder Beifall meiner gelehrten vers-
künstelnden Zeitgenossen, für die Nachkunft niederzulegen. Da
mir dies aber unter andern auch die Enge des vorgesetzten
Raumes verbietet, so bleibt es mir auf ein anderes Mal bevor,
zu zeigen, wie eigentlich Volkspoesie, die ich als die einzige
wahre anerkenne, und über alles andere poetische Machwerk
erhebe, beschaffen und möglich sei. Vielen von denen, die
jetzt leben, ist das freilich Aergerniss oder Thorheit. Aber
Geduld!

Das Joch,

> Nicht auf immer lastet es! Frei, o Deutschland,
> Wirst du dereinst! Ein Jahrhundert nur noch,
> So ist es geschehen, so herrscht
> Der Natur Recht vor dem Schulrecht.'

Bürger, Vorrede zur zweiten Ausgabe seiner Gedichte, Göttingen 1789.

'Wenn ich wirklich, was man mir bisweilen nachgerühmt
hat, ein Volksdichter bin, so habe ich dies schwerlich meinen
Hopp Hopp, Hurré Hurre, Huhu u. s. w., schwerlich
diesem oder jenem Kraftausdrucke, den ich vielleicht nur durch
einen Missgriff aufgefischt, schwerlich dem Umstande zu verdanken, dass ich ein Paar Volksmärchen in Verse und Reime
gebracht habe. Nein, dem unablässigen Bestreben nach den
vorhin genannten Tugenden muss ich's zu verdanken haben;
dem Bestreben, dass dem Leser sogleich Alles unverschleiert,
blank und bar, ohne Verwirrung, in das Auge der Phantasie
springe, was ich ihm anzuschauen, dass Alles sogleich die
rechte Saite seiner Empfindsamkeit treffe, was ich ihm habe zu
empfinden geben wollen.'

'In meiner Nachtfeier, in dem Hohen Liede und einigen
andern regt sich freilich etwas alte Mythologie, die aber auch
fast populär ist, oder sich doch mit wenigen Worten selbst
einem Kinde erklären lässt. Wenn indessen, höchstens nur
diese Mythologie abgerechnet, in jenen Gedichten nicht eben
der Geist der Popularität, das ist, der Anschaulichkeit und
des Lebens für unser ganzes gebildetes Volk, — Volk! nicht
Pöbel! — als in der Lenore und ihres Gleichen herrscht und
erkannt wird: so fühle ich mich durch den Ehrennamen eines
Volksdichters nur ein wenig geschmeichelt. In diesem Sinne
habe ich es gemeint, was ich schon in der Vorrede zur ersten
Ausgabe, (die ich übrigens zu vergessen bitte,) von Volks-Poesie
behauptet, nur aber ein wenig abenteuerlich ausgedrückt habe.
Ich hätte sagen sollen, was ich auch noch jetzt, und wie ich
meine, nicht ohne Besonnenheit, behaupte: Popularität eines
poetischen Werkes ist das Siegel seiner Vollkommenheit. Wer
diesen Satz sowol in der Theorie als Ausübung verläugnet, der
missleitet das ganze Geschäft der Poesie und arbeitet ihrem
wahren Endzweck entgegen. Er zieht diese so allgemein

menschliche Kunst aus dem ihr bestimmten Wirkungskreise, von
dem Markte des Lebens hinweg, und verbannet sie in enge Zel-
len, ähnlich denen, worin der Messkünstler misst und rechnet,
oder der Metaphysiker, wenigen Schülern höchst schwer oder
gar nicht verständlich, etwas vorgrübelt. Diese Erklärung mag
nun noch immer, wie vorhin, den Juden ein Aergerniss und den
Griechen eine Thorheit sein, so kann ich doch nicht aufhören,
die Poesie für eine Kunst zu halten, die zwar von Gelehrten,
aber nicht für Gelehrte, als solche, sondern für das Volk
geübt werden muss. In den Begriff des Volkes aber müssen
nur diejenigen Merkmale aufgenommen werden, worin ungefähr
alle, oder doch die ansehnlichsten Classen übereinkommen. Ich
glaube mit nichten, dass dieser Begriff schimärisch oder für
den Dichter unfruchtbar sei, wiewol ich ganz und gar die
Folgerung nicht so weit getrieben haben will, dass nun jedes
Gedicht Jedermann in gleichem Masse verständlich und behaglich sein soll ff.'

'In dem Sinne, wie ich ein Volksdichter, oder lieber ein
populärer Dichter zu sein wünsche, ist Homer, wegen der spie-
gelhellen Durchsichtigkeit und Temperatur seines Gesangstro-
mes, der grösste Volksdichter aller Völker und Zeiten, sind es,
mehr oder weniger, alle grossen Dichter, auch die unserigen,
und gerade in ihren allgemein geliebtesten und unsterblichsten
Versen, unendlich mehr als ich, gewesen. Was sie nicht populär gedichtet haben, das ist zuverlässig bei ihren lebendigen
Leibern bereits vergessen, oder gar niemals in die Vorstellungs-
kraft und das Gedächtniss ihrer Leser aufgenommen worden.
Mit gutem Vorbedachte gebe ich daher Alles, was ich nicht
populär, nicht innerhalb des allgemein anschaulichen und em-
pfindbaren poetischen Horizontes gedichtet habe, wenn auch
nicht gerade als Fehler, dennoch als etwas Preis, woran ich
selbst am wenigsten Wohlgefallen habe.'

Bürger wurde nicht verstanden und man wollte ihn auch
wol nicht verstehen. Nicolai wenigstens machte sich über den
Daniel Wunderlich lustig, indem er als Daniel Seuberlich in
einer lächerlichen Schreibung und Sprache, die alterthümlich
sein sollten, die von Gabriel Wunderlich gesungenen Lieder

als 'Eyn feyner kleyner Almanach' 1777 und 1778 mit Vor-
reden herausgab. Dass Nicolai bei Veröffentlichung dieser alten
und neuen Lieder einen Nebenzweck hatte, gesteht er selbst. In
einem Briefe an Lessing vom 5. Juni 1777 (s. Lessing's Werke
27. Bd. S. 387) sagt er geradezu: 'Mein Almanach hat freilich
eine sehr ernsthafte Seite, nämlich einige der Thoren, die
jetzt thun, als ob alle Weisheit und Gelehrsamkeit nicht eines
Bischen Mutterwitzes (das sie Genie taufen), und alle Poesie
nicht der Tyroler und Hechelträger werth wäre, wo möglich,
klug zu machen, oder diesen Herren, welche wähnen, es dürfe
sich niemand an sie wagen, gerade in die Zähne zu lachen.'
Ferner in einem Briefe an Möser (s. Vermischte Schriften
von Justus Möser 2. Th. S. 160): 'Meine Absicht ist, unsern
seinwollenden Genies, die allerlei Unfug treiben, einen kleinen
Zwick in die Ohren zu geben, dabei aber doch auch solche
Volkslieder aus der Dunkelheit zu ziehen, die wahre Naive-
tät haben.'

Scheint es doch auch Herder für seine früheren Herzens-
ergüsse über Volkspoesie (in den Blättern 'Von Deutscher Art
und Kunst' 1773) nicht besser ergangen zu sein, denn als er in
den Jahren 1778 und 79 seine beiden Bände 'Volkslieder' herausgab, suchte auch er sich hie und da in Anmerkungen und
Nachschriften zu rechtfertigen. So sagt er Th. 1. S. 334:
'— schiefen Urtheilen vorzubauen, noch ein paar Worte! Der
Sammler dieser Lieder hat nie, weder Musse noch Beruf, weder
Sinn noch Absicht gehabt, ein deutscher Percy zu werden; die
Stücke, die sich hier finden, hat ihm entweder ein günstiger
Zufall in die Hände geführt, oder er hat sie, da er andere Sachen
suchte, auf dem Wege gefunden. Noch weniger kann es sein
Zweck sein, regelmässigere Gedichte oder die künstlichere nach-
ahmende Poesie gebildeter Völker zu verdrängen: denn dies
wäre Thorheit oder gar Unsinn ff.'

Ferner Th. 2. S. 314: 'Von Volksliedern zu reden hat
seine Zeit, und von Volksliedern nicht mehr zu reden, auch die
seine. Für mich ist jetzt die letzte und ich habe, auf Jahre
hin, selbst an dem so entweiheten Namen Volkslieder, gnug
gehört' und S. 19 daselbst: 'Zum Volkssänger gehört nicht,
dass er aus dem Pöbel sein muss, oder für den Pöbel singt;
so wenig es die edelste Dichtkunst beschimpft, dass sie im

Munde des Volkes tönet. Volk heisst nicht der Pöbel auf den Gassen, der singt und dichtet niemals, sondern schreit und verstümmelt.'

Friedrich Nicolai gebührt das Verdienst, die erste Sammlung alter und neuer Volkslieder herausgegeben zu haben. Herder hat unter seinen Volksliedern nur wenig deutsche, so auch Elwert in seinen 'Ungedruckten Resten alten Gesangs' (1784); Gräter sammelte manche in seiner Zeitschrift 'Bragur.' Zu Anfange dieses Jahrhunderts wurden dann die Volkslieder ein Gegenstand des Sammelns und Forschens: Achim von Arnim und Clemens Brentano, Büsching und von der Hagen wurden die Erzieher eines Zweigs der Litteratur, der noch jetzt fortwährend wächst an Umfang und Reichhaltigkeit, und durch seine poetischen Anregungen in der Entwickelung unserer lyrischen Dichtung eine grosse litterarische Bedeutung gewonnen hat: alle Bibliotheken wurden nach Volksliedern durchsucht, und alle deutschen Lande wurden und werden noch jetzt abgesammelt.

Den volksthümlichen Liedern wendete sich nur hie und da eine litterarische Theilnahme zu. Es wurde auch immer schwieriger, diese Lieder zum Gegenstande wissenschaftlicher Forschung zu machen: zu gross war nach und nach die Masse der Lieder geworden, welche durch Componisten, Almanache, Zeitschriften, fliegende Blätter und Liederbücher ins Volk gedrungen war und im Volke selbst, sowol was Text als Melodie betrifft, mancherlei Aenderungen, Verstümmelungen oder Erweiterungen erfahren hatte. Ihren Verfassern und Componisten so wie der Zeit, wann Text und Melodie entstanden waren, nachzuforschen, erforderte einen reichen Schatz von Hülfsmitteln, wie ihn keine einzelne Bibliothek besitzt, noch leicht erwerben kann, und einen Fleiss, den hier anzuwenden niemand der Mühe werth hielt. Die besseren Sammler haben die Wichtigkeit ihrer Arbeit wol gefühlt, zugleich aber auch die Schwierigkeit und sich in beiden Beziehungen ausgesprochen.

Akademisches Liederbuch. Erstes Bändchen. Dessau u. Lpz., 1782, Buchhandlg. der Gelehrten.
Vorrede S. VII.

'Ich mache den Versuch, guten Jünglingen von Geist und Herz ein Liederbuch in die Hand zu geben, das ihren frohen

**

Muth befördern und manche gute Empfindung bei ihnen rege
machen könnte. Mir deucht der Zweck so edel, so wichtig, so
eines Mannes würdig, dass ich mir meine Kühnheit oft verwie-
sen, weil ich mich der Arbeit nicht gewachsen fühle, dass ich
oftmals gewünscht, ein Mann von demselben guten Willen mit
mehr Kraft vereint möchte meine Idee ausgeführt haben. Dass
viele darüber lachen werden, dass von dem Stande, dem ich
sammlete, mehr als die Hälfte bei den alten Kraftliedern bleiben, mein Büchelchen beiseite werfen wird, dass die Reform
der Gesellschaftslieder noch mehr Schwierigkeit und Wider-
sacher haben wird als die Einführung neuer Kirchengesänge —
das alles wusste ich so gut wie der Erfolg mich's lehren kann.
Aber unendlich würde mich's schmerzen, wenn Männer, denen
Veredlung der akademischen Freuden am Herzen liegen sollte,
wenn unverdorbene Jünglinge, denen Fröhlichkeit noch Beruf
und Tugend noch Pflicht ist, die Verbesserung der geselligen
Lieder nicht eben so wichtig fänden als ich.' S. IX. 'Ich weiss
ferner sehr gut, dass noch manche mittelmässige Lieder einge-
schlichen; aber dann ist gewiss immer die Melodie so schön, so
herzerfreuend oder schwermüthig, dass sie den geringen Werth
des Textes reichlich ersetzt. Ueberhaupt ist das Buch ja nicht
für den Leser, sondern bloss für den Sänger und nur der kann's
beurtheilen. Was einem beim Lesen kaum gefiel, oft missfiel,
wird oft mit Hülfe der Musik so angenehm auf einen wirken,
dass man's schön findet. Man sehe nur auf die Freimäurerlieder,
wo oft ein matter Reimer einen so herrlichen Componisten gefunden, dass Jedermann seine Liederchen singt. Denn dieser
ehrwürdige Orden hat nur wenig Stollberge, Vosse und Over-
becke unter seinen Dichtern. — — Ich hoffe, meine Sammlung
führt gewiss ein paar Schritte näher zum Ziele, wenn gleich
noch ein langer Weg dahin übrig bleibt.'

Neues Liederbuch für frohe Gesellschaften, enthaltend die besten teutschen
   Gesänge zur Erhöhung geselliger Freuden. 4. Aufl. Nürnb. bei Friedrich Campe 1821.

Der ungenannte Sammler spricht sich in der Vorrede zur zweiten Aufl. 1818 also aus:

'Dieses Liederbuch erschien zuerst im J. 1815. Es fand
eine so günstige Aufnahme, dass die ganze Auflage schnell ver-
griffen wurde. Eine neue Ausgabe war nöthig; das Publicum

empfängt sie hier, und zwar in veränderter Gestalt. Der Herausgeber ist weit entfernt, irgend ein Verdienst auf die geringe Mühe des Zusammentragens einer Liedersammlung — wie wir sie zu hunderten haben — legen zu wollen; indess kann er nicht umhin, offen zu gestehen, dass ihm diese Auswahl nicht so ganz leicht geworden ist, wie vielleicht manche andere seinen Vorgängern. Ueber 25 Jahre sammelte er daran; nur das Gute wollte er aufnehmen; selbst manches Höhere hineinstreuen. Da ein solches Buch für ein grosses Publicum bestimmt ist — verschieden an Bedürfnissen, Alter und Ansichten — so ist es natürlich, dass nicht Allen Alles recht sein kann; doch hofft er, Niemand werde den bessern Geist verkennen, der in dieser Sammlung weht. Dass auch einige Commerslieder mit aufgenommen sind, wird man wohl nicht tadeln? Abgesehen davon, dass dieses Buch für die akademische Jugend mit gehört: so erwecken jene Lieder, noch im reifern Alter, angenehme Erinnerungen. Nicht minder glaubt er sich vorwurfsfrei dafür, dass er, unter die vermischten Lieder, auch manchen alten, fast vergessenen Gesang aufnahm. Lieder wie: Blühe, liebes Veilchen; Das ganze Dorf versammelt sich u. s. w. u. s. w., waren vor 50 Jahren im Munde des Volks vom Belt bis zu den Alpen. Es sind die Wurzeln des neueren deutschen Nationalgesanges; es sind Nachklänge einer schönen untergegangenen Zeit! Oder könnte ein dankbares Vaterland den lieblichen Morgen der edlen deutschen Sänger der 70r Jahre, könnte es die Boie, Bürger, Claudius, Hölty, Miller, Overbeck, Stolberge, Voss u. s. w. je vergessen? — —'

'Uebrigens kann sich keine andere Nation mit der unsrigen im Volksgesange messen. Wer in England, Frankreich und Italien war, wird dies — wie der Herausgeber — bestätigt finden. Ein tiefer Sinn dafür liegt in userm Volke, der, unbegreiflicher Weise, von den ersten Dichtern fast gar nicht beachtet wird, und doch so herrliche Früchte tragen könnte. Ein kräftiges, herzerhebendes Volkslied kann der Anker einer Nation werden. Wer je in England die Wirkung des God save the king, in grosser Volksversammlung, wahrnahm, der wird nicht lächeln. Wer sich erinnert, welche Wunderwirkung die Marseiller Hymne in den schönen Tagen der französischen Revolution — die ja Alt und Jung mit, leider getäuschten, Hoffnungen

begeisterte — hervorbrachte, und wer neuerdings in Frankreich
gewesen, muss gestehen, dass die Bourbons durch das Lied
Vive Henry IV. mehr Festigkeit gewonnen haben, wie durch
Armeen. — Man treffe nur beim Deutschen den rechten Ton,
und schnell, wie ein elektrischer Schlag, verbreitet es sich durchs
ganze Volk. Haben wir es nicht, in neuerer Zeit, mit Usteris:
Freut euch des Lebens, gesehen? Man beherzige dies und
— wer kann — sorge dafür, dass die künftige Auflage mit
solchen Liedern vermehrt wird.'

A F. E. Langbein, Deutscher Liederkranz. (Berlin 1820.)

Vorwort:
'Die ansehnliche Namenreihe berühmter und achtbarer Dichter,
deren Gesänge diese Sammlung zieren, wird ihr beim ersten
Anblick ein günstiges Vertrauen erwecken. Man fände noch
mehr bedeutende Namen hier, wenn der Herausgeber die Werke
aller deutschen Sänger, die er hochachtet, bei der Hand gehabt hätte.'
'Dass er seinen eigenen Liedern etwas zu viel Raum
gönnte, hat er in vorstehender Zueignung schon selbst gesagt.
(Nur meine Lieder seh' ich fast mit Bangen So zahlreich in
den schönen Kranz gereiht.) Die Sache lässt sich aber, nach
seiner Meinung, entschuldigen. Seine Lieder sind meistens,
ohne höher gelten zu wollen, leicht und fröhlich, wie man den
Gesang in geselligen Kreisen liebt. Sie sind ferner sein Eigenthum, das er mit einer gewissen Gemüthsruhe nach Willkühr
gebrauchen konnte. Dagegen schien es ihm rechtlich, mit
fremden Schätzen bescheidener umzugehen, wenn sie auch
längst der Welt geschenkt sind, und offen daliegen, dass jedermann ihrer sich freue.'

Liederbuch des deutschen Volkes. Leipzig, Druck und Verlag von Breitkopf
u. Härtel 1843. Enthält 1116 Lieder.

'Ein Kreis von Freunden hatte sich nach des Tages Arbeit
in den Winterabenden daran erfreut, gute weltliche Lieder mit
einander zu lesen und zu singen. Man hielt sich vornehmlich
an den deutschen Volksgesang im engeren Sinne, die bekannten Sammlungen von Herder ff. wurden zu Rathe gezogen;
dazu brachte jeder von Liedern und Lesarten, was er in der

Jugend, in der Heimath, oder auf der Wanderschaft gehört
hatte; auch das Neue und Neueste der Kunstpoesie, was in
der Kinderstube bis zu den Brettern, welche die Welt bedeuten, singt und klingt, fand seine Gönner; und was den Meisten
gefiel, wurde als ein gemeinsames Besitzthum schriftlich niedergelegt. Da nun dieser Schatz immer mehr anwuchs, kam
Einer von uns darauf, dass ein werther Freund in Leipzig all-
jährlich so manches Buch drucke und mit seinen Schnellpressen
unsern Liederschatz um wenig Geld in viele tausend Hände
unsers Volkes geben könne.'

'Nachdem man sich in diesen Gedanken gefunden und der
Herr Verleger zugestimmt hatte, ist die Sammlung noch einmal
in diesem Sinne durchgegangen worden.'

'Da unter Zehen, die da singen, meist Sieben nur mitsin-
gen und aus mündlicher Ueberlieferung der Melodie, beschränk-
ten wir uns, wie dies in den kirchlichen Gesangbüchern ge-
schieht, auf den Abdruck des Textes; noch ganz unbestimmt
der Zukunft anheimstellend, ob ein Melodienbuch nachfolgen
soll. Es liegt in der Natur der Sache, dass bald mehr die
Melodie, bald mehr die Poesie den Ausschlag gab; aber nur
dasjenige ist aufgenommen worden, was wirklich in deutschen
Landen, und mehr volksmässig als kunstreich, gesungen wird,
oder doch von unsern Vätern gesungen worden ist. — Der
Componist einer Melodie ist nur angezeigt, wo ein Lied erst
durch diese, nicht durch den uns wenigstens unbekannten
Dichter, getragen und bekannt ist. — Da unser Liederbuch
nicht eine geschichtliche und gelehrte Bedeutung hat, sondern
zum Singen ist, haben wir abweichende Lesarten bloss dann in
der Note bemerkt, wenn wir nicht einstimmig waren, oder doch
billig schien, eine fast gleich berechtigte Lesart ihren gewohnten
Freunden zu erhalten.'

Fast alle vorhandenen Sammlungen haben wenig oder gar
keinen wissenschaftlichen Werth, sie gehören in das grosse Fach,
das bei vermehrtem Handelsbetriebe von Tage zu Tage grösser
wird, in die Reihe der Buchhändlerspeculationen.

Es ist nun nachgerade Zeit, das Versäumte nachzuholen
und so auch den volksthümlichen Liedern diejenige Beachtung zu gewähren, die sie nächst den Volksliedern verdienen.
Sind sie doch die eigentliche neuere Volkslitteratur, denn

von aller deutscher Dichtung sind nur sie ins ganze Volk gedrungen und sein wirkliches Eigenthum geworden. Mancher
Deutsche weiss weiter nichts von schöner Litteratur als diese
Lieder, die er theils in der Schule gelernt hat, theils später
als erwachsener Bursch im Soldaten- und Handwerkerstande
lernt. Was er singt oder singen hört, gilt ihm für Gemeingut,
kein einziges Lied weiss er an einen Namen noch an eine Zeit
zu knüpfen. Letzteres sollte doch billig bei denen nicht sein, die
Anspruch auf litterarische Bildung machen!

Schon in der Vorrede zu meiner Deutschen Philologie im
Grundriss (Breslau 1836) hatte ich auf das Ungenügende der
bisherigen Liedersammlungen aufmerksam gemacht und an einigen Beispielen gezeigt, wie nachlässig man bisher zu Werke
gegangen war und alte Irrthümer fortpflanzte ff. Ludwig Erk
hat dann in meinem Sinne gewirkt: er hat in seinen Volksliedern und vielen Liedersammlungen für Schulen und Singver-
eine die besten Texte mitgetheilt, die Verfasser der Gedichte und
Melodien und zugleich die Zeit der Abfassung ermittelt oder zu
ermitteln versucht. Doch Erk mag sich selbst aussprechen über
das was er auf diesem Gebiete der Litteratur und Kunst als Ziel
erkennt und verfolgt.

Im Jahre 1856 übertrug der Buchhändler Otto Janke in
Potsdam Ludwig Erk eine neue, den jetzigen Anforderungen
gemässe Bearbeitung des 'Allerneuesten deutschen Liederbuchs,'
wovon 56 Auflagen erschienen waren. Erk unterzog sich dieser
Arbeit und lieferte ein Büchlein, das allen ähnlichen Sammlun-
gen zum Muster dienen kann. Es erschien unter dem Titel:
'Deutsches Volksgesangbuch.' Ueber sein Verfahren spricht sich
Erk in dem Vorwort also aus:

· 'Die vorige Auflage bot 156, die gegenwärtige Bearbeitung
gibt 232 Lieder. Diese Vermehrung der Zahl ist nach Innen
noch erweitert durch Entfernung des Unbedeutenden oder minder Guten gegen Aufnahme des Bessern. Soweit namhafte Dichter beigesteuert, sind die Worte nach den Originaldrucken
gegeben, so dass die Texte überall in berichtigter Gestalt erscheinen. Die Hinzufügung der Quellen, die Jahre der Entstehung werden dem geschichtlichen Sinne, der Dankbarkeit
gegen die Urheber, der Begeisterung für deutsche Dichtung
förderlich sein. Wo Volkslieder der Tradition gegeben, ist

auch sie auf die beste Lesart zurückgeführt, dem Muthwillen und der Willkühr aus aller Kraft entgegengewirkt worden Denn die meisten Bücher dieser Art sind durch die grundlosen Aenderungen ganz untauglich gemacht und für einen neuen Bearbeiter oft kaum als Manuscript zu verwenden: wiewohl hiervon manche eine rühmliche Ausnahme machen, z. B. das von Hoffmann von Fallersleben, Leipzig bei W. Engelmann, (1848) herausgegebene 'Volksgesangbuch.' Gemeinhin pflanzen sich die gefälschten Texte wie eine ewige Krankheit fort und werden stabil: ein Lied selbst von Göthe, Schiller, Arndt, Körner, von Schenkendorf u. s. w. in jenen Sammlungen urkundlich zu lesen, hält schwer, wie ein flüchtiger Vergleich mit dem Fink'schen 'Hausschatz' etwa, oder mit der vielgerühmten 'Trösteinsamkeit,' von deren Herausgeber (Philipp Wackernagel) man Besseres erwarten musste, leicht lehren kann.'

Eine Reihe volksthümlicher Lieder, die im Laufe von anderthalb hundert Jahren gedichtet, in Musik gesetzt und gesungen, und in Almanachen, fliegenden Blättern und Sammlungen verbreitet wurden, habe ich nun verzeichnet und das Jahr der Entstehung des Textes und der Melodie, und die Dichter und Componisten zu ermitteln versucht. Mein Verzeichniss ist weder vollständig noch überall genügend, es soll und kann nur ein Versuch sein, der zu weiterem Forschen anregt, und dem Darsteller des wichtigsten Zweiges unserer poetischen Litteratur, der lyrischen Dichtung, neue Gesichtspunkte und sichere Anhalte darbietet, damit er ein besseres Verständniss eröffnet über das was das Volk sucht und liebt und das was ihm von unseren Dichtern bisher geboten wurde und wird.

Bei meiner sehr schwierigen und mühevollen Arbeit muss ich noch der Unterstützung gedenken, die mir von vielen Seiten zu Theil wurde, besonders bin ich zu vielem Danke verpflichtet Herrn Ludwig Erk.

In den Weihnachtstagen 1856.

Zur zweiten Auflage.

Die Volkslieder und diejenigen Lieder neuerer Dichter, welche sich das Volk angeeignet hat, sind seine eigentlichste schöne Litteratur, und meist der ganze Antheil, den es an deutscher Dichtung nimmt, und das ist denn so eigentlich unsere Nationallitteratur. Wir lernen daraus was das Volk gern hat, und wie weit es sich an den geistigen, politischen und sonstigen Bestrebungen und Richtungen der Zeit betheiligt. Es lohnt sich daher der Mühe zu ermitteln, aus welcher Zeit die Lieder stammen, welche einst Bauern und Bürger sangen und noch jetzt singen, und wer sie und die Liederweisen dazu verfasste. Dergleichen Forschungen sind sehr schwierig und gehen oft sehr ins Kleinliche, haben aber abgesehen von ihrem Werthe auch ihren grossen Reiz: es findet sich immer etwas Neues, wodurch die bisherige Ungewissheit der Gewissheit näher gerückt, ja letztere oft sogar erreicht wird. Wenn man jedoch zu etwas der Art gelangen will, muss man sich keine Mühe verdriessen lassen, man muss viel und vielerlei durchsuchen: die Werke der Dichter*) und Componisten, Musenalmanache, schönwissenschaftliche und musikalische Zeitschriften, Littera-

---

*) Es gehören dazu eigentlich alle, denn oft haben die unbedeutendsten gerade ein Lied gemacht, welches volksthümlich wurde und blieb, wogegen manche namhafte, selbst berühmte Dichter wenig oder gar nichts der Art dichteten; wie denn überhaupt mancher Dichter wol Lieder, leider aber nur Leselieder, nie aber ein einziges Singlied gemacht hat.

turzeitungen, Commers- und Liederbücher, fliegende Blätter,
biographische Werke, Nekrologe, Bücherverzeichnisse, Brief-
sammlungen u. dgl.; man muss sich an die Dichter und Componisten selbst wenden, oder wenn sie todt sind, an ihre Ver-
wandten und Freunde: auch wol gar die Kirchenbücher zu
Rathe ziehen.

Bei den Dichtern gelangt man noch eher zum Ziele, bei den
Componisten hingegen ist es oft fast unmöglich: seit beinahe
80 Jahren ist es Brauch der Musikverleger das Druckjahr weg-
zulassen. Noch schwieriger ist es, bei den Operntexten Verfasser und Zeit der Abfassung zu ermitteln: die Componisten, die
den Text als Nebensache betrachten, gedenken selten des Verfassers, lassen den Text auch wol umarbeiten oder stutzen ihn
selbst zu, dass sich am Ende auch gar kein Verfasser dazu be-
kennen kann. Zuweilen sind auch spätere Lieder eingelegt, die
dann, wenn sie gefielen, für ursprüngliche Bestandtheile der
Oper galten.

Bei allen Schwierigkeiten hoffe ich doch, dass es meinen
Bemühungen gelungen ist, einen guten Grund gelegt zu haben,
worauf sich nun weiter bauen lässt.

Auf den Wunsch meiner Freunde habe ich in dem Verzeichnisse der Dichter und Componisten jetzt ausser der Nummer, worin über dieselben Lebensnachrichten mitgetheilt werden, noch jede Nummer angegeben, worin sie vorkommen, und
zugleich ein chronologisches Verzeichniss aller Lieder hinzugefügt, deren Abfassungsjahr ermittelt ist. Dies letzte Verzeichniss zeigt, wie sich in diesen Liedern die Zeit in ihrem ganzen
Charakter abspiegelt, von ihrer philisterhaften Erbärmlichkeit
an bis zu ihrer weltgeschichtlichen Grösse.

Auch bei dieser neuen Auflage fühle ich mich zu grossem
Danke allen Denen verpflichtet, die mich durch Beiträge und
Berichtigungen unterstützt haben, namentlich Herrn Musikdirec-
tor Ludwig Erk in Berlin, sowie den Herren Dr. Hermann
Kletke, Dr. Julius Schrader, Custos der königl. Bibliothek
und Freiherrn Wendelin von Maltzahn daselbst, den Herren

Dr. Friedrich Dörr, Dr. C. R. Caspar und Friedrich August Cropp in Hamburg, Herrn Salomon Hirzel in Leipzig, Herrn Georg Scherer in Stuttgart, Herrn Musikdirector Friedrich Silcher und Ludwig Uhland in Tübingen, und Herrn Joseph Maria Wagner in Wien.

Weimar, 18. Juni 1859.

Reihenfolge der Lieder

nach der Zeit ihrer Entstehung.

1771. Schlaf, süßer Knabe, süß u. mild!

1771? So hab' ich wirklich dich verloren.

1771. Unser süßester Beruf
ist das Glück der Liebe.

1771. Wie herrlich leuchtet mir die Natur!

1772. Auf, ihr meine deutschen Brüder!

1772. Das ganze Dorf versammelt sich.

1772. Der Winter hat mit kalter Hand
die Pappel abgelaubt.

1772. Es leben die Alten,
die Weiber und Wein.

1772. Stimmt an mit hellem hohen Klang.

1773. Dein Silber schien.

1773. Der Holdseligen sonder Wank.

1773. Der Schnee zerrinnt,
der Mai beginnt.

1773. Dich soll mein Lied erheben.

1773. Die Luft ist blau, das Thal ist grün.

1773. Es sing ein Knab ein Vögelein.

1773. Es ist ein halbes Himmelreich.

1773. Es lagen einst in Etterbein
Soldaten im Quartiere.

1773. Grabet in die junge Rinde
eurer Mädchen Namen ein!

1773. Grüner wird die Au.

1773. Ich träumte, wie um Mitternacht
mein Falscher mir erschien.

1773. Sah ein Knab' ein Röslein stehn.

1773. Traurig sehen wir uns an,
achten nicht des Weines.

1773. Wie lieblich winkt sie mir
die sanfte Morgenröthe.

1773. Wie war ich doch so wonnereich!

1774. Es war ein Knabe frech genung.

1774. Es war ein König in Thule.

1774. Hast du nicht Liebe zugemessen?

1774. Mein Arm wird stark u. groß mein
Muth.

1774. Schwermuthsvoll und dumpfig
hallt Geläute.

1774. Sohn, da hast du meinen Speer!

1774. Wer sagt mir an, wo Weinsberg
liegt?

1775. Alles schläft, nur silbern schallet
Marianens Stimme noch.

1775. Ausgelitten hast du, ausgerungen,
armer Jüngling, deinen Todesstreit.

1775. Bekränzet die Tonnen
und zapfet mir Wein!

1775. Bekränzt mit Laub den lieben,
vollen Becher.

1775. Ein Leben wie im Paradies.

1775. Ein Veilchen auf der Wiese stand.

1775. Es war einmal ein Gärtner.

1775. Frei von Sorgen treib' ich jeden
Morgen.

1775. Fröhlich tönt der Becherklang
im vertrauten Kreise.

1775. Grabe, Spaten, grabe!

1775. Herz, mein Herz, was soll das
geben?

1775. Hurre hurre hurre!
schnurre, Rädchen, schnurre!

1775. Ja, das Leben ist des Himmels
Gabe.

1775. Ich hab' ein kleines Hüttchen nur.

1775. Ich war wol recht ein Springinsfeld.

1775. In allen guten Stunden.

1775. Komm, lieber Mai, und mache
die Bäume wieder grün!

1775. Leben ist des Himmels größte
Gabe.

1775. Mein Mädchen ward mir ungetreu,
das machte mich zum Freuden=
hasser.

1775. Mein Trautel hält mich für und für
in festen Liebesbanden.

1775. Mir träumt', ich war ein Vögelein.

1775. Mit Mädchen sich vertragen,
mit Männern 'rumgeschlagen.

1775. Selig alle, die im Herrn entschliesen.

1775. Sicheln schallen, Aehren fallen.

1775. Süße, heilige Natur.

1775. Üb' immer Treu' und Redlichkeit.

1775. Was ist Lieb'? Ein Tag des
Maien.

Unsere volksthümlichen Lieder.

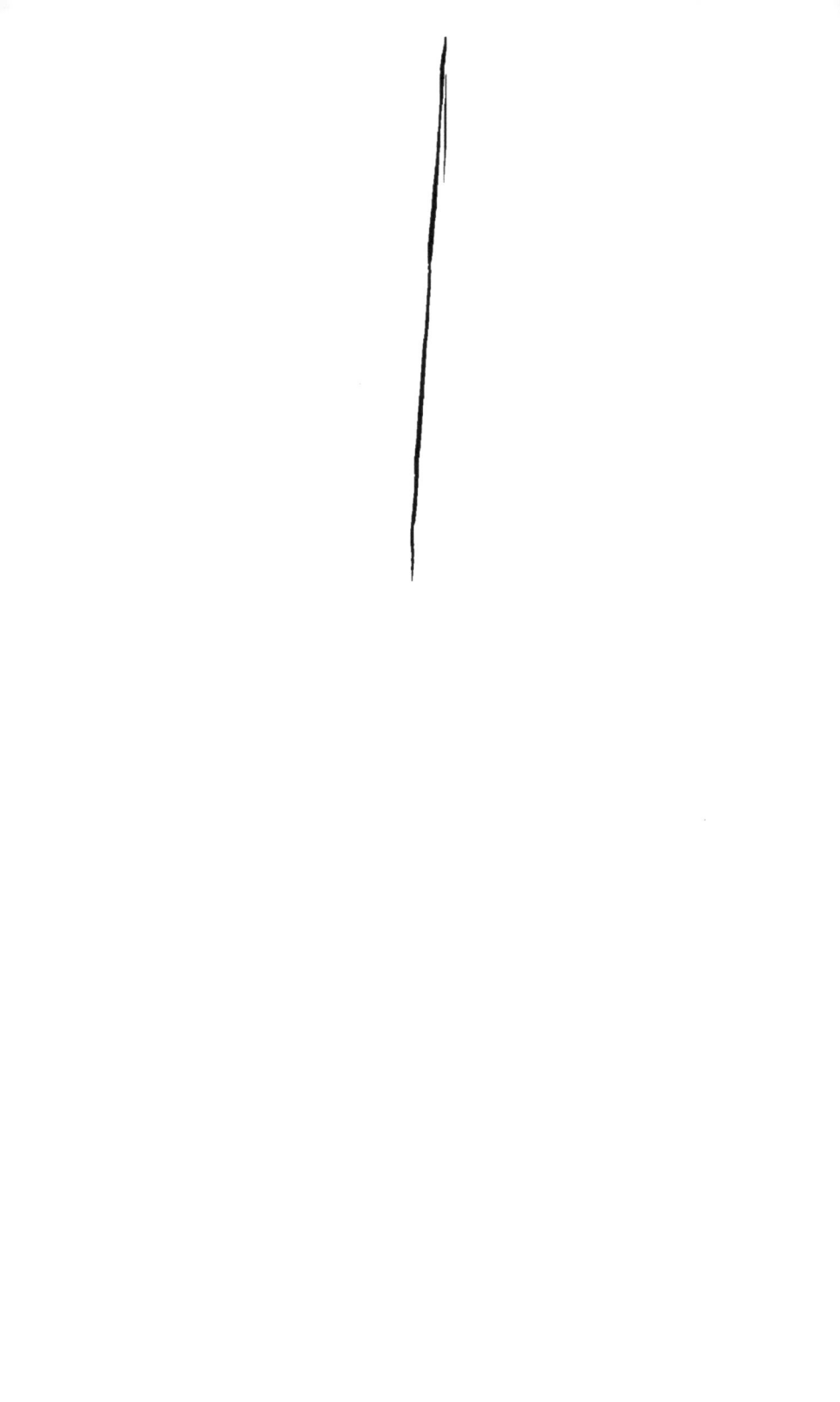

1. A B C D, wenn ich dich seh. 1820.

Vf. Wilhelm Gerhard. — Mel. von August Pohlenz.

2. A Schlosser haut an G'sell'n g'hat.

Vf. Johann Konrad Grübel, geb. 3. Juni *) 1736 zu Nürnberg, † daselbst 8. März 1809. Das Lied steht in: Grübels Gedichte in Nürnberger Mundart. 2. Bdch. (Nürnb. 1800.) S. 24. 25. Mel. von C. G. Reissiger Op. 14. — Die Volksmelodie bei Erk, Volksl. 2. Bd. 6. Heft Nr. 52.

3. Abend wird es wieder. 1837.

Vf. H. v. F. — Mit einer Mel. von Karl Groos in meinem Volksgesangb. Nr. 1; mit einer Mel. von Christian Heinrich Rinck in Erk, Liederkranz 2. Heft Nr. 7; von Hans Georg Nägeli in Erk, Volksl. für Männerst. 1. Heft Nr. 44.

4. Abend wird's, des Tages Stimmen schweigen. 1811.

Vf. Theodor Körner. — Mel. von Friedrich Silcher in Liederweisen zum teutschen Liederb. f. Hochschulen (Stuttgart 1823) Nr. 15; Deutsches Allg. Commersbuch (Lahr, Schauenburg 1858) S. 4. 5.

5. Ach, ach, ich armes Klosterfräulein!

Vf. Justinus Kerner. — Mel. von Friedrich Silcher 1827— 29: Volkslieder 2. Heft 4. Aufl. Nr. 11 und Volkslieder für 4 Männerstimmen 3. Heft Nr. 4. Op. 14.

6. Ach, aus dieses Thales Gründen. 1801.

Vf. Schiller. — Mel. von J. F. Reichardt: Schiller's lyrische Gedichte 1. Heft. 1810. S. 26. — Mel. von Conradin Kreutzer.

7. Ach, das waren schöne Stunden, wo mir lachte Lust und Glück.

Vf. und Comp. Heinrich Proch Op. 35. Sehr verbreitet durch Harfenmädchen. Siehe: Ungeheure Heiterkeit. Die Lieder der Harfenisten auf der Messe. Gesammelt von Christoph Pietsch (Lpz. Wilh. Schrey 1846) S. 4.

*) so auf seinem Grabsteine.

8. Ach, die Welt ist gar so freundlich! 1828.

Vf. Ferdinand Raimund: Der Alpenkönig, Musik von Wenzel Müller.

9. Ach du klar blauer Himmel.

Vf. Robert Reinick. — Mel. von Friedrich Silcher 1850—52: Volkslieder 7. Heft Nr. 3; Volkslieder für 4 Männerstimmen 10. Heft Nr. 2. Op. 58.

10. Ach Gott, wie weh thut Scheiden!

Ein altes Lied: Georg Forster, Frische Liedlein 3. Th. 1549. Nr. 17, bei Uhland, Volksl. Nr. 67. — Durch die schöne Mel. von Carl Groos in dem von ihm und Bernh. Klein herausgegebenen Liederbuche: 'Deutsche Lieder für Jung und Alt (Berlin 1818)' Nr. 19 zum neuen Volksliede geworden.

11. Ach, ich liebte, war so glücklich. 1781.

Aus der Oper: Belmont und Constanze, Text nach Bretzner, Musik von Mozart.

12. Ach, könnt' ich Molly kaufen. 1778.

Vf. Bürger. Zuerst im Gött. Musenalmanach 1779. S. 60. 61: Könnt' ich mein Liebchen kaufen. — Mel. von J. A. P. Schulz: Lieder im Volkston 3. Th. (Berlin 1790) S. 13; in den Melodien zum Mildh. Liederb. Nr. 362.

13. Ach, Schwester, die du sicher dich auf den Aesten wiegst.

Vf. Johann Paul Sattler, geb. zu Nürnberg 1. Jan. 1747, † daselbst 14. Oct. 1804 als Gymnasial-Professor. Zuerst wol in 'Das Wochenblatt ohne Titel 3. Buch. (Anspach 1770.)' S. 42—46. — Volksweise.

14. Ach, was ist die Liebe für ein süßes Ding. 1780.

Vf. Friedrich Wilhelm Gotter. — Mel. von Anton André: Lieder und Gesänge mit Begl. des Pf. Op. 38; Mel. von J. F. Reichardt in Rellstab, Clavier-Magazin für Kenner und Liebhaber (3. Viertelj. Berl.) S. 14; auch in Melodien zum Mildh. Liederbuch 1799. Nr. 233, n. A. Nr. 333. — Mel. von A. Bergt in Täglichsbeck, Liederhalle 4. Abth. 1. Bd. S. 110. 111.

15. Ach, was soll der Mensch verlangen? Um 1777.

Vf. Göthe. Vgl. Viehoff 1, 404 mit falscher Ueberschrift. — Mel. von Zelter.

16. Ach, wenn du wärst mein eigen. 1835.

Vf. Ida Gräfin Hahn-Hahn, geb. zu Tressow in Meklenb.-Schwerin 22. Juni 1805. — Mel. von Friedrich Wilhelm Kücken Op. 17, geb. zu Bleckede im Lüneb. 16. Novbr. 1810. — Ein ähnliches altschottisches Lied, von Kosegarten übersetzt und von Friedrich Wollank componiert Op. 1.

17. Ach, wenn ich nur kein Mädchen wär!
das ist doch recht fatal. 1828.
Aus: Der Alpenkönig und der Menschenfeind von Ferdinand Raimund, Musik von Wenzel Müller.

18. Ach, wer bringt die schönen Tage,
jene Tage der ersten Liebe. 1789.
Vf. Göthe. Vergl. Viehoff 2, 97. 98. — Mel. von J. F. Reichardt: Göthe's lyrische Gedichte 1793. S. 5 u. Göthe's Lieder, Oden ff. 1. Abth. 1809. S. 28. Schon in: Zweiter musikalischer Blumenstrauss (Berlin 1792) S. 10.

19. Ach, wenn's nur der König auch wüßt'!
Vf. Eduard Mörike, geb. zu Ludwigsburg 8. Sept. 1804. — Mel. von Friedrich Silcher 1840—42: Volkslieder 4. Heft Nr. 7; Volkslieder für 4 Männerstimmen 7. Heft Nr. 1. Op. 38.

20. Ach, wo ich gerne bin,
da soll ich nimmer hin. 1842.
Vf. H. v. F. — Volksweise.

21. Ach, wüßten's die Blumen, die kleinen!
Vf. H. Heine. — Mel. von C. G. Reissiger Op. 89. bei Fink Nr. 870.

22. Ade, du liebes Waldesgrün! 1836.
Vf. Johann Nepomuk Vogl. — Mel. von Gustav Rebling Op. 3, und ebenso beliebt die von Heinrich Esser, geb. zu Mannheim 15. Juli 1818.

23. Ade, es muß geschieden sein. 1817.
Vf. E. M. Arndt. Zuerst in: Mährchen und Jugenderinnerungen von E. M. Arndt. 1. Th. (Berlin 1818, Vorwort vom 3. Dec. 1817). — Mel. von Friedrich Silcher 1830—34: Volkslieder 2. Heft 4. Aufl. Nr. 8; Volkslieder für 4 Männerstimmen 4. Heft Nr. 2. Op. 18.

24. Ännchen von Tharau ist die mir gefällt!
Vf. Simon Dach, geb. zu Memel 29. Juli 1605, † zu Königsberg 15. April 1659. Zuerst gedruckt als 'Aria incerti autoris' in: Fünfter Theil der Arien — Auff vnterschiedliche Arten zum Singen vnd Spielen gesetzet von Heinrich Alberten, 1644. Nr. 21. Urspr. Text u. Mel. in Erk, Volkslieder 2. Th. 3. Heft Nr. 58. — Von Herder ins Hochd. übertragen: Volkslieder 1. Th. (Lpz. 1778) S. 92—94. Dazu eine sehr beliebte, vielgesungene Melodie von Friedrich Silcher Op. 25. 1825—26: Volkslieder für 4 Männerstimmen Op. 8. 2. Heft Nr. 1. und Volkslieder 2. Heft 4. Aufl. Nr. 2.

25. Ahndungsgrauend, todesmuthig. 1813.

Vf. Theodor Körner. — Mel. von Karl Bornhardt in Liederweisen zum teutschen Liederb. für Hochschulen 1823. Nr. 38 und bei Fink Nr. 398.

26. Alles fühlt der Liebe Freuden. 1791.

Aus Mozart's Zauberflöte, ged. von Em. Schikaneder.

27. Alles liebt und paart sich wieder. 1781.

Vf. Wilhelm Gottlieb Becker, geb. 4. Nov. 1753 zu Ober-Kalenberg in Sachsen, ✝ zu Dresden 3. Juni 1813 als Inspector der Antiken. Das Lied stand zuerst im Gött. Musenalmanach für 1783. S. 83. 84, dann sehr verändert und verbessert von Becker in s. Taschenb. zum gesell. Vergnügen 1801. S. 281. 282. mit Sterkel's Melodie, die wahrscheinlich eine untergelegte ist und ursprünglich gehört zu: Weine nicht, es ist vergebens; vgl. Erk Volkslieder 2. Bd. 1. Heft Nr. 32. Anmerk. Mit Sterkel's Namen zu demselben Texte in: Melodien zum Mildh. Lb. Nr. 341 und ohne seinen Namen bei Fink Nr. 890. — Johann Franz Xaver Sterkel, geb. zu Würzburg 3. Decbr. 1750, ✝ daselbst 21. Octbr. 1817.

28. Alles schläft, nur silbern schallet
Marianens Stimme noch. 1775.

Vf. Johann Martin Miller: Siegwart. Eine Klostergeschichte. 1776. — Bekannte Melodie.

29. Alles schweige! Jeder neige
ernsten Tönen nun sein Ohr! 1781.

Der Landesvater, das bekannte Studentenlied, welches bei allen feierlichen Commersen gesungen wurde, und, nachdem es mancherlei Abänderungen, besonders seit 1815 und 16, erfahren hat, noch jetzt gesungen wird. Vf. August Niemann, geb. zu Altona 30. Jan. 1761, ✝ zu Kiel 21. Mai 1832 als ordentl. Professor in der philosophischen Facultät[*]). Zuerst in dem von Niemann ohne seinen Namen herausgegebenen 'Akademischen Liederbuch, 1. Bdch. (Dessau und Leipzig, 1782. In der Buchhandlung der Gelehrten.)' S. 111—120. Unter den einzelnen Liedern so wie in dem 'Verzeichnis der Dichter und Lieder dieser Samlung' am Ende nennt sich Niemann als Verfasser; er war im J. 1781 Student zu Kiel. Es sind folgende Lieder:

1. Vaterlandslied bei entblösstem Haupt und Degen. Nach bekannter Weise.
2. Nach einer Pause. Mel. God save great George the King etc. Heil, Kaiser Joseph, Heil! 6 Str.

---

[*]) Vgl. Nekrolog der Deutschen 1832. S. 420—424.

3. Vor Bedeckung des Hauptes. Mel. Kinder sitzen euch zu Füssen. Komm du blanker Weihedegen! 5 Str.

4. Der Vorsänger bei Vertheilung der Hüte. Nehmt ihn hin! En'r Haupt will ich bedecken. 1 Str.

5. Der Vorsänger, indem er den Degen in die Scheide steckt. Ruhe von der Burschenfeier, blanker Weihedegen, nun! 1 Str.

6. Mit bedecktem Haupte bei gestrecktem Degen. Mel. Ja süss sind, Bacchus, deine Säfte. So lag einst in der Friedenshalle. 5 Str.

Mehr darüber in meiner Zeitschrift: Findlinge. Zur Geschichte deutscher Sprache und Dichtung. 1. Bd. (Leipzig, W. Engelmann 1859.) Nr. 3.

30. Alles still in süßer Ruh. 1827.

Vf. H. v. F. — Mel. von Carl v. Winterfeld 1827, geb. zu Berlin 28. Januar 1794, † das. 19. Febr. 1852.

31. Als der Großvater die Großmutter nahm, da wußte man nichts von Mamsell und Madam. 1812.

Vf. Langbein. Zuerst in Becker's Taschenbuch zum geselligen Vergnügen 1813. S. 332. 333. Steht auch in Langbein's Liederkranz (Berl. 1820) S. 152 mit der Ueberschrift: 'Das Grossvaterlied. Nach der bekannten Tanzweise.'

32. Als der Sandwirth von Passeier Insbruck hat mit Sturm genommen. 1814.

Vf. Max von Schenkendorf: Poet. Nachlass (Berlin 1832) S. 100. 101. Zuerst in (Görres) Rheinischem Merkur 1814. Nr. 62. — Mel. von Ludwig Berger 1819. Vgl. L. Berger, ein Denkmal. Von L. Rellstab (Berlin 1846) S. 103. — Text und Mel. in Erk, Sängerhain 2. Heft Nr. 9 und in meinem Volksgesangb. Nr. 7. — Ludwig Berger, geb. zu Berlin 18. April 1777, † das. 16. Febr. 1839.

33. Als einst ein Schneider reisen soll, weint' er und schrie er sehr. 1763.

Vf. Schubart. In Samml. und fliegenden Blättern beginnt das Lied: Der Schneider Franz, der reisen soll. — Volksweise.

34. Als Gretchen einst zu Markte ging.

Vf. Daniel Schiebeler. — Mel. in den Melodien zum Mildh. Liederb. 1799. Nr. 269, neue Ausg. Nr. 381.

35. Als ich auf meiner Bleiche ein Stückchen Garn begoß. 1770.

Aus der komischen Oper: Die Jagd, von Christian Felix Weisse, in Musik gesetzt von Johann Adam Hiller (s. C. F. Becker, Lieder und Weisen 3. Abth. S. 51). Die Mel. ist später im Munde des Volkes geändert worden, vgl. Erk, Volksl. 1. Bd. 6. Heft Nr. 15. 16. — Christian Felix Weisse, geb. zu Annaberg 28. Januar 1726, † zu Leipzig 16. Dec. 1804.

36. Als ich noch im Flügelkleide
in die Mädchenschule ging.

Das Lied mag aus den 90r Jahren des vorigen Jahrhunderts stammen. Eine Nachbildung findet sich schon in: Neuer Berlinischer Musenalmanach 1795 von Schmidt und Bindemann S. 14: Als ich noch im Knabenkleide sass dem Vater auf dem Schoss. Der älteste mir bekannt gewordene Druck in: Auswahl Neuer Lieder (Hamburg, J. C. Zimmer 1809) Anhang Nr. 32. Obschon das Flügelkleid, das schon bei Zachariae und Hölty vorkommt, längst aus der Mode war und auch nirgend mehr verstanden wird, so singt man doch das Lied noch immerfort und zwar nach der Menuett aus Mozart's Don Juan vom J. 1787.

37. Als Noah aus dem Kasten war,
da trat zu ihm der Herre dar. 1824.

Vf. August Kopisch, geb. zu Breslau 26. Mai 1799, † zu Berlin 6. Februar 1853. Steht zuerst in 'Archiv der literarischen Abtheilung des Breslauer Künstler-Vereins (Bresl. 1832)' S. 156. 157. — Es wurde bald allgemein bekannt und beliebt durch die treffliche Composition von C. G. Reissiger Op. 14, bei Fink Nr. 772. Carl Gottlieb Reissiger, geb. zu Belzig bei Wittenberg 31. Januar 1798.

38. Am heiligen Abend vor'm Osterfest,
bin ich's allerletzte Mal recht lustig gewest.

Vf. und Componist Gottfried Wilhelm Fink, geb. zu Sulza an der Ilm 7. März 1783, † zu Leipzig 27. August 1847. Text und Melodie in s. Hausschatz Nr. 201. Zuerst in s. Volksl. 1. Heft 1811. S. 10. — Mit einer Mel. von O. Ignatius im Liederb. f. deutsche Künstler S. 209.

39. An Alexis send' ich dich,
er wird, Rose, dich nun pflegen.

Vf. Christoph August Tiedge. — Mel. von Himmel.

40. Am Neckar, am Neckar, do ischt e Jedes gern.

Vf. Friedrich Richter, früher Tübinger Seminarist. — Mel. von Friedrich Silcher 1843—46: Volkslieder für 4 Männerstimmen 8. Heft Nr. 3. Op. 50.

41. An dem reinsten Frühlingsmorgen
ging die Schäferin und sang. 1791.

Vf. Göthe. Vgl. Viehoff 2, 155. 156. — Mel. von Himmel bei Fink Nr. 90.

**42. An dem schönsten Frühlingsabend
in der Hütte saßen wir. 1803.**

Vf. August v. Kotzebue, mit der bekannten Melodie von
Himmel in: Musikblätter zu dem Freimüthigen 1803, S. 6—8.

**43. An der Elbe Strand
liegt mein Vaterland. Ver 1824.**

Vf. Wilhelm Müller. — Mel. von Friedrich Ernst Fesca. —
Mel. von A. Neithardt Op. 55 bei Fink Nr. 676[h].

44. An der Quelle saß der Knabe. 1803.

Vf. Schiller. — Mel. bei Wilh. Ehlers (Gesänge mit Begl.
der Chitarra, Tübingen 1804. S. 62). — Mel. von F. L. Seidel in:
Dritte musikalische Beilage zum Freimüthigen 1805. — Mel. von Ludwig Abeille. — Mel. von J. F. Reichardt: Schiller's lyrische Gedichte 2. Heft 1810. S. 1.

45. An der Saale hellem Strande. 1826.

Vf. Franz Kugler, geb. zu Stettin 19. Januar 1808, † zu Berlin 18. März 1858. Das Lied in seinem ursprünglichen Texte ist zuerst gedruckt in: Skizzenbuch von Fr. Kugler (Berlin 1830) S. 12,
dann in: 'Liederbuch für deutsche Künstler (Berlin 1833)' S. 162. —
Die Mel. ist von F. E. Fesca 1822 (zu: Heute scheid' ich, heute
wandr' ich), später im Munde des Volks verändert. Vgl. Fink, Hausschatz Nr. 887 u. 434.

**46. An einem Fluß, der rauschend schoß,
ein armes Mädchen saß. 1781.**

Vf. Kaspar Friedrich Lossius, geb. 31. Januar 1753 zu Erfurt,
† das. 26. März 1817 als Diaconus an der Rathskirche. Das Lied findet sich zuerst gedruckt in: 'Unterhaltungen für Kinder und Kinder-
freunde,' 4. Bdch. (Leipz. 1781.) S. 56—58. Durch das Mildh. Liederbuch seit 1799 erhielt es bald grössere Verbreitung. Es ist auch
in niederländischer Uebersetzung vorhanden und wird in Holland
und Belgien viel gesungen:

Aen d' oever van een snellen vliet
een jeugdig meisken zat.

(Willems, Oude vlaemsche Liederen Nr. 91.)   Die Mel. von Weimar
in den 'Unterhaltungen' ging über in die Melodien zum Mildh. Ldb.
Nr. 264. Georg Peter Weimar, Cantor und Musikdirector zu Erfurt,
geb. zu Stotternheim 16. Dec. 1734, † zu Erfurt 19. Dec. 1800. —
Eine noch schönere Mel. die von Adam Wilhelm Erk, geb. zu Herpf
im Herzogthum Meiningen 10. März 1779, † zu Dreieichenhain im
Darmst. 31. Jan. 1820; steht in Erk, Liederkranz 1. Heft 18. Aufl.
1856. Nr. 121. — Die Volksmelodie in Erk, Volkslieder 1. Bd.
6. Heft Nr. 38.

47. An Himmels Höhn Die Sternlein gehn. 1801.

Vf. August Mahlmann. Zuerst in Becker's Taschenbuch zum geselligen Vergnügen 1802. S. 228 mit einer lieblichen Composition von Johann Amadeus Naumann.

48. An meines Vaters Hügel,
da steht ein schöner Baum. 1787.

Vf. Johann Heinr. Voss. — Mel. von J. F. Reichardt schon in Melodien zum Mildh. Liederb. 1799. Nr. 240. — Mel. von J. A. P. Schulz: Lieder im Volkston 3. Th. 1790. S. 11.

49. Andreas, lieber Schutzpatron! 1765.

Vf. Innocent Wilhelm v. Beust, s. dessen 'Vermischte Gedichte. 2. Aufl. (Gotha 1772.)' S. 25—28. Die 1. Aufl. erschien 1765. Ueber Beust's Leben wissen wir nichts Näheres; das Wenige was sich ermitteln liess hat Erk, Volksl. 2. Bd. 4/5. Heft Nr. 65. Nach Rassmann's Handwörterb. S. 153 ist er geboren zu Schwerin 1756. Es scheint einem ganz ähnlichen Liede nachgebildet zu sein. Joh. Fr. Rothmanns Lustiger Poete, 1711, enthält S. 349. 'Gebet einer betagten Jungfer an den heil. Andres' von 6 Strophen, die erste lautet:

> Andreas, Mann-Bescherer,
> Du treuer Jungfern-Lehrer,
> Hier steh' ich splitternackt:
> Wann wird die Stunde kommen,
> Dass einer mich genommen
> Und mein Braut-Bette knackt?
> Echo: Dich packt.

Ein ähnliches, noch älteres Lied in einem handschr. Liederbuch (Berlin: Ms. Germ. 8⁰. 231 aus der Meuseb. Bibl.): Hymnorum Studiosorum pars prima. Denuo collecta à quodam Philomusò Anno 1669 die 29. Nov. Lipsiæ Impensis ejusdem. p. 74. Ach heil. Andres. erbarme dich!

50. Arm und klein ist meine Hütte. 1778.

Vf. Ch. J. Wagenseil. Unter der Ueberschrift dieses Liedes der Zusatz: 'An Claudius (Wandsbeck im Mai 1778.)' Zuerst in Wagenseil's Schauspiel: Ehrlichkeit und Liebe. Gotha 1779. Mel. von E. W. Wolf, s. C. F. Becker, Lieder und Weisen 3. Abth. S. 61. Christian Jacob Wagenseil, geb. zu Kaufbeuern 23. Nov. 1756, † zu Augsburg 8. Januar 1839. — Text und Volksweise bei Erk, Volksl. 3. Bd. Heft 1. Nr. 39 u. bei Fink, Hausschatz Nr. 58.

51. Auf, auf! ihr Brüder, und seid stark! 1787.

Vf. Christian Friedrich Daniel Schubart, geb. 26. März 1739 zu Obersontheim, † zu Stuttgart 10. Oct. 1791. Auch die Melodie ist von Schubart und erschien zugleich mit dem Texte unter folgendem Titel: 'Zwei Lieder für das nach dem Kap bestimmte v. Hügel-sche Regiment. Nebst Musik. Von Ch. F. D. Schubart. Stuttgart 1787.' S. Journal d. Moden 1787. S. 309. 310. Vgl. Erk, Volksl. 1. Bd. 4. Heft. Nr. 17. C. F. Becker, Lieder u. Weisen 2. Abth. S. 67.

52. Auf! auf! ihr lieben Leute,
den Wanderstab zur Hand!

Vf. Samuel Friedrich Wagner. Zuerst in: Gedichte von Carl Wilh. Meyer und Samuel Friedrich Wagner (Berlin 1787) S. 126. 127. Wagner war 1795 geb. exped. Secretär im Kriegsministerium zu Berlin. — Mel. von Joseph Gersbach.

53. Auf, Brüder, laßt uns lustig leben!

Vf. unbekannt. Zuerst in: Auswahl guter Trinklieder (Halle, Hendel 1795) Nr. 18.

54. Auf dem Meer bin ich geboren.

Vf. unbekannt. — Text und Mel. in Friedrich Silcher, Volkslie-der für vier Männerstimmen 5. Heft Nr. 11, in Göpel's Lieder- und Commersbuch 2. Aufl. 1858. Nr. 446.

55. Auf den Bergen die Burgen,
im Thale die Saale.

Vf. Lebrecht Dreves, geb. zu Hamburg 12. Sept. 1816. — Mel. von Wilhelm Stade 1847, geb. zu Halle a. d. Saale 25. August 1817. — Text u. Mel in: Allgemeines Deutsches Commersbuch (Lahr, Schauenburg 1858) S. 144.

56. Auf eitle und sündhafte Freuden
erfolgen die ewigen Leiden.

Text und Mel. von Marcellin Sturm, beides in Erk, Volkslieder 2. Bd. 3. Heft S. 14.

57. Auf Flügeln des Gesanges. 1822—23.

Vf. Heinrich Heine. — Mel. von Mendelssohn Op. 34.

58. Auf, Freunde, laßt uns singen
und laßt uns fröhlich sein!

Vf. unbekannt. — Mel. von Albert Methfessel in Melodien zum Mildh Liederbuche Nr. 437.

59. Auf, Freunde, nützt die Stunden,
die uns zur Lust gemacht.

Vf. unbekannt. Schon im Anf. der 90r Jahre des vorigen Jahr-hunderts: Neues gesellschaftliches Liederbuch (Hamburg, J. C. Zim-mer) 3. Bd. Nr. 71. Der Chor singt: Herr Cantor, er hat Recht! — Volksweise.

60. Auf! Glück auf! mein Deutschland,
Glück auf! mein Vaterland! 1813.

Vf. Clemens B r e n t a n o : Viktoria und ihre Geschwister. Ein
klingendes Spiel (Berlin 1817) S. 149—161 mit einer Mel., wahrscheinlich vom Dichter. Als Volkslied mitgetheilt und zu 4 Strophen
verkürzt mit ders. Mel. in Kretzschmer, Volkslieder 1.Th. Nr. 187.

61. Auf grünen Bergen wird geboren
der Gott, der uns den Himmel bringt. Um 1800.

Vf. Friedrich v. H a r d e n b e r g , gen. Novalis, geb. zu Wieder-
stedt im Mansfeldschen 2. Mai 1772, † zu Weissenfels 25.März 1801.
Zuerst im Musen–Almanach von A. W. Schlegel und Tieck 1802.
S. 162—164. — Mel. von Christian S c h u l z um 1817, geb. zu Langensalza 1. Sept. 1773, † zu Leipzig 30. Januar 1827 als Univ.-
Musikdirector. — Text u. Mel. in m e i n e m Volksgesangb. Nr. 10,
bei Fink Nr. 773. Viel gesungen wird in Würtemberg die Mel. von
Immanuel Friedrich K n a p p , geb. zu Schmiedelfeld 26. Sept. 1784,
† zu Stuttgart 16. Oct. 1817.

62. Auf Hamburgs Wohlergehn
laßt kein Glas müßig stehn.

Vf. unbekannt. Finde ich zuerst in: Allgemein gesellschaftliches
Liederbuch (Hamburg, auf Kosten dreyer Freunde. 1790). Das Lied
mag etwas älter sein, hat hier aber (Nr. 3) noch seine ursprüngliche
Gestalt und nur 4 Strophen. Später wurde es mit immer neuen vermehrt, durch die Zeitverhältnisse hervorgerufen. Als Vf. nennt Allgemeines Liederbuch 4. Th. (Altona 1798) Nr. 129 U n g e r . Im
Register zu erstgenanntem Lb. ist Nr. 1. mit U n g e r , das folg. Lied
mit zwei Strichen bezeichnet und Nr. 3. (Hamb. Wohlergehn) ebenfalls, doch bedeuten nicht immer die Striche den vorher genannten
Dichter. Vgl. Hamb. Nachrichten 6. Aug. 1855. Nr. 185. — Mel.
God save the King.

63. Auf, hascht am Rosensaume
den Lenz, eh' er verblüht! 1791.

Vf. Nicolaus Peter S t a m p e e l , geb. zu Hamburg 1764, † zu
Leipzig 5. Dec. 1810. — Mel. bei Fink Nr. 118.

64. Auf, ihr Brüder, singet Lieder
auf der goldnen Freiheit Wohl.

Studentenlied. Text u. Mel. in: Melodieen der besten Commerslieder fürs Clavier bearbeitet von Wilh. Schneider. Halle 1801. Nr. 9.

65. Auf, ihr meine deutschen Brüder! 1772.

Vf. Joh. Martin M i l l e r . Zuerst im Gött. Musenalm. 1774.
S. 157—159. Lange Zeit ein beliebtes Studentenlied. Bei Miller
(Gedichte 1783. S. 159) der Anfang: Auf, ihr wackre Herzensbrüder.
— Volksweise, vgl. Erk, Liederkranz 1. Heft Nr. 15.

66. Auf! Matrofen, die Anker gelichtet! 1817.

Vf. Wilhelm Gerhard, geb. zu Weimar 29. Nov. 1780, † zu Heidelberg 2. Oct. 1858, von einer Schweizerreise zurückkehrend. — Mel. von August Pohlenz 1827, geb. zu Saalgast im Juli 1793 (nach Becker 1795), † zu Leipzig 10. März 1843 als Musikdirector. Die Mel. wird fälschlich dem Componisten Carl Theodor Theuss zugeschrieben, der sie nur nach Hamburg spedierte, wo sie dann nachgedruckt wurde. Ursprünglicher Text u. Mel. bei Fink Nr. 719. Das Lied ist im Munde des Volks völlig verändert worden, vgl. W. Gerhard's Gedichte 1. Bd. (Lpz. 1826) S. 143. und mein Volksgesangb. Nr. 12.

**67. Auf's Land, auf's Land da steht mein Sinn
so einzig, ach! so einzig hin.**

Vf. C. F. T. Voigt: Lieder für das Herz (Lpz. 1799) S. 8. 9. — Melodie: Ich hab' ein kleines Hüttchen nur.

68. Auf Schlesiens Bergen, da wächst ein Wein.

Text in Allg. Deutsches Commersbuch (Lahr, Schauenburg 1858) S. 148 und 287, jedesmal mit 'H.....s' unterzeichnet. — Mel. von F. A. Reissiger Op. 19.

**69. Auf! singet und trinket
den köstlichen Trank!**

Vf. unbekannt. Zuerst in: Lieder im geselligen Kreise zu singen (Greifswalde 1808) S. 13—15. — Mel. wol zuerst in: Deutsche Burschenlieder mit 4stimm. gesetzten Weisen 1. Samml. (Jena, Cröker 1817) Nr. 10.

**70. Auf und trinkt, Brüder trinkt!
denn für gute Leute. 1777.**

Vf. Matthias Claudius: Asmus omnia 3. Th. 1777. S. 68—71. — Mel. von Georg Benda in den Melodien zum Mildh. Liederb. Nr. 461. Benda's Mel. ist von Claudius später benutzt worden (in Buchstaben bezeichn. im Asmus 3, 72. 73), sie steht zuerst in Benda's Dorfjahrmarkt, Oper in 2 Akten (Lpz. 1776.) S. 11. Georg Benda, geb. zu Jungbunzlau 1721 oder 1722, † zu Köstritz bei Gera 6. Nov. 1795.

**71. Auf Victoria! auf Victoria!
welch ein Klang aus Niederland! 1815.**

Vf. Ernst Moritz Arndt. Zuerst in: Journal des Nieder- und Mittel-Rheins (Aachen 1815) S. 737. 738. — Die schöne Mel. dazu von H. von Emster in: H. A. von Kamp, Melodien zu den Festliedern 2. Heft (Crefeld 1826) S. 5.

72. Auferstehn, ja auferstehn wirst du. 1757.

Vf. Friedrich Gottlieb Klopstock, geb. zu Quedlinburg 2. Juli 1724, † zu Hamburg 14. März 1803. — Mel. von Carl Heinrich

Graun, geb. zu Wahrenbrück 1701, † zu Berlin 8. Aug. 1759 als
Capellmeister. Mel. zuerst in: Geistliche Oden, in Melodien gesetzt
von einigen Tonkünstlern in Berlin (Berlin, Ch. F. Voss 1758) Nr. 31.
— Text und Mel. in Erk, Liederkranz 2. Heft Nr. 87, bei Fink
Nr. 973.

73. Aus dem Dörflein da drüben vom Thurme herab,
    da läuten die Menschen den Tag zu Grab. 1811.

    Vf. Gottfried Wilhelm Fink. Mel. von demselben. Beides in
Fink's Hausschatz Nr. 754; Erk, Liederkranz 2. Heft Nr. 10; 3. Heft
Nr. 26.

74. Aus der Jugendzeit, aus der Jugendzeit. 1830.

    Vf. Friedrich Rückert. Nach dem bekannten Schwalbenspruch.
— Mel. von Conradin Kreutzer: Vierstimmige Gesänge für Männerstimmen (Mainz, Schott.) Nr. 129.

75. Aus Feuer ward der Geist geschaffen. 1816.

    Text und Mel. von Ernst Moritz Arndt, s. mein Volksgesang-
buch Nr. 13, schlecht bei Fink Nr. 701. Zuerst in: Deutsche Lieder
für Jung und Alt Nr. 96. — Mel. von A. Methfessel: Allg. Com-
mers- und Liederbuch 1818. Nr. 38.

76. Aus ihrem Schlaf erwachet
    von neuem die Natur. 1801.

    Vf. Johann Jacob Brückner, geb. zu Leipzig 29. Sept. 1762,
† das. 22. Januar 1811. — Wird nach der Mel. gesungen: In deinem Arm zu weilen, aus Mozart's Titus 1791. — Text und Mel. in
Erk, Liederkranz 1. Heft Nr. 25.

77. Ausgelitten hast du, ausgerungen,
    armer Jüngling, deinen Todesstreit. 1775.

    Vf. Carl Ernst Freih. von Reitzenstein auf Isigau in Franken,
geb. 9. Febr. 1733, † zu Baireuth ...... Das Lied, 11 vierzeilige
Strophen, erschien zuerst als Einzeldruck: 'Lotte bey Werthers Grab.
Wahlheim 1775.' 4 Bl. 8., dann mit einem Gedichte von Merck zusammen: 'Pätus und Arria; eine Künstler-Romanze. Und Lotte bey
Werthers Grab; eine Elegie. Leipzig und Wahlheim, 1775.' S. 13—16
mit in Kupfer gestochener Melodie 'Traurig, schmachtend.' Im Juni
desselben Jahrs wurde es ohne Angabe einer Quelle wiederholt in
den Hamburg. Address-Comptoir-Nachrichten 1775. 42. Stück vom
29. May S. 334, Schubart's Deutscher Chronik Juni S. 373—375,
im Rheinischen Most 1775. Nr. 7. und in Wieland's Teutschem Merkur Juni S. 139.140. Einen wol erst im Munde des Volks veränderten Text theilt A. Nicolovius in seinem Buche 'Über Göthe. Literari-
sche und artistische Nachrichten' S. 65 ff. mit. Schlosser erwähnt in
seiner Geschichte des achtzehnten Jahrh. 4, 157, er habe dies Lied

'selbst an dem äussersten Ende Deutschlands, am Strande der Nord-
see und an der Weser,' in seinem Knabenalter aus allen Kehlen seiner 'damals zwar noch sehr derben, aber doch schwärmerischen
Landsmänninnen' erschallen hören: doch bezieht er es irrthümlich
auf den Siegwart. Der Vf. des Liedes ist Hrn. J. W. Appell ('Werther und seine Zeit,' Lpz. bei W. Engelmann) unbekannt geblieben.
— Volksweise.

78. Bächlein, laß dein Rauschen sein! Ver 1821.
Vf. Wilhelm Müller. — Mel. von Carl Friedrich Curschmann Op. 3.

79. Bald sinkt nun der Mitternacht
    heil'ges Dunkel nieder. 1796.
Vf. Carl August Zschiedrich, geb. zu Dresden 1754, † das.
11. Oct. 1799. Das Lied steht zuerst in Becker's Taschenbuch zum
gesell. Vergnügen 1797. S. 287. 288. mit der sehr verbreiteten Mel.
von Joseph Friedrich Freiherrn zu Racknitz, geb. zu Dresden
3. Nov. 1744, † 10. April 1818. Ohne Angabe des Compon. bei
Fink Nr. 764, mit Namensangabe in den Melodien zum Mildh. Liederb.
Nr. 454.

80. Beglückt, beglückt, wer die Geliebte findet. 1776.
Vf. Hölty. Zuerst im Voss. Musenalm. 1778. S. 218—220.
— Mel. von Friedrich Heinrich Himmel 1805. Text und Mel. in
meinem Volksgesangb. Nr. 14. — Mel. von J. A. P. Schulz: Gesänge am Clavier (Berl. u. Lpz. 1779) S. 16, bei Fink Nr. 880.

81. Bei dem angenehmsten Wetter
    singen alle Vögelein. 1832.
Vf. Joseph Freiherr von Eichendorff. — Mel. bei Fink Nr. 483.

82. Bei dem Glanz der Abendröthe
    ging ich still den Wald entlang. 1791.
Vf. Göthe. Vgl. Viehoff 2, 156. — Mel. von Zelter.

83. Bei der stillen Mondeshelle
    treiben wir mit frohem Sinn. 1784.
Vf. J. G. Jacobi. — Mel. von J. F. Reichardt: Lieder gesell. Freude 1. Abth. (Lpz. 1796) Nr. 28, danach in Erk, Liederkranz 1. Heft Nr. 54. — Vierstimmig von Johann Theodor Mose-
wius, geb. zu Königsberg i. Pr. 25. Sept. 1788, Musikdirector in
Breslau, † auf einer Erholungsreise zu Schaffhausen 15. Sept. 1858.
— Mel. für 4 Männerstimmen von Friedrich Silcher: Tübinger Liedertafel, Heft 2. Op. 16.

84. Bei einem Wirthe, wundermild,
    da war ich jüngst zu Gaste. 1811.
Vf. Uhland. — Mel. von Xaver Schnyder vom Wartensee
1821: mein Volksgesangb. Nr. 15. — Mel. von Jos. Gersbach:
Wandervögelein (Nürnb. 1822) Nr. 38, 2. Aufl. Nr. 26.

85. Bei Männern, welche Liebe fühlen. 1791.

Aus der Zauberflöte von Mozart, Text von Schikaneder.

86. Bei Wöbbelin, im freien Feld. 1813.

Vf. Friedrich Förster: Kriegslieder 2. Aufl. (Berlin 1839) S. 46. 47. — Mel. von Louis Berger in: Erk, Deutscher Liederschatz 1. Heft (Berlin 1859) Nr. 22.

87. Bekränzet die Tonnen,
    und zapfet mir Wein! 1775.

Vf. Hölty. Zuerst im Voss. Musenalm. 1777. S. 23—25. — Mel. von J. F. Reichardt: Lieder geselliger Freude. 1. Abth. (Lpz. 1796) Nr. 4, bei Fink Nr. 640.

88. Bekränzt mit Laub den lieben, vollen Becher! 1775.

Vf. Matthias Claudius, geb. 15. Aug. 1740 *) zu Reinfeld im Holst., † zu Hamburg 21. Januar 1815. Das Lied erschien zuerst im Vossischen Musenalmanach 1776. S. 147. 148, unterzeichnet 'Claudius.' Im Register steht 'Claudius (Matthias. Sonst auch Asmus, aber seit Johannis nicht mehr Bote in Wandsbeck.' Es wurde dann, weil die Musenalmanache auch damals schon wie jetzt einige Monate früher erschienen, bei Gelegenheit einer Recension dieses Almanachs in 'Neuer gelehrter Mercurius auf das Jahr 1775.' Dritter Band. Altona. S. 341 und 342 (44. Stück vom 2. Nov. 1775) vollständig abgedruckt. Nachher nahm es Claudius in seine Werke auf: Asmus omnia 3. Th. 1777. S. 182—184. Unbegreiflich, dass jemals die Verfasserschaft dem Claudius bestritten werden konnte, und doch geschah es! Die Sache ist eigentlich zu lächerlich, als dass sie eine ernste Widerlegung verdient hätte, und nur dem Sohne des Dichters konnte man es nicht verdenken, dass er dennoch gegen Kölle und Vilmar für seines Vaters Ehre auftrat. Friedrich Claudius, Senator zu Lübeck, schrieb einen Aufsatz: Die Entstehung des Rheinweinlieds, der zuerst im Morgenblatt, Maiheft 1852. S. 429 ff. gedruckt und dann wieder mitgetheilt wurde in: 'Matthias Claudius. Der Wandsbecker Bote. Ein Lebensbild von Wilh. Herbst. 2. Aufl. (Gotha, Perthes 1857)' S. 335—347. — Die ursprüngliche Melodie, woraus die jetzt allgemein übliche hervorging, ist von Johann André 1776 (und nicht von J. A. P. Schulz!), geb. 28. März 1741 zu Offenbach, † das. 18. Juni 1799. Zuerst in: Musikalischer Blumenstraus, für das Jahr 1776, von Johann André (Offenbach am Mayn, bey Johann André) Fol. S. 2 (danach in C. F. Becker. Lieder und Weisen vergangener Jahrhunderte 1. Abth. S. 65). Später in: Lieder, in Musik

*) So nach Mittheilungen aus der Claudius'schen Familie, alle anderen Angaben sind falsch, auch die von Hans Schröder (Lexikon der hamburg. Schriftsteller 1, 534), der den 2. Januar als Geburtstag annimmt.

gesetzt von Johann André. 1. Th. (Offenbach am Mayn, bey dem
Verfasser 1790) fol. S. 24, mit kleinen Verbesserungen, und S. 25.
die dreistimmige Bearbeitung. (Darauf in einem Nachdruck: Lieder
am Clavier. In Musik gesetzt von Joh. André, Berlin, Rellstab 1793
4. S. 22.) Im Vorbericht erklärt Joh. André, dass er sich genöthigt
fand, sein Eigenthum geltend zu machen, da die fragliche Melodie bereits 'mehreren Verfassern zugeschrieben' worden sei. Er verweist
zugleich auf seinen 'Musikalischen Blumenkranz von 1763' als früheste Quelle: das ist ein offenbarer Irrthum! er hat sich um 13 Jahre
verrechnet! Eine spätere, weniger gelungene Melodie, ebenfalls von
Johann André in dessen: Lieder und Gesänge beym Klavier, herausgegeben von Johann André. 3. Heft (Berlin, Himburg 1779) 4. S. 72.
— Die Joh. André'sche Composition von 1776 und auch die spätere
Aenderung des Componisten vom J. 1790 (in 2facher Bearbeitung)
hat Ludwig Erk mitgetheilt in der musikalischen Zeitschrift: Caecilia.
25. Bd. (Mainz 1846) S. 280 rechts, und S. 266—268 umständ-
lichere Bemerkungen darüber. — Zwei Melodien von J. A. P. S c h u l z:
Lieder im Volkston 2. Th. 1785. S. 14.

89. Bemooster Bursche zieh' ich aus. 1814.

Vf. Gustav S c h w a b, geb. zu Stuttgart 19. Juni 1792, † das.
4. Nov. 1850. — Mel. von Albert M e t h f e s s e l in s. Commers-
und Lb. 1823. Nr. 13.

90. Beschattet von der Pappelweide. 1780.

Vf. J. H. V o s s. Aus der Idylle: die Kirschenpflückerin. — Mel.
von J. A. P. S c h u l z: Lieder im Volkston 1. Th. 2. Ausg. S. 15.
Text u. Mel. zuerst im Voss. Musenalmanach 1781. S. 25—28.

91. Bin der kleine Tambour Veit. 1821.

Vf. Wilhelm G e r h a r d: Gedichte 1. Bd. (Lpz. 1826) S. 117—
119. — Mel. von August P o h l e n z 1826, bei Fink Nr. 566. L. Angely hat das Lied nicht verfasst, sondern nur eingelegt in sein Singspiel: Sieben Mädchen in Uniform.

**92. Bis ich schlafen werde
unter kühlem Sand.**

Vf. Carl Friedrich S i n a p i u s, geb. zu Rudelsdorf (nach Andern
zu Fürstenau) in Schlesien 2. Oct. 1752, † zu Schmiedeberg in Schlesien 4. April 1804. — Mel. von Heinrich Siegmund O s w a l d: Lieder beym Clavier (Breslau 1782). Das Lied beginnt eigentlich:

> Gottes Güte leitet
> mich und dich ins Grab

und hat viele Strophen. — H. S. O s w a l d, geb. zu Schmiedeberg in
Schlesien 19. Juli 1751, † zu Breslau 8. Sept. 1834.

93. Blaue Nebel steigen von der Erde auf. 1816.

Galt bisher für ein Lied von B u c h n e r. In der 'Auswahl deutscher Lieder (Lpz. 1827)' S. 365 ist auch Buchner als Vf. genannt mit dem Zusatze: 'Abendlied vom J. 1813.' Es ist aber nach genauer Ermittelung erst im J. 1816 von Prof. Karl J u n g in Basel (geb. zu Mannheim 7. Sept. 1795) gedichtet und hat sich zu seiner jetzt üblichen Lesart im Laufe der Zeit umgestaltet. Es steht zuerst in den Liedern für Jung und Alt (Berlin 1818) Nr. 40 mit der Mel. von B. A. W e b e r zu: Mit dem Pfeil und Bogen.

**94. Blickt auf, wie hehr das lichte Blau
hoch über uns sich wölbet! 1783 (?)**

Vf. J. H. V o s s (Luise 1. Idylle Vers 469—508). — Mel. von J. F. R e i c h a r d t: Lieder geselliger Freude. Herausg. von J. F. Reichardt (Lpz. 1796). 1. Abth. S. 30.

**95. Blühe, liebes Veilchen,
das ich selbst erzog. 1778.**

Vf. Christian Adolf O v e r b e c k, geb. 21. Aug. 1755 zu Lübeck, † das. 9. März 1821 als Bürgermeister. Zuerst im Voss. Musenalman. für 1778. S. 193—95. — Die Mel. von Joh. Abrah. Peter S c h u l z erschien zuerst: Gesänge am Clavier (Berlin u. Leipzig, G. J. Decker 1779) S. 28, dann: Lieder im Volkston 2. Th. S. 21. Diese so wie eine Volksweise bei Erk, Volksl. 1. Bd. 6. Heft Nr. 27 u. 28.

96. Bringt mir Blut der edlen Reben! 1817.

Text u. Mel. von Ernst Moritz A r n d t. Zuerst in: Deutsche Lieder für Jung und Alt (Berlin 1818) Nr. 94. und Methfessel's Commers- und Liederbuch 1818. Nr. 45. Die ältere Lesart, wie sie im Munde des Volkes lebt, besser als in Arndt's Gedichten (Lpz. 1843) S. 320. Vgl. mein Volksgesangb. Nr. 19; Fink Nr. 440.

**97. Bruder, auf dein Wohlergeh'n
sei dir dieses Glas gebracht.**

Vf. J. J. P e s t a l u t z. Schon in: Lieder der Weisheit und Tugend (Berlin 1786) S. 363—366 ohne Namen des Dichters. Dann mit Namen in: Schweizerische Volkslieder mit Melodieen (Zürich, bey David Bürkli 1788) Nr. 50, unterzeichnet: J. J. Pestalutz, 10 Strophen mit Composition von E g l i. Mit einer volksthümlichern Weise in: Lieder für Freunde der geselligen Freude (Lpz. 1788) S. 55. 56. — Volksweise.

98. Brüder, das ist deutscher Wein! 1816.

Vf. Aloys S c h r e i b e r, geb. zu Kappel unter Windeck in Baden 12. Oct. 1761, † zu Baden-Baden 21. Oct. 1841. Zuerst in Schreiber's Cornelia 1817. S. 101. 102. — Mel. von Friedrich S i l c h e r: mein Volksgesangb. Nr. 20 und Fink Nr. 394. Zuerst in: Liederweisen zum teutschen Lb. für Hochschulen (Stuttg. 1823) Nr. 129.

99. Brüder lagert euch im Kreise,
singt nach alter Väter Weise!

Studentenlied aus der zweiten Hälfte des 18. Jahrh. Findet sich
bereits in: Akademisches Lustwäldlein; das ist: Ausbund lieblicher
Burschenlieder (Altdorf 1794) Nr. 8 mit dem Anfange: Brüder, lagert
euch hernieder, hat aber nur 5 Str., während es später 12 hat. Text
und Mel.: Erk, Volksl. 2. Bd. 2. Heft Nr. 4. Vgl. J. G. W. Schneider,
Commerslieder (Halle 1801). Nr. 1.

100. Brüder, lasset uns eins singen!

Vf. unbekannt. — Mel. von Carl Blum, wahrsch. 1818, sehr
verbreitet, bei Junghans Nr. 47.

101. Brüder, laßt uns gehn zusammen
in des Frühlings Blumenhaine!

Vf. August von Drake, geb. zu Braunschweig 17. Juni 1789,
lebte in Warschau. — Poln. Volksmelodie. Text u. Mel. in: Liederbuch für Deutsche Studenten (2. Auflage. Halle 1852).

102. Brüder, laßt uns lustig sein,
weil der Frühling währet! 1717.

Vf. Joh. Christian Günther, geb. 8. April 1695 zu Striegau in
Schlesien, † zu Jena 15. März 1723. S. meine Spenden 2. Bdchen
S. 134. — Die Volksmelodie bei Erk, Volkslieder 2. Bd. 3. Heft
Nr. 29; mein Volksgesangbuch Nr. 21.

103. Brüder, reicht die Hand zum Bunde!

Vf. unbekannt. — Mel. von Mozart, vor 1790, in Erk, Sängerhain 2. Heft Nr. 27.

104. Brüder, wacht! habet Acht!
Hörnerklang erschallt. 1829.

Aus der Oper: Der Templer und die Jüdin, Text von W. A.
Wohlbrück, Musik von H. Marschner. — Text und Mel. bei
Fink Nr. 633.

105. Brüder! zu den festlichen Gelagen. Vor 1821.

Vf. unbekannt. Text wol zuerst in: Breslauer Burschenlieder
1820. — Mel. in: Ausw. deutscher L. (Lpz., Serig) 1825. S. 149. —
Mel. von A. Methfessel: Commers- und Liederb. 3. Ausg. Nr. 17,
4. Ausg. Nr. 11.

106. Brüderlein fein, Brüderlein fein! 1826.

Vf. Ferdinand Raimund: Der Bauer als Millionär, Musik von
Joseph Drechsler, geb. zu Wüllisch-Birken (Wlachobrezy) in Böhmen 26. Mai 1782, † zu Wien 27. Februar 1852 als Capellmeister
am St. Stephansdome.

2*

107. Bunt sind schon die Wälder. 1782.

Vf. Johann Gaudenz von Salis-Seewis. Zuerst im Voss. Musenalmanach 1786. S. 34—36. — Mel. von J. F. Reichardt: Lieder für die Jugend 1799. S. 10. 11. — Mel. von Friedrich Ludwig Seidel in Reichardt's Lieder geselliger Freude 2. Abth. (Leipz. 1797) Nr. 53.

**108. Burgen mit hohen
        Mauern und Zinnen.**

Vf. Göthe. Erst 1808 gedruckt in G.'s Faust. — Vierst. von G. W. Fink in s. Hausschatz Nr. 571; von Ernst Richter, und sonst noch oft.

109. D'Mariandel ist so schön. 1824.

Vf. Ferdinand Raimund: Der Diamant des Geisterkönigs, Musik von Joseph Drechsler, in: Kretzschmer, Volkslieder 1. Th. Nr. 150.

**110. Da droben auf jenem Berge
        da steh' ich tausendmal. 1802.**

Vf. Göthe. Vgl. Viehoff 2, 456—459. — Mel. von J. F. Reichardt: Göthe's Lieder, Oden 1809. 1. Abth. S. 19, bei Fink Nr. 64. — Mel. von Zelter 1802, s. Briefwechsel zwischen Göthe u. Zelter 1, 21 u. 41. Die bekannteste und beliebteste wol die in: Gesänge mit Begleitung der Chitarra eingerichtet von Wilhelm Ehlers (Tübingen 1804) S. 24, wol von Ehlers verfasst.

**111. Da droben auf jenem Berge
        da steht ein altes Schloß. 1803.**

Vf. Göthe. Vgl. Viehoff 2, 495—499. — Mel. von Bernhard Klein Op. 15.

**Da lieg' ich auf Rosen, mit Veilchen gestickt
        Siehe: Hier sitz' ich auf Rosen ic.**

112. Da streiten sich die Leut' herum. 1833.

Vf. Ferdinand Raimund: Der Verschwender, Musik von Conradin Kreutzer.

**113. Dankt dem Herrn! die Abendsonne
        winkt der müden Erde Ruh.**

Steht zuerst in Campe's Kinderbibl. 6. Th. (Hamb. 1784.) S. 86. mit der Unterschrift: Kurze. — Mel. von Anton André, geb. zu Offenbach 6, Oct. 1775, † das. 6. April 1842. Zuerst in: XXIV Maurer-Gesänge mit Begl. des Pf. von A. André (Offenbach bei J. André) Nr. 1. Text und Mel. in: Erk, Sängerhain 1. Heft Nr. 68.

114. Darf ich zu deinem Preise
nach treuer Sänger Weise
ein Lied der Liebe weih'n?

Vf. Carl Müchler. — Mel. von Biel in der Zeitung für die elegante Welt 1804. Beilage Nr. 11 und 12.

115. Das alte Jahr vergangen ist,
das neue Jahr beginnt. 1841.

Vf. H. v. F. — Nach der Mel. Mein Lebenslauf ist Lieb' und Lust.

116. Das Canape ist mein Vergnügen.

Vf. unbekannt. Hat sich in den neuesten Liederbüchern und fliegenden Blättern erhalten. Es wird auf die Mel. des Crambambuli-Liedes gesungen und ist wol bald nach diesem enstanden. Steht schon in einer Liedersammlung von 1747: 'Gantz neu entsprossene Liebes Rosen, Worinnen Viele neue Liebes Arien und angenehme Lieder zu finden, welche ohne Aergerniss können gesungen werden.' Nr. 48.

117. Das Essen, nicht das Trinken
bracht' uns um's Paradies.

Vf. Wilhelm Müller. — Mel. von Friedrich Schneider und Bernhard Klein: Studentenlieder von L. Richter und A. E. Marschner Nr. 3.

118. Das Frühstück schmeckt mir besser
in dem Grünen, in der Luft.

Aus der Oper: Das rothe Käppchen, Text von Christian August Vulpius, Musik von Carl von Dittersdorf, comp. für Wien 1788.

119. Das ganze Dorf versammelt sich. 1772.

Vf. Johann Martin Miller, geb. 3. Dec. 1750 zu Ulm, † das. 21. Juni 1814 als evang. Pfarrer. Das Lied stand zuerst im Götting. Musenalmanach vom J. 1773. S. 35—37, unterzeichnet: L. Später verbessert vom Dichter in seinen Gedichten (Ulm bei J. K. Wohler 1783.) S. 33—36. Danach bei Erk, Volksl. 1. Bd. 4. Heft Nr. 10 nebst der bekannten Volksweise, angeblich von Siegmund Freiherrn von Seckendorff, die auch in den Melodien zum Mildh. Liederbuche 1799. Nr. 261 steht, und n. A. Nr. 370 ihm zugeschrieben wird.

120. Das Glas in der Rechten, die Flasch' in der Linken. 1829.

Vf. H. v. F. — Mel. von Constantin Decker in: Liederbuch für deutsche Künstler (Berl. 1833) Nr. 66. Constantin Decker, geb. zu Fürstenau in der Mark Brandenb. 29. Dec. 1810.

121. Das Grab ist tief und stille. 1783.

Vf. Johann Gaudenz Freih. von Salis-Seewis, geb. auf dem Schlosse Bodmar bei Malans in Graubündten 26. Dec. 1762, † zu

Malans 28. Januar 1834. **Zuerst im Gött. Musenalmanach 1788.** S. 118. 119. — Mel. von Hans Georg Nägeli um 1820 in Erk, Liederkranz 1. Heft Nr. 115. — Mel. von J. F. Reichardt in seinen Gesängen der Klage und des Trostes (Berl. 1797) S. 2. — Mel. von Johann Rudolf Zumsteeg in C. G. Hering's Volksschulengesangbuch. 2. Abth. (Lpz. 1824) S. 174. 175. — Volksweise in meinem Volksgesangbuch Nr. 24.

122. Das Jahr ist gut, braun Bier ist gerathen. 1824.

Vf. unbekannt. Zuerst in: Auswahl deutscher Lieder (Lpz. Serig) S. 235. 236, zugleich mit Mel., in den spätern Ausgaben mit der Jahrszahl 1824.

123. Das ist der Tag des Herrn! 1805.

Vf. Uhland. Zuerst im Seckendorf'schen Musenalmanach 1807. S. 166. — Mel. von Conradin Kreutzer: Vierstimmige Gesänge für Männerstimmen (Mainz, Schott) Nr. 5; bei Erk, Sängerhain 2. Heft Nr. 45.

124. Das Laub fällt von den Bäumen. 1804.

Vf. August Mahlmann. — Volksweise: Erk, Liederkranz 1. Heft Nr. 111. Mel. von August Bergt, zuerst im Becker'schen Taschenb. 1805, danach in den Melodien zum Mildh. Liederb. Nr. 138.

125. Das Leben gleichet der Blume. 1786.

Vf. Gerhard Anton v. Halem, geb. zu Oldenburg 2. März 1752, † das. 5. Januar 1819. Steht zuerst im Voss. Musenalmanach 1787. S. 71. — Mel. von Johann Daniel Gerstenberg in Fink's Hausschatz Nr. 712. — Mel. von Karl Spazier: Einfache Clavierlieder 1. Heft (Berl. 1790) S. 3.

126. Das Leben ist ein Würfelspiel,
bald trifft man wenig und bald viel. 1797.

Aus der Oper: Das Schlangenfest in Sangora, comp. von Wenzel Müller 1797.

127. Das Lied vom Wein ist leicht und klein.

Vf. Friedrich Rochlitz, geb. zu Leipzig 12. Febr. 1769, † das. 16. Dec. 1842. — Volksweise bei Fink Nr. 722.

128. Das Mägdlein, braun von Aug' und Haar. 1789.

Vf. J. H. Voss. Zuerst im Voss. Musenalmanach 1790. S. 134 —136 mit zwei Mel. von Schulz. — Mel. von J. A. P. Schulz: Lieder im Volkston 3. Th. 1790. S. 30; in den Melodien zum Mildh. Liederb. Nr. 353.

129. Das Schiff streicht durch die Wellen.

Deutsches Lied zu einer italien. Volksweise, die zuerst im Taschen-Liederbuch (Passau, P. Ambrosi 1828) S. 99 vorkommt. Es ist aus den 20r Jahren. Später mit 'Brassier' unterzeichnet. Der deutsche Text zuerst in: Kriegs- und Volkslieder (Stuttg. 1824) S. 112, mit 'Br.' unterzeichnet. Georg Scherer bemerkt: 'In der Metzler'schen Buchhandlung, wo das Büchlein erschien, weiss Niemand etwas von einem Brassier.' Das italien. Lied, wozu die Melodie gehört, war schon vorher bekannt durch Grimm, Altd. Wälder 1. Th. (1813) S. 130: O pescator dell' onda. Uebersetzungen und Nachbildungen s. in: Erk, Volksl. für Männerstimmen 2. Heft Nr. 40. 41.

130. Das schöne große Taggestirne
    vollendet seinen Lauf.

    Vf. Matthias Claudius: Asmus omnia 3. Th. 1777. S. 16—18. — Mel. von J. F. Reichardt: Oden und Lieder (Berlin 1779) S. 36.

131. Das Tagewerk ist abgethan. 1794.

    Vf. J. H. Voss. — Mel. von Zelter in: Musik zum Vossischen Musenalmanach für 1800 gehörig (Neustrelitz, Albanus) S. 11. Diese Mel. ist übrigens einer Hiller'schen nachgeformt, vgl. Letztes Opfer in einigen Lieder-Melodien von Joh. Adam Hiller (Lpz. Dyk 1790) S. 20.

132. Das Volk steht auf, der Sturm bricht los. 1813.

    Vf. Theodor Körner. — Mel. von C. M. v. Weber: Körner's Leyer und Schwerdt 2. Heft (1814). Wird meist gesungen nach der Volksweise: Lille, du allerschönste Stadt (Kretzschmer, Volkslieder 2. Th. Nr. 142).

133. Das Wandern ist des Müllers Lust. 1818.

    Vf. Wilhelm Müller. — Mel. von Carl Zöllner, geb. zu Mittelhausen in Thüringen 17. März 1800. 'Des Müllers Lust und Leid in sechs Gesängen aus der schönen Müllerin von Wilh. Müller für vier Männerstimmen componirt von Carl Zöllner (Lpz., Friedlein und Hirsch)' Nr. 1.

134. Das waren mir selige Tage.

    Vf. Christian Adolf Overbeck. Steht schon in 'Frizchens Lieder. (Herausgeg. von Ch. A. Overbeck, Hamb. 1781)' S. 72. 73. — Mel. von F. F. Hurka: Sechs deutsche Lieder, Hamb. 1799, danach in C. F. Becker, Lieder u. Weisen 2. Abth. S. 79. Besonderer Druck: Berlin bei Rudolph Werckmeister. Friedrich Franz Hurka, geb. zu Merklin in Böhmen 23. Febr. 1762, † zu Berlin 10. Dec. 1805.

135. Das Wasser rauscht, das Wasser schwoll. Um 1778.

    Vf. Göthe. — Vgl. Viehoff 1, 415—426. Zuerst in: Volks- und andere Lieder, mit Begl. des Forte piano. In Musik gesetzt von Siegmund Freyh. von Seckendorff 1. Samml. (Weimar 1779)

S. 4. 5., dann in: Herder, Volkslieder 2. Th. (Leipz. 1779) S. 3. 4.
— Mel. von Reichardt: Oden und Lieder 3. Th. 1781. S. 3, bei
Fink Nr. 776. — Mel. von Latrobe bei Wilh. Ehlers: Gesänge mit
Begl. der Chitarra (Tüb. 1804) S. 50. — Mel. von Ludwig Berger:
Neun deutsche Lieder mit Begl. des Pf. Op. 17. S. 13.

136. Daß unser Gott uns Leben gab,
     deß wollen wir uns freuen. 1788.

Vf. Friedrich Leopold Graf zu Stolberg. Zuerst im Voss. Musenalmanach 1789. S. 7—11. — Mel. von J. F. Reichardt in s.
Caecilia. 1. Stück (Berl. 1791) S. 6. — Mel. von Johann Sörensen,
geb. zu Glückstadt 18. Mai 1767, † zu Neuwied 29. April 1831. —
Mel. von Carl Spazier: Einfache Clavierlieder. 1. Heft (Berlin
1790) S. 20.

137. Dein auf ewig, ewig dein
     will ich traut in Liebe sein.

Vf. unbekannt. Durch Harfenistinnen sehr verbreitet.

138. Dein gedenk' ich, röthet sich der Morgen.

Vf. Karl Müchler, s. seine Gedichte (Berlin 1786) S. 33—35.
— Bekannte Melodie.

139. Dein gedenk' ich und ein sanft Entzücken. 1771.

Vf. Joh. Joachim Eschenburg, geb. zu Hamburg 1. (nicht 7.)
Dec. 1743, † zu Braunschweig 29. Febr. 1820. Steht zuerst in der
Claudius'schen Zeitung: Der Wandsbecker Bothe 1771. Nr. 42 mit
der Unterschrift "a. Br." d. h. aus Braunschweig, dann im Gött.
Musenalmanach 1772. S. 62. 63. — Bekannte Melodie aus der
Operette: Lucas und Hannchen, comp. von J. F. G. Beckmann 1782.

140. Dein Silber schien durch Eichen grün. 1773.

Vf. Hölty. Zuerst im Voss. Musenalm. 1779. S. 91, mit Mel.
von J. F. Reichardt. Bekannter ist die Mel. von Leonhard de Call
(† zu Wien 1815) in seinen vierst. Männergesängen.

141. Dem Teufel verschreib' ich mich nicht.

Aus der Oper: Das Donauweibchen, Text von Karl Friedrich
Hensler, Musik von Ferd. Kauer.

142. Den süßen Schlaf erbitten wir,
     du bester Vater! uns von dir. 1786.

Vf. Samuel Gottlieb Bürde: Geistliche Poesieen (Breslau 1787)
S. 78—80. — Mel. von J. A. P. Schulz: Religiöse Oden und Lieder (Hamb. 1786).

143. Den Wohlklang in der Kehle.

Vf. Friedrich Schlotterbeck: Sammlung vermischter Gedichte
(Ulm, Stettin 1826) S. 464. — Mel. von A. Knosp in Göpel's Lie-
der- und Commers-Buch 2. Aufl. 1858. Nr. 494.

144. Denkſt du daran, mein tapfrer Lagienka? 1826.

Vf. Karl von Holtei. Im Singspiel: 'Der alte Feldherr.' Ist weiter nichts als Nachbildung des französ. Liedes:

Te souviens-tu, disait un capitaine,
au vétéran qui mendiait son pain

von Émile Debraux gedichtet 1815, † 1831. Siehe Chants et Chansons populaires de la France par H. L. Delloye (Paris 1843), deuxième série, Nr. 1. Als Componist ist angegeben Doche père, sonst nichts über ihn. Eine Uebersetzung des franz. Liedes im Lieder-Lex. Nr. 276.

145. Der Abend ſchleiert Flur und Hain
in traulich holde Dämmrung ein. 1783.

Vf. Friedrich von Matthisson. — Mel. von Carl Spazier: Einfache Clavierlieder 1. Heft (Berlin 1790) S. 21, auch in: Lieder geselliger Freude von Reichardt 1. Abth. 1796. Nr. 33.

146. Der Abend ſinkt,
kein Sternlein blinkt. 1783.

Vf. Friedrich Leopold Graf zu Stolberg. Zuerst im Vossischen Musenalm. 1784. S. 89. 90. — Mel. von J. A. P. Schulz: Lieder im Volkston 2. Th. 1785. S. 27, vorher schon im Voss. Musenalm. — Eine schöne vierstimm. Composition von August Bergt.

147. Der alte Barbaroſſa. 1817.

Vf. Friedrich Rückert, geb. zu Schweinfurt 16. Mai 1789 nach seiner eigenen Angabe; so auch in seinen 'Gesammelten Gedichten' 1. Th. (1843) S. 253:

Zu meinem Geburtstag,
dem sechzehnten Mai,
wünschte die Liebste
mir mancherlei.

Sein GT. soll jedoch der 16. April sein, den R., weil ihm der April nicht poetisch genug gewesen, in den Mai verwandelt habe. — Mel. von Joseph Gersbach um 1824. Text und Mel. in meinem Volksgesangb. Nr. 25, in Erk, Liederkranz 3. Heft Nr. 35, auch bei Fink Nr. 335. Jos. Gersbach, geb. zu Säckingen bei Mannheim 22. Dec. 1787, † zu Carlsruhe 3. Dec. 1830. — Mel. für 4 Männerstimmen von Friedrich Silcher: Tübinger Liedertafel, Heft 3, Op. 29.

148. Der Burſch von echtem Schrot und Korn
hat immer frohen Muth.

Altes Studentenlied. Der vollständigste Text, 24 Strophen, in: Deutsche Studenten-Lieder. Herausg. von Georg Scherer (Lpz. 1855) Nr. 67. Der Text in: Neues Commersbuch (Germania [Göttingen] 1818) Nr. 53 hat nur 20 Str., aber 2 die bei Scherer fehlen. Die erste Spur dieses Liedes findet sich in einem sehr seltenen Büchlein:

'Akademisches Lustwäldlein; das ist: Ausbund lieblicher Burschenlieder. Gesammelt durch Herkules Raufseisen und als Manuscript für
seine Freunde abgedruckt. Altdorf bey Nürnberg. 1794.' (51 SS. mit
53 Liedern und 3 Bl. Vorwort) Nr. 47, nur 10 Strophen, von denen
sich nur 7, zum Theil sehr abweichend, bei Scherer wiederfinden;
es beginnt mit dessen 22. Str.: Die Gläser sind nun alle leer. —
Mel. bei Scherer Nr. 67.

149. Der Döbler ist ein Zaubermann. 1842.
Vf. H. v. F. Zuerst gedruckt in: Deutsche Lieder aus der
Schweiz (Zürich und Winterthur 1843) S. 121. 122. — Mel.: Als
Noah aus dem Kasten war.

150. Der Eichwald brauset, die Wolken ziehn. 1798.
Vf. Schiller. Zuerst in Schiller's Musenalmanach 1799.
S. 208. 209. — Composition von Zumsteeg bei Fink Nr. 848.
Johann Rudolph Zumsteeg, geb. zu Sachsenflur im Odenwald
10. Januar 1760, † zu Stuttgart 27. Januar 1802. — Mel. von J. F.
Reichardt: Schillers lyrische Gedichte 1. Heft (Lpz. 1810) S. 9.
— Mel. von Franz Schubert Op. 58.

151. Der Frühling hat sich eingestellt. 1836.
Vf. H. v. F. — Mit einer Mel. von J. F. Reichardt in Erk,
Liederkranz 1. Heft Nr. 24.

152. Der Frühling ruft: heraus!
die Käfer fliegen aus. 1820.
Vf. Friedrich Förster, geb. zu Münchengossersstedt im Altenb.
24. Sept. 1793. Zuerst in 'Gesänge der jüngeren Liedertafel zu Berlin (Berl. 1820)' S. 20. 21. — Mel. von Carl Rex, geb. zu Berlin
16. Oct. 1780.

153. Der Gott, der Eisen wachsen ließ,
der wollte keine Knechte. 1813.
Vf. E. M. Arndt. Zuerst in: Lieder für Teutsche von E. M.
Arndt. Im Jahr der Freiheit 1813. S. 81—83. — Mel. von Albert
Methfessel in s. Commers- und Liederb. 1818. Nr. 61.

154. Der Himmel hat eine Thräne geweint. 1821.
Vf. Friedrich Rückert. — Mel. von Friedrich Kücken Op. 63.

155. Der Holdseligen sonder Wank. 1773.
Vf. J. H. Voss. Zuerst im Gött. Musenalm. 1774. S. 203. 204,
unterz. 'S.' — Mel. von C. M. von Weber bei Fink Nr. 876, nebst
einer Volksweise. — Die Mel. von Karl Spazier ist sehr verbreitet,
sie steht in: K. Spazier, Lieder und andere Gesänge für Freunde ein-
facher Natur (Neuwied u. Lpz. 1792. querfol.) S. 31. und früher
schon in dessen 'Einfache Clavierlieder. 1. Heft Berlin' (1790). —
Eine noch schönere Mel. von Lindpaintner.

156. Der ist der Herr der Erde,
    wer ihre Tiefen misst. Um 1800.

Vf. Novalis (F. v. Hardenberg). — Mel. von Luise Reichardt: Sechs Lieder von Novalis — Viertes Werk (Hamb. bey J. A. Böhme) Nr. 4.

157. Der Knabe Robert, fest und werth,
    hält in der Hand ein blankes Schwert. 1813.

Vf. E. M. Arndt. Steht S. 102. 103 in: Lieder für Teutsche von E. M. Arndt. Im Jahr der Freiheit 1813. — Mel. von Albert Methfessel in s. Commers- und Lb. 1818. Nr. 53.

158. Der König, dem ich diene
    als treuer tapfrer Held.

Vf. unbekannt. — Beliebte Mel., viel gesungen von Singvereinen und Liedertafeln.

159. Der König rief, und alle, alle kamen,
    die Waffen muthig in der Hand. 1813.

Vf. Karl Gottlieb Samuel Heun (pseud. Heinrich Clauren), geb. zu Dobrilugk in der Niederlausitz 20. März 1771, † zu Berlin 2. Aug. 1854. Der erste Druck: Heun's Maurerlied "der König rief, und alle, alle kamen" in Musik gesetzt von A. Philipsborn. Gnadenfrei den 24sten Juni 1813. In Commission bei W. G. Korn in Breslau, und Gröbenschütz in Berlin. hoch 4°. Es ist die bekannte und vielgesungene Melodie.

160. Der Kuckuck und der Esel,
    die hatten großen Streit. 1835.

Vf. H. v. F. — Mel. von Zelter zu: Es ist ein Schuss gefallen.

161. Der Landmann hat viel Freude
    und lebt dabei in Ruh.

Vf. unbekannt. — Mel. von J. A. P. Schulz: Lieder im Volkston 2. Th. 1785. S. 42, dann in Melodien zum Mildh. Lb. 1799. Nr. 375, n. Ausg. Nr. 570.

162. Der Lenz belebet die Natur,
    die Schöpfung wird uns neu.

Aus: Die Zauberzither. Eine komische Oper in drey Aufzügen. Neubearbeitet. Die Musik ist von Hrn. Wenzel Müller in Wien. 2. Aufl. (Prag 1796) S. 17. 18.

163. Der Lenz ist angekommen!
    habt ihr es nicht vernommen?

Vf. wahrscheinlich Christian August Vulpius. Zuerst in seinen Curiositäten 1. Bd. (Weimar 1811) S. 554 als altes Volkslied mitgetheilt, wofür es dann später auch immer gegolten hat. — Oft componiert: von Joseph Beer (geb. zu Grünewald in Böhmen 18. Mai

1744, † zu Berlin 1811), bei Fink Nr. 348; von Carl K a r o w (geb. zu Alt-Stettin 15. Nov. 1790) das. Nr. 36; von S i l c h e r in Erk, Liederkranz 1. Heft Nr. 22.

**164. Der liebe Sonntag kommt heran
mit freundlichem Geläute. 1787.**

Vf. Ludwig G i s e k e. Zuerst gedruckt im Deutschen Museum 1787. 1. Bd. Januar — Juni S. 351—353. 12 Strophen.

165. Der Mai ist auf dem Wege. 1821.

Vf. Wilhelm M ü l l e r. Zuerst in 'Sieben und siebzig Gedichte eines reisenden Waldhornisten. Herausgeg. von W. Müller (Dessau 1821)' S. 77. — Volksweise dazu in Erk, Liederkranz 1. Heft Nr. 37. — Mel. von Bernhard K l e i n: Lieder und Gesänge mit Begleit. des Pf. (Berlin bei Christiani) S. 7.

**166. Der Mai ist gekommen,
die Bäume schlagen aus. 1835.**

Vf. Emanuel G e i b e l, geb. zu Lübeck 18. Oct. 1815. G. dichtete dies Lied als Student zu Bonn, wie er selbst erzählt in seinen "Neuen Gedichten" (Stuttg. und Augsb. 1857) S. 146:

> Ich sang's vor manchem Jahr,
> Berauscht vom Maienscheine,
> Da ich gleich Jenen war
> Student zu Bonn am Rheine. —

Melodie: Mein Herz ist im Hochland.

**167. Der Mond ist aufgegangen,
die goldnen Sternlein prangen. 1778.**

Vf. Matthias C l a u d i u s. Zuerst im Voss. Musenalm. 1779. S. 184—186, 7 Strophen, und in Herder's Volksliedern 2. Th. 1779. S. 297. 298 nur die ersten 5 Strophen. Herder's Anmerkung am Schluss des Registers (S. 312): 'Das Lied ist nicht der Zahl wegen hergesetzt, sondern einen Wink zu geben, welches Inhalts die besten Volkslieder sein und bleiben werden. Das Gesangbuch ist die Bibel des Volks, sein Trost und seine beste Erholung.' — Mel. von J. A. P. S c h u l z: Lieder im Volkston 3. Th. 1790. S. 52; in m e i n e m Volksgesangb. Nr. 32, bei Fink Nr. 932 (verändert); von J. F. R e i c h a r d t 1779: Lieder für Kinder (Hamb. 1781) S. 17, in den Melodien zum Mildh. Liederb. Nr. 9.

**168. Der muntre Tag ist wieder still
und Alles schlafen gehen will. 1808.**

Vf. Ernst Moritz A r n d t: Historisches Taschenbuch für das J. 1814 (Königsb.) S. 238—240. — Mel. von Joseph G e r s b a c h: Wandervögelein 1822. S. 11. 12 im Melodienheft.

169. Der Nachtigall reizende Lieder
erkönen und locken schon wieder.

Vf. Friedrich von H a g e d o r n, geb. zu Hamburg 23. April 1708,
† das. 28. Oct. 1754. Zuerst in: (Hagedorn) Samml. Neuer Lieder
und Oden 3. Th. 1752 Nr. 11. — Mel. von J. F. R e i c h a r d t: Lieder für Kinder (Hamburg 1781) S. 32, dann in Melodien zum Mildh.
Liederb. Nr. 126.

170. Der Papst lebt herrlich in der Welt.

Neueres Volkslied, um 1824 schon bekannt. Wahrscheinlich
entstanden aus dem Gedichte von K—th 'Meine Wünsche' (comp.
in Schulz, Lieder im Volkston 1. Th. 1782. S. 11), beginnend: Am
Platz des Kaisers Franz zu sein. Die 2. Strophe lautet:

> Der heilge Vater Papst zu sein,
> Das fällt mir noch viel wen'ger ein!
> Der alte Herr schläft stets allein,
> Und kann und darf sich nicht mehr freu'n.
> Muss beten, singen, sich kastei'n
> Und jede Lust als Sünde scheu'n.
> Ei prost die Mahlzeit, Papst zu sein!
> Doch streicht er seine Gelder ein,
> Dann möcht' ich auf drei Stündelein
> Sein Vater oder Bruder sein,
> Und d a s fällt mir nicht selten ein.

— Volksweise: m e i n Volksgesangb. Nr. 33.

171. Der Ritter muß zum blut'gen Kampf hinaus. 1813.

Vf. Theodor K ö r n e r. — Die Melodie gehört ursprünglich zu
einer franz. Romanze: La Sentinelle, comp. von Alexandre-Étienne
C h o r o n, geb. zu Caen 21. Octbr. 1772, † zu Paris 29. Juni 1834,
s. Collection de romances, chansons et poésies mises en musique,
Paris 1806.

172. Der Sänger geht auf rauhen Pfaden.

Vf. N o v a l i s. — Mel. von Luise R e i c h a r d t: Zwölf Gesänge
mit Begl. des Fortepiano (Hamb. bei J. A. Böhme) S. 3.

173. Der Sänger hält im Feld die Fahnenwacht.

Vf. Feodor L ö w e, geb. zu Kassel 5. Juli 1815, Hofschauspieler
zu Stuttgart. — Melodie von Peter v. L i n d p a i n t n e r Op. 114,
geb. zu Koblenz 8. Dec. 1791, † zu Nonnenhorn am Bodensee
21. Aug. 1856. Text und Mel. in Methfessel's Commers- und Lb.
1851. Nr. 65.

174. Der Sänger saß, als kühl der Abend thaute. 1815.

Vf. Carl H i n k e l: Erste Saitenklänge (Leipzig, C. F. Franz)
1816. S. 18. 19; dann im: Leipziger Commersbuch 1816. S. 71.
— Bekannte Melodie.

175. Der Schäfer putzte sich zum Tanz.

Vf. Göthe. Zuerst gedruckt in G.'s Faust 1808, scheint aber schon 1795 vorhanden gewesen zu sein, vgl. Wilhelm Meisters Lehrjahre 2. Buch 11. Cap. gegen Ende. — Melodie von Friedrich Theodor Fröhlich, geb. zu Brugg 25. Febr. 1803, † zu Aarau 16. Oct. 1836. Zuerst in 'Zweckloses Leben und Treiben, Wer's nicht lesen will, lässt es bleiben (Breslau 1828)' S. 15—21.

176. Der Schnee zerrinnt, der Mai beginnt. 1773.

Vf. Hölty. — Mel. von J. F. Reichardt (Lieder für Kinder 2. Th. Hamb. 1781. S. 23) in den Melodien zum Mildh. Lb. Nr. 125; von Johann Adam Hiller in Erk, Kindergärtchen Nr. 52.

177. Der schöne Schäfer zog so nah. 1805.

Vf. Ludwig Uhland. Zuerst im Seckendorf'schen Musenalmanach 1807 S. 147. 148. — Mel. von Friedrich Silcher 1835—36: Volksl. 3. Heft 3. Aufl. Nr. 1. und Volksl. für vier Männerstimmen 5. Heft Nr. 5. Op. 26.

178. Der Sonntag, der Sonntag in aller Früh. 1794.

Vf. Klamer Schmidt. Zuerst im Voss. Musenalm. 1798. S. 94. 95. Umdichtung eines Volksliedes, s. meine Schles. Volksl. Nr. 152; Erk, Volksl. 2. Bd. 2. Heft Nr. 37.

179. Der Sonntag ist gekommen,
ein Sträußchen auf dem Hut. 1835.

Vf. H. v. F. — Volksweise.

180. Der Vogelfänger bin ich ja. 1791.

Aus der Zauberflöte von Mozart, Text von Schikaneder, bei Fink Nr. 151.

181. Der Wein, der Wein ist Goldes werth.

Vf. unbekannt. Aus d. Oper: Das Fest der Winzer.

182. Der Wein erfreut des Menschen Herz.

Vf. Karl Müchler, geb. zu Stargard in Hinterpommern 2. Sept. 1763, † zu Berlin 12. Jan. 1857. S. K. Müchler's Gedichte 1. Bd. (Berl. 1801) S. 155—157 mit Zelter's Mel., die sich schon in: Lieder geselliger Freude, herausgeg. von J. F. Reichardt 1797. 2. Abth. S. 15 findet. Eine vierst. Compos. von A. E. Müller bei Fink Nr. 665. August Eberhard Müller, geb. zu Nordheim im Hannöv. 13. Dec. 1767, † zu Weimar 3. Dec. 1817 als Capellmeister. — Die schöne Melodie von Anton André erschien unter dem Titel: Martin Luther's Denkspruch: Wer nicht liebt Wein, Weib und Gesang ff. Poesie von Müchler . . . . für eine Singst. und Chor, mit Begl. des Pf., in Musik gesetzt von A. André. Offenbach, Joh. André.

183. Der Weintrunk erhält:
das lehrten die Welt. 1729.

Vf. Friedrich v. Hagedorn. Unter der Ueberschrift 'Mischmasch' in: (Hagedorn) Sammlung Neuer Lieder und Oden 2. Th. 1744. Nr. 16, mit einer Melodie. Aus spät. Quelle, ohne Namen des Vf., in meinem In dulci iubilo Nr. 50. — Mel. von Albert Methfessel in s. Commers- und Liederb. 1818. Nr. 46.

184. Der Winter hat mit kalter Hand
die Pappel abgelaubt. 1772.

Vf. Bürger. Zuerst im Gött. Musenalmanach 1773. S. 55. 56. — Mel. von J. A. P. Schulz: Gesänge am Clavier 1779. S. 38, u. Lieder im Volkston 2. Th. S. 19, in den Melodien zum Mildh. Liederb. Nr. 144.

185. Der Winter ist ein rechter Mann,
kernfest und auf die Dauer.

Vf. Matthias Claudius: Asmus omnia 4. Th. 1782. S. 141. 142. — Mel. von J. F. Reichardt: Lieder geselliger Freude 2. Abth. 1797. Nr. 97, auch in d. Mel. zum Mildh. Liederb. Nr. 139.

186. Des Jahres letzte Stunde. 1784.

Vf. J. H. Voss. — Mel. von J. A. P. Schulz: Lieder im Volkston 2. Th. 1785. S. 37; vorher schon im Journal von und für Deutschl. 1784, in den Melod. zum Mildh. Liederb. Nr. 505, bei Fink Nr. 948. — Mel. von Anton André daselbst Nr. 28. aus A. André: XXIV Maurer-Gesänge mit Begl. des Pf. (Offenbach, J. André) Nr. 23.

187. Des Morgens in der Frühe,
da treiben wir die Kühe. 1827.

Vf. H. v. F. — Mel. von Franz Abt Op. 48.

188. Des Morgens wann die Hähne krähen. 1825.

Text und Mel. von H. v. F. in Erk, Volksl. für Männerstimmen 2. Heft Nr. 13; einstimmig in meinem Volksgesangb. Nr. 36.

189. Des Preußen Losung ist die Drei.

Vf. Hermann von Boyen, geb. zu Kreuzburg in Ostpreussen 18. Juli 1771, † 15. Febr. 1848 zu Berlin als General-Feldmarschall. — Mel. von Aug. Neithardt. Vielgesungenes Lied.

190. Deutsche Worte hör' ich wieder. 1839.

Vf. H. v. F. — Mel. von Heinrich Schäffer in Hamburg, geb. zu Cassel 26. Febr. 1806; s. Methfessel's Commers- und Liederb. 1851. Nr. 67.

191. Deutsches Herz, verzage nicht! 1813.

Vf. E. M. Arndt. — Mel. von Friedrich Wilhelm Berner 1815, geb. zu Breslau 16. Mai 1780, † das. 9. Mai 1827 als Ober-

organist. Text und Mel. in Erk, Liederkranz 2. Heft Nr. 54; Fink
Nr. 373. — Mel. von Albert Methfessel in s. Commers- u. Liederb. 1818. Nr. 55.

192. Deutsches Land, du wonnig Land,
   wer in dir sein Leben fand.

Vf. Johann Gottfried Pfund, geb. zu Polnisch-Nettkow bei
Grünberg in Schlesien 4. Oct. 1780, † zu Berlin 14. Juli 1852.
Zuerst in: Lieder des Vaterlandes u. der Geselligkeit (Berl. 1814)
S. 16. 17. — Mel. von Carl Friedr. Rungenhagen.

193. Deutschland, Deutschland über Alles. 1841.

Vf. H. v. F. — Nach der Mel. Gott erhalte Franz den Kaiser,
von Jos. Haydn 1797, einstimmig in meinem Volksgesangb. Nr. 39,
vierst. in Erk, Liederkranz 2. Heft Nr. 59 u. Volkslieder für Männerstimmen 1. Heft Nr. 3. — Joseph Haydn, geb. zu Rohrau in Niederösterreich 31. März 1732, † zu Wien 31. Mai 1809.

Dich deckt mit bleiernem Gefieder,
   Siehe: Noch senkt mit bleiernem Gefieder.

194. Dich soll mein Lied erheben,
   dich, Vater der Natur. 1773.

Vf. Georg Ernst von Rüling: Gedichte (Lemgo 1787) S.1—3;
vorher schon im Teutschen Merkur 4. Bdes 2. Stück Nov. 1773.
S. 105. 106. mit R. unterzeichnet. G. E. v. Rüling, geb. zu Hannover 4. Febr. 1748, † zu Celle 10. Febr. 1807. — Mel. von Anton
André in Erk, Liederkranz 3. Heft Nr. 16.

195. Dicht von Felsen eingeschlossen.

Vf. Ludwig Tieck. Zuerst in dem Trauerspiel: Genoveva,
1800. — Mel. von Friedrich Silcher 1830—34: Volkslieder
3. Heft 3. Aufl. Nr. 9; Volkslieder für vier Männerstimmen 4. Heft
Nr. 9. Op. 18.

196. Die alten Deutschen waren
   nicht schmeidig wie der Aal. 1784.

Vf. August Langbein: Gedichte (Lpz. 1788) S. 189—194.
— Bekannte Melodie.

197. Die bange Nacht ist nun herum. 1841.

Vf. Georg Herwegh, geb. zu Stuttgart 31. Mai 1817. — Mel.
mein Volksgesangb. Nr. 41.

198. Die Engel Gottes weinen. 1779.

Vf. Klamer Schmidt. Zuerst im Gött. Musenalmanach 1785.
S. 76—82. — Mel. von Mozart 1787.

199. Die Fahnen wehen, frisch auf zur Schlacht! 1807.

Vf. E. M. Arndt. Zuerst in: Lieder für Teutsche von E. M.
Arndt. Im Jahr der Freiheit 1813. S. 50. 51. Fehlt in Arndt's

Gedichten, 2. Aufl. 1843. — Mel. von Pressler, zuerst in Follen's freyen Stimmen 1819. Nr. 33. Weise *t.*

200. Die Felder sind nun alle leer.

Vf. Christian Felix Weisse. — Mel. aus: 'Der Aerndtekranz, eine comische Oper in drey Acten, in Musik gesetzt von Johann Adam Hiller' (Lpz., Joh. Friedr. Junius 1772) S. 87.

**201. Die Frösch' und die Unken
und andre Hallunken. 1833.**

Vf. H. v. F. — Comp. von August Neithardt (Op. 104. 1836).

Die ganze Welt ist ein Orchester,
Siehe: Die Welt ist nichts als ein Orchester.

202. Die heil'gen drei König' mit ihrem Stern. 1781.

Vf. Göthe. Vgl. Vieholf 1, 429—430; 3, 496. Wahrscheinlich einem Volksliede nachgebildet. — Mel. von Zelter 1812, s. Briefwechsel zwischen Göthe u. Zelter 2, 23.

203. Die heil'gen drei Könige aus Morgenland.

Vf. Heinrich Heine. — Mel. von J. Hoven d. i. J. Vesque von Püttlingen, geb. zu Opole in Polen 23. Juli 1803.

204. Die Hussiten zogen vor Naumburg.

Vf. unbekannt. Wahrscheinlich erst 1842 entstanden unter den Studenten in Jena oder Halle. Ich finde es zuerst gedruckt in: Deutsche Lieder nebst ihren Melodien (Lpz. Robert Friese 1843) S. 329. Dieselbe Mel. auch in Erk, Volkslieder 2. Bd. 4. 5. Heft Nr. 28. Eine Mel. von Fink: Hausschatz Nr. 134.

205. Die Katze läßt das Mausen nicht.

Aus der Oper: Das Sonnenfest der Braminen. Text von Karl Friedrich Hensler (gedr. 1790), Musik von Wenzel Müller.

**206. Die Liebe lehrt in dunkeln Kummertagen,
wenn jeder Trost, wenn jede Hoffnung weicht.**

Vf. unbekannt. Nach dem Liederbuche 'Neues Buch des Frohsinns u. der heitern Laune,' 3. Aufl. (Reutlingen 1812): 'Die Harfenistin. Aus Lafontaine's Erzählung.' — Volksweise.

207. Die Luft ist blau, das Thal ist grün. 1773.

Vf. Hölty. Zuerst im Gött. Musenalmanach 1776. S. 218. — Mel. nach August Harder bei Fink Nr. 914; von J. F. Reichardt: Lieder für Kinder. 1. Th. (Hamburg 1781) S. 43.

**208. Die Mädchen, die Lieb' und der Wein
begeistern den Menschen allein. 1793.**

Aus der Oper: Die Zauberzither, Text von Perinet, Musik von Wenzel Müller.

209. Die Mädchen in Deutschland sind blühend und schön. 1818.

Vf. Wilhelm Gerhard: Gedichte 1. Bd. 1826. S. 103. 104.
— Mel. 1831 von Julius Schneider, Musikdirector in Berlin, geb.
das. 6. Juli 1805. Eingelegt in Louis Schneider's: 'Der reisende
Student.'

210. Die Mädels sind veränderlich. 1783.

Vf. Schubart. — Mel. von H. W. Freytag in Melodien zum
Mildh. Liederb. Nr. 366; von Anton André.

211. Die Milch ist gesünder. 1794.

Aus der Operette: Der Spiegel aus Arkadien, Text von Schikaneder, Musik von Franz Xaver Süssmayr, geb. zu Stadt Steier
in Oberösterr. 1766, † zu Wien 17. Sept. 1803. Mel. in Erk, Kindergärtchen Nr. 49, aber mit anderem Texte. Vgl. Wir Kinder, wir
schmecken.

212. Die schöne Morgenröthe
   zeigt sich in voller Pracht. 1766.

Vf. Daniel Schiebeler. Aus: Lisuart und Dariolette. Ein
Singestück in drey Acten. Steht in: Musikalische Gedichte von S***
(Hamb. 1769). — Componiert von Johann Adam Hiller in seinem
Werke: Lisuart und Dariolette 1766.

213. Die schöne Welt, wo Menschen sind,
   die ganze schöne Welt. 1796.

Vf. Samuel Christian Pape, geb. zu Lesum im Brem. 22. Nov.
1774, † zu Nordleda im Lande Hadeln 5. April 1817 als Prediger.
Zuerst im Gött. Musenalmanach 1797. S. 190. 191. — Mel. in den
Melodien zum Mildh. Lb. Nr. 261.

214. Die Schwälble ziehet fort.

Vf. Friedrich Richter, früher Tübinger Seminarist. — Mel. von
Friedrich Silcher 1840—42: Volkslieder 4. Heft 2. Aufl. Nr. 1;
Volkslieder für 4 Männerstimmen 7. Heft Nr. 5. Op. 38.

215. Die Sonn' erwacht,
   mit ihrer Pracht. 1820.

Aus Weber's Preciosa von P. A. Wolff (Berlin 1823) S. 115.
116. Erk, Liederkranz 2. Heft Nr. 20.

216. Die Sterne sind erblichen. 1826.

Vf. H. v. F. — Mel. von Joseph Gersbach in s. Liedernach-
lass Nr. 36; in Erk, Liederkranz 1. Heft Nr. 58.

217. Die Thale dampfen, die Höhen glühn! 1823.

Vf. Helmine von Chezy, geb. zu Berlin 26. Januar 1783, † zu
Genf 28. Januar Nachts 12 Uhr 1856. Aus C. M. v. Weber's
Euryanthe 1823.

218. Die Treue, die uns Brüder band,
    ist dauernder als Erz. 1776.

Vf. unbekannt. Text u. Mel. in: Vierzig Freymäurerlieder in
Musik gesetzt von Herrn Kapellmeister Naumann (Berlin 1782) Nr. 3.
Ist nach einer Anmerkung daselbst einer früheren Sammlung von
1776 entlehnt.

219. Die Trommel schlägt, zum Krieg hinaus. 1836.

Vf. H. v. F. — Volksweise in meinem Volksgesangb. Nr. 45.

220. Die Welt, ich schreib' ihr die Devise. 1828.

Vf. Ferdinand Raimund: Der Alpenkönig, Musik von Wenzel Müller.

221. Die Welt ist nichts als ein Orchester,
    wir sind die Instrumente drin. 1803.

Eingelegt in: Fanchon, das Leiermädchen von August v. Kotzebue, Musik von Himmel, bei Fink Nr. 122. Fehlt in der gedruck-
ten Fanchon. Das Stück wurde 1803 zuerst in Berlin gegeben.

222. Die Zeiten, Brüder, sind nicht mehr,
    da Treu und Glauben galten.

Vf. unbekannt. Text und Mel. in: Lieder zum Gebrauch der
Logen. 1. Samml. (Bresslau 1777) Nr. 7; Text auch in: Studenten-
lieder von Kindleben 1781. S. 1. 2. Auch im Mildh. Liederb. 1799.
Nr. 329, aber abweichend von jenem; später völlig umgearbeitet im
Mildh. Liederb. 1822. Nr. 409 von Moritz Engel mit Mel. von J. A.
Naumann 'in der Bewegung eines schwäbischen Tanzes.'

223. Dir folgen meine Thränen. 1766.

Aus 'Geschichte der Miss Fanny Wilkes, so gut als aus d. Engl.
übersetzt' (Lpz. 1766) von Johann Timotheus Hermes. — Mel. von
J. A. P. Schulz: Gesänge am Clavier 1779. S. 35, Lieder im Volkston 2. Th. 1785. S. 17, dann in den Melodien zum Mildh. Liederb.
Nr. 372 u. bei Fink Nr. 855. — Es ist jedoch eine schönere Volksmelodie vorhanden.

224. Doch in des Mädchens Schoße
    erblick' ich, o wie schön!
    noch eine junge Rose. 1803.

Vf. August von Kotzebue: Fanchon, das Leyermädchen, Vaudeville in drey Acten von Bouilly. Aus dem Franz. übersetzt von A.
v. Kotzebue, componirt vom Kapellmeister Himmel (Leipzig, Kummer 1803) S. 39.

225. Dort sinket die Sonne in Westen,
    umflossen von goldenem Schein. 1806.

Vf. E. H. Schwabe. Zuerst in der von J. Chr. Dolz herausgegebenen 'Zeitung für die Jugend' (Lpz. 1806). — Mel. von August Harder in: Neue praktische Singschule für Kinder von C. G.
Hering 2. Bdch. (Lpz. 1808) S. 48.

**226. Dort unten in der Mühle
saß ich in süßer Ruh. 1830.**

Vf. Justinus Kerner. Zuerst im Morgenblatt 1830. Nr. 269. — Mel. von Friedr. Glück, s. Erk, Liederkranz 1. Heft Nr. 118. — Mel. von Fink, Hausschatz Nr. 210.

227. Drauß ist Alles so prächtig.

Vf. Friedrich Richter, früher Tübinger Seminarist. — Mel. von Friedrich Silcher (1835—36: Volkslieder 1. Heft Nr. 11; Volkslieder für 4 Männerstimmen 5. Heft Nr. 2.

228. Droben stehet die Kapelle. 1805.

Vf. Uhland. — Mel. von Conradin Kreutzer 1824: Vierstimmige Gesänge für Männerstimmen (Mainz, Schott) Nr. 17 u. 26. — Text u. Mel. in: Erk, Sängerhain 2. Heft Nr. 44. — Mel. von Carl Friedrich Rungenhagen, geb. zu Berlin 27. Sept. 1778, † das. 21. Dec. 1851, bei Fink Nr. 818.

**229. Drunten im Unterland,
da ist's halt fein. Um 1836.**

Vf. Gottfried Weigle, schwäbisch. Silcher schreibt mir 15. Mai 1858: 'Ich habe Weigle (1855 als Missionär zu Mangalore in Indien gestorben, hier in Tübingen früher Seminarist) zu dieser Dichtung aufgefordert.' Die Melodie ist eine Volksweise und gehört zu dem Liede: Draussen im Schwabeland wächst a schöns Holz, s. Schwäbische Volkslieder, gesammelt von Ernst Meier (Berlin 1855) Nr. 17. — Text u. Mel. in: F. Silcher, Volkslieder 2. Heft Nr. 1, für 4 Männerstimmen 5. Heft Nr. 3. und in: Erk, Volkslieder 2. Bd. 4/5. Heft Nr. 45.

230. Du bist wie eine Blume. 1823—24.

Vf. Heinrich Heine. — Comp. von Friedrich Kücken.

231. Du, du liegst mir im Herzen. Um 1820.

Vf. unbekannt, Mel. allbekannt, von Carl Pax (geb. in Grossglogau 17. März 1802) in Berlin vierstimmig gesetzt, nicht aber verfasst, bei Fink Nr. 57.

232. Du hast Diamanten und Perlen.

Vf. Heinrich Heine. — Die sehr verbreitete Composition erschien unter dem Titel: Die schönsten Augen von Heine. Mit Begleit. des Pf. componirt von G. Stigelli Op. 2. (Offenbach, J. André).

**233. Du lieblicher Stern,
du leuchtest so fern! 1835.**

Vf. H. v. F. — Volksweise.

234. Du Mädchen vom Lande, wie bist du so schön! 1794.

Vf. Joh. Wilh. Ludwig Gleim. Siehe 'Gleim's Hüttchen. Erste Originalausgabe aus des Dichters Handschriften von Wilh. Körte

(Halberst. 1813.) S. 142. 143. Zuerst im Voss. Musenalm. 1796.
S. 197—199. — Volksweise: Erk, Volksl. 2. Bd. 1. Heft Nr. 26, u.
danach bei Fink Nr. 74.

235. Du prophet'scher Vogel du,
    Blüthenfänger, o Coucou! 1803.

    Vf. Göthe. Vgl. Viehoff 2, 462—464. — Mel. von J. F. Reich-
ardt: Göthe's Lieder, Oden II. 1809. 1. Abth. S. 48, bei Fink
Nr. 64, u. in den Mel. zum Mildh. Liederb. Nr. 85. — Mel. bei Wilh.
Ehlers (Gesänge mit Begl. der Chitarra, Tüb. 1804. S. 64).

236. Du schönes Fischermädchen. 1823—24.

    Vf. Heinrich Heine. — Sehr beliebte Comp. von Franz Schu-
bert, geb. zu Wien 31. Jan. 1797, † das. 19. Nov. 1828.

237. Du Schwert an meiner Linken,
    was soll dein heitres Blinken? 1813.

    Vf. Theodor Körner, wenige Stunden vor seinem Tode, 26. Au-
gust 1813, gedichtet. — Mel. von Carl Maria von Weber Op. 42:
Körner's Leyer u. Schwerdt 2. Heft (1814) Nr. 6.

238. Du siehst mich an und kennst mich nicht. 1822.

    Vf. H. v. F. — Mel. von Carl Friedrich Curschmann Op. 13.
1836.

239. Dunkel ist schon jedes Fenster,
    Alles still und stumm.

    Vf. unbekannt. Ein sehr beliebter Zwiegesang zwischen Lieb-
haber und Nachtwächter, der letztere singt niederdeutsch. Vgl. Erk,
Volkslieder 2. Bd. 6. Heft Nr. 34. Das Lied stammt wol aus dem Anf.
der 90r Jahre des vorigen Jahrh., und das Kotzebue'sche: Komm
feins Liebchen, ist wol nur eine Nachdichtung.

240. Durch Feld und Wald zu schweifen,
    mein Liebchen wegzupfeifen.

    Vf. Göthe. Nach Viehoff 1, 283—287 um 1774, nach Düntzer
(Göthe's lyr. Gedichte S. 52) erst 1800. — Mel. von Zelter, bei
Fink Nr. 487; bekannter die von J. F. Reichardt: Göthe's Lieder,
Oden 1. Abth. (Lpz. 1809) S. 1, früher schon im Freimüthigen 1803,
Juliheft und in: Reichardt, Neue Lieder geselliger Freude. 2. Heft
(Lpz. 1804) Nr. 1.

241. Ein armer Fischer bin ich zwar. 1780.

    Vf. Johann Bürkli. Zuerst im Gött. Musenalm. 1781. S. 154—
156. Später in Bürkli's Auserlesenen Gedichten (Bern 1800) S. 285
—287. Das Lied war früher als Fl. Bl. sehr verbreitet; Büsching u.
v. d. Hagen kannten keine andere Quelle, s. deren Samml. Nr. 52
(wiederholt bei Erlach 3. Bd. S. 116—118). — Johann Bürkli, geb.
26. Oct. 1745 zu Zürich, † zu Bern 2. Sept. 1804. — Bekannte
Melodie.

242. Ein Blümchen schön, doch unbekannt,
im Grase tief verborgen stand.

Vf. unbekannt. — Volksweise, mehrstimmig von Ludwig Erk:
Volksklänge 2. Heft Nr. 27.

243. Ein deutscher Gruß ist Goldes werth. 1789.

Vf. Friedrich Bouterwek, geb. zu Oker bei Goslar 15. April
1766, † als Prof. zu Göttingen 9. August 1828. Steht zuerst im
Gött. Musenalm. 1790. S. 207. 208; dann in Bouterwek's Gedichten (Gött. 1802) S. 90. 91. — Mel. von A. Methfessel: Commers-
u. Liederb. 1818. Nr. 52; 1823. Nr. 73.

244. Ein ehrsamer Graukopf, ein Landmann erkor. 1806.

Vf. August Langbein. Umdichtung eines sehr alten Volksliedes: älteste Lesart in Fichard, Frankfurter Archiv 3, 279 aus dem
15. Jahrh., aus dem 16. Jahrh. bei Uhland Nr. 282, jüngere im Fey-
nen kleynen Almanach 1777. S. 108—111, Bragur 2, 212—216,
Wunderhorn 1, 345. 346, Kretzschmer 2, Nr. 82. — Volksweise.
— Das Lied ist sehr alt, vergl. meine Monatschrift von und für
Schlesien 1829. S. 545. 546. Schon König Jacob der I. von Schott-
land († 1437) kannte es und brachte es in einem seiner Lieder an,
s. Scotish Songs (London 1794) p. XXXI.

245. Ein freies Leben führen wir,
ein Leben voller Wonne. 1780.

Vf. Schiller. Zuerst in: Die Räuber. Ein Schauspiel. Frankfurt und Leipzig 1781. S. 161. 162 (Erste Ausgabe). Im Volke und
in der Studentenwelt sind noch allerlei Strophen dazu gedichtet worden. — Die Mel. ist hervorgegangen aus Gaudeamus igitur. Vgl. Erk,
Volksl. 2. Bd. 3. Heft Nr. 32.

246. Ein Heller und ein Batzen
war'n all zwei beide mein.

Vf. Albert Graf Schlippenbach, geb. 26. Dec. 1800. — Mel.
von Franz Kugler: Skizzenbuch (Berlin 1830) und im Liederb. für
deutsche Künstler S. 161.

247. Ein Herz das sich mit Sorgen quält.

Vf. unbekannt, Mitte des 18. Jahrh. Der Text aus dem Liederbuche der Frau von Holleben gedr. im Weimar. Jahrb. 2. Bd. S. 188
—190. 8 Strophen. — Volksweise: Erk, Volkslieder 1. Bd. 4. Heft
Nr. 30, Fink Nr. 53.

248. Ein junges Lämmchen, weiß wie Schnee,
ging einst mit auf die Weide.

Vf. Justin Bertuch, geb. zu Weimar 29. Sept. 1746, † das.
3. April 1822. Schon in: 'Wiegenliederchen (Altenburg, mit Richterischen Schriften 1772)' S. 30—31. — Mel. von Adam Wilhelm
Erk in: L. Erk, Kindergärtchen Nr. 81.

249. Ein Kaiser einst in der Türkei,
  er hieß von Gottes Gnaden. 1820.

Vf. Friedrich Förster, s. Gesänge der jüngeren Liedertafel zu Berlin (Berlin 1820) Nr. 46. — Comp. von Ernst Theodor Amadeus Hoffmann, geb. zu Königsberg in Preussen 24. Januar 1776, ÷ zu Berlin 24. Juli 1822.

250. Ein Kirchlein steht im Blauen. 1827.

Vf. Wilhelm Kilzer, geb. zu Worms 11. April 1799. — Volksweise: Erk, Liederkranz 1. Heft Nr. 119.

251. Ein König ist der Wein.

Vf. Franz von Kobell: Gedichte (hochdeutsche) (München 1852) S. 98. 99. — Mel. von K. M. Kunz.

252. Ein Leben wie im Paradies. 1775.

Vf. Hölty. Zuerst im Voss. Musenalmanach 1776. S. 88. 89. — Mel. von Christian Gottlob Neefe: Vademecum für Liebhaber des Gesangs und Klaviers (Lpz. 1780) S. 12. — Mel. von J. F. Reichardt: Lieder geselliger Freude 2. Abth. (Leipzig 1797) Nr. 62.

253. Ein lust'ger Musikante
  marschierte am Nil. 1840.

Vf. Emanuel Geibel. Ueber die Entstehung des Liedes theilte mir Herr Prof. Deecke mündlich Folgendes mit: Bald nach seiner Rückkehr aus Griechenland (1840) improvisierte es G. eines schönen Abends in einer fröhlichen Gesellschaft zu Lübeck. Ein Anderer sendete es später an Fink für dessen Hausschatz. Das Lied fehlt bisher in Geibel's Gedichten. — Die einzig richtige Lesart ist nach Geibel's handschriftlicher Mittheilung gedruckt in: Deutsche Studenten-Lieder. Herausg. von Georg Scherer (Lpz. Gustav Mayer 1856) Nr. 111. — Volksweise bei Fink Nr. 797, die alte Mel. zu: Die Binsgauer wollten wallfahren gehn, Erk, Volkslieder 1. Bd. 1. Heft Nr. 17. Wird irrthümlich Geibel'n zugeschrieben, auch von Scherer in den eben angeführten Studentenliedern.

254. Ein Mädchen holder Mienen,
  schön Ännchen saß im Grünen. 1780.

Vf. Heinrich Wilhelm von Stamford. Zuerst im Voss. Musenalmanach 1781. S. 105—110, dann in des Verf. nachgelassenen Gedichten (Hannov. 1808) S. 79—83. — Volksweise.

255. Ein Mädchen oder Weibchen. 1791.

Aus Mozart's Zauberflöte, ged. von Emanuel Schikaneder.

256. Ein munter Ritter zog einmal
  an seines Liebchens Hand.

Im Tübinger Commersbuch unterzeichnet 'Hübner' — könnte Eberhard Friedrich Hübner sein, geb. zu Neuenstatt im Würtemb.

1763, † zu Stuttgart 22. April 1799. — Mel. von Abeille in: Musikal. Potpourri 4. Viertelj. (Stuttg. 1790) S. 40; als Vf. ist ebenfalls unterzeichnet: Dr. Hübner. Eine andere, sehr schöne Mel. von Heinrich Werner in der Zeitung für die elegante Welt 1810. Beilage Nr. 3.

257. Ein Musikant wollt' fröhlich sein.

Ein altes Lied, s. Andr. Hakenberger, Newe Deutsche Gesänge (Danzig 1610), daraus im Wunderhorn 2. A. 2. Bd. S. 433. Wilh. Bornemann dichtete im J. 1810 zu den ursprünglichen zwei Strophen noch zwei hinzu, s. Die Zeltersche Liedertafel ff. von W. Bornemann sen. (Berlin 1851) S. 30. — In dieser Gestalt ist das Lied durch Zelter's herrliche Compos. ein sehr beliebtes Liedertafellied geworden.

258. Ein neues Lied! ein neues Lied!
Gesundheit und ein froh Gemüth! 1800.

Vf. Johann Gottfried von Herder, geb. zu Morungen in Preussen 25. August 1744, † zu Weimar 18. Decbr. 1803. Zuerst in: v. Seckendorf's 'Oster-Taschenbuch von Weimar, auf das Jahr 1801' S. 24—26. — Volksweise.

259. Ein niedliches Mädel, ein junges Blut
erkor sich ein Landmann zur Frau. 1806.

Vf. August Langbein. So beginnt die erste Abfassung dieses Langbein'schen Liedes, wie sie im Becker'schen Taschenbuch 1808. S. 62—64 steht und im Munde des Volkes lebt. Vgl. Ein ehrsamer Graukopf.

260. Ein Pilgermädchen jung und schön. Im Mai 1777.

Vf. Bürger. Zuerst im Leipziger Musenalm. 1778. S. 114— 119. — Mel. von Johann André: Lieder und Gesänge beym Klavier, 2. Heft (Berlin 1779) S. 70.

261. Ein Schäfermädchen weidete
zwei Lämmer an der Hand.

Vf. unbekannt. Stammt aus neuerer Zeit; trotzdem hat es Fink Nr. 17 dem alten Gleim zugeschrieben. — Volksweise in: Erk, Volkslieder 2. Bd. 1. Heft Nr. 52; vgl. Kretzschmer, Volksl. 2. Bd. Nr. 100. Der Text überall verdorben.

262. Ein scheckiges Pferd. 1828.

Vf. H. v. F. — Mel. von R. Schumann in: H. v. F. 50 neue Kinderlieder (Mannh. 1845) Nr. 22. — Robert Schumann, geb. zu Zwickau 8. Juni 1810, † zu Endenich bei Bonn 29. Juli 1856.

263. Ein Schütz bin ich in des Regenten Sold.

Aus der Oper: Das Nachtlager von Granada, Text von Carl Freiherr von Braun (nach dem Kind'schen Schauspiele gleiches Titels

1817), Musik von Conradin Kreutzer. Zuerst aufgeführt in Wien, 1834. — Text und Mel. in: Alte und neue Jägerlieder von F. Pocci, L. Richter und G. Scherer (Lpz. Gustav Mayer 1855) Nr. 25.

264. Ein Sträußchen am Hute, den Stab in der Hand.

Vf. unbekannt. — Volksweise in: Silcher, Volkslieder für 4 Männerstimmen 8. Heft Nr. 9.

**265. Ein trotziger Ritter im fränkischen Land,
im Spiele der Waffen gar rühmlich bekannt. 1779.**

Vf. Joseph Franz Ratschky: Gedichte. Neue Aufl. (Wien 1791) S. 58—62. Vorher im Gött. Musenalm. 1781. S. 17—21. — Ratschky, geb. zu Wien 22. August 1757, † das. 31. Mai 1810. — Volksweise.

266. Ein Veilchen auf der Wiese stand. 1775.

Vf. Göthe. Vgl. Viehoff 1, 314. Zuerst in: (Jacobi) Iris 2. Bd. 3. St. März 1775. S. 182. 183; dann in: Arien und Gesänge aus der Operette Erwin und Elmire (Weimar 1776). — Mel. von Mozart 1785. — Mel. von J. F. Reichardt in den Melodien zum Mildh. Liederb. Nr. 50 und bei Fink Nr. 185. — Mel. von Siegmund Freyh. v. Seckendorff: Volks- u. andere Lieder, 1. Samml. (Weimar 1777) S. 14—17. — Mel. von Anton Schweizer im Theater-Kalender 1777 Beilage. A. Schweizer, geb. zu Coburg 1737, † zu Gotha 23. Nov. 1787 als Capellmeister.

**267. Ein Veilchen blüht im Thale,
erwacht am Morgenstrahle. 1817.**

Vf. Friedrich Kind. Zuerst in: Becker's Taschenbuch zum gesell. Vergnügen 1818. S. 302—304. — Mel. von C. M. von Weber. — Mel. von H. G. Nägeli in: Erk, Liedergarten 2. Heft Nr. 36.

268. Ein Wanderbursch mit dem Stab in der Hand. 1834.

Vf. Johann Nepomuk Vogl. S. seine Balladen und Romanzen (Wien 1835) S. 21. — Comp. von Heinrich Proch.

**269. Ein Weibchen ist ein Quodlibet,
heut so und morgen so.**

Aus der Oper: Das Donauweibchen, Text von Karl Friedrich Hensler, Musik von Ferdinand Kauer.

**270. Ein Weib ist das herrlichste Ding auf der Welt,
uns Männern zur Freude, zur Lust hergestellt.**

Aus der kom. Oper: Der Tyroler Wastel, Text von Emanuel Schikaneder, Musik von Jacob Haibel. Mozart componierte darüber Variationen im J. 1791.

**271. Eine Handvoll Erde
deckt mich einstens zu.**

Schon 1801 bekannt, s. Euterpe (Bresl. Liedersamml.) S. 181. 182. — Eine vierstimmige Compos. von Türk bei Fink Nr. 983.

Daniel Gottlob Türk, geb. zu Claussnitz bei Chemnitz 10. Aug. 1756,
† zu Halle 26. Aug. 1813.

272. Eingehüllt in feierliches Dunkel
sind die Wege, Gott, die du uns führst.

Vf. unbekannt. — Bekannte Weise.

273. Einsam bin ich nicht alleine. 1820.

Vf. Pius Alexander Wolff, geb. zu Augsburg 3. Mai 1784, † zu
Weimar 28. Aug. 1828, s. Preciosa, nach einer Novelle von Cervantes von P. A. Wolff (Berl. 1823.) S. 94. — Weber's Composition
entstand 1820 und wurde zum ersten Male gegeben in Berlin
14. März 1821.

274. Einsam? einsam? Nein, das bin ich nicht.

Vf. Theodor Hell (d. i. Karl Gottfried Theodor Winkler), geb.
zu Waldenburg im Schönburgschen 9. Febr. 1775, † zu Dresden
24. Sept. 1856. Finde ich zuerst in: Theodor Hell, Sängers Reise
1. Bdch. (Stuttg. 1816), es wird aber schon im Morgenblatt 1814.
S. 90 beiläufig angeführt. — Mel. von C. M. von Weber, bei Fink
Nr. 426.

275. Einsam wandelt dein Freund im Frühlingsgarten. 1788.

Vf. Friedrich von Matthisson, geb. zu Hohendodeleben 23. Januar 1761, † zu Wörlitz 12. März 1831. Zuerst im Voss. Musenalmanach für 1790. S. 65. 66. Das Gedicht ist vom Jahre 1788. —
Mel. von Bernhard Wessely 1792, geb. zu Berlin 1. Sept. 1767,
† zu Potsdam 11. Juli 1826. Zuerst in: Zweiter Musikalischer Blumenstrauss (Berlin 1792) S. 42. 43, und: Zwölf Gedichte von Matthisson, in Musik gesetzt von Bernhard Wessely (Berlin 1793) S. 12.
— Mel. (bei Fink Nr. 854) von Emanuel Pilz, geb. zu Görlitz 1. Mai
1771, † 20. Juli 1810 als Gymnasiallehrer, Cantor und Organist zu
Guben in der Niederlausitz. Componiert 1794, s. Leipz. musik. Zeitung 1841. Nr. 46. — Compos. von Ludwig van Beethoven, geb.
zu Bonn 17. Dec. 1770, † zu Wien 26. März 1827. Erschien zuerst
unter dem Titel: Adelaide von Matthisson, mit deutschem und italiänischem Text, für eine Singstimme mit Piano-Forte (Lpz. bei Hofmeister und Kühnel). Entstand wahrsch. 1802 oder spätestens 1803.
— Die Mel. von J. F. Reichardt: Deutsche Gesänge beim Clavier
von Matthisson und Reichardt (Berlin 1794) S. 4 u. 5, wurde früher gern gesungen.

276. Einst hat mir mein Leibarzt geboten:
stirb! oder entsage dem Wein! Um 1816 (?)

Vf. unbekannt, denn obschon überall Langbein darunter steht,
so fehlt doch der Name in Langbein's deutschem Liederkranz S. 392.
— Mel. bei Fink Nr. 728. Noch eine andere in Guido Reinhold's
Melodienbuch 1842. Nr. 87[a].

277. Einst klopft' ein verspäteter Jägersmann. 1796.

Vf. Johannes Falk. Zuerst im Gött. Musenalmanach 1797. S. 231—233. — Volksweise.

**278. Einst verliebte sich ein Jüngling,
kaum noch zwanzig Jahre alt.**

Vf. unbekannt. Schon in: Euterpe. Lieder zum geselligen Vergnügen (Breslau 1801) S. 172. 173 mit der Ueberschrift 'In bekannter Melodie.'

**279. Einstens ging beim Sternenhimmel
durch den Wald ein Mann nach Haus. 1799.**

Aus der Oper: Camilla von Paer, ital. und deutscher Text. Hamburg und Altona bey L. Rudolphus. — Ferdinand Paer, geb. zu Parma, † zu Paris 4. Mai 1839.

**280. Endlich hab' ich ihn gefunden,
den mein liebend Herz ersehnt! 1796.**

Vf. Wilhelm Gottlieb Becker: Taschenbuch zum geselligen Vergnügen 1797. S. 312—315.

**281. Erhebt euch von der Erde,
ihr Schläfer aus der Ruh! 1813.**

Vf. Max von Schenkendorf. — Melodie: Auf, auf zum fröhlichen Jagen!

**282. Erwacht zu neuem Leben
steht vor mir die Natur. Vor 1780.**

Vf. Christoph Christian Sturm, geb. zu Augsburg 25. Januar 1740, † zu Hamburg 26. August 1786. Das Lied hat ursprünglich 5 Strophen: Lieder und Kirchengesänge von Christoph Christian Sturm (Hamburg, Heroldsche Bchhdl. 1780) S. 74—76. — Mel. von Mozart 1791, bei Fink Nr. 930.

**283. Es blies ein Jäger wol in sein Horn
und wandelte still durch Dickicht und Dorn. 1817.**

Vf. Wilhelm Gerhard. — Mel. von August Pohlenz. — Text und Mel. in: Alte und neue Jägerlieder von F. Pocci, L. Richter und G. Scherer (Lpz., Gustav Mayer 1855) Nr. 53.

**284. Es blinken drei freundliche Sterne
ins Dunkel des Lebens herein.**

Vf. Theodor Körner. — Mel. von Karl Bornhardt Op. 96: Körners Gedichte. Zweiter Theil. Mit Begl. des Pf. S. 20.

285. Es blinken so lustig die Sterne. 1820.

Aus Weber's Preciosa von P. A. Wolff (Berl. 1823) S. 182. 183.

**286. Es blüht ein schönes Blümchen
auf unsrer grünen Au. 1835.**

Vf. H. v. F. — Volksweise in: Erk, Sangesblüthen Nr. 21.

287. Es blüht eine schöne Blume
in einem weiten Land. 1807.

Vf. Philipp Otto Runge, Maler, geb. zu Wolgast 23. Juli 1777,
† zu Hamburg 2. Dec. 1810. Runge theilte es in einem Briefe an
Perthes im Januar 1807 mit, s. Hinterlassene Schriften von Ph. O.
Runge 2. Th. (Hamb. 1841) S. 338. 339. Erschien zuerst mit der
Mel. von Luise Reichardt in ihrem Opus 3: XII Gesänge mit Begl.
des Fortepiano's (Hamburg bei J. A. Böhme) Nr. 3. Dann ohne Mel.
in: Musenalmanach von Joh. Erichson (Wien 1814) S. 116. 117.
Später in: Deutsche Lieder für Jung und Alt 1818. Nr. 31 (im Reg.
ist fälschlich Kunze als Vf. genannt) mit Mel. der Luise Reichardt.

288. Es donnern die Höhen, es zittert der Steg. 1803.

Vf. Schiller. — Mel. von Anselm Weber 1803.

289. Es fing ein Knab ein Vögelein. 1773.

Vf. Göthe. Vgl. Viehoff 1, 175. 176; 3, 414. Zuerst in: Götz
von Berlichingen mit der eisernen Hand. Ein Schauspiel. 1773.
S. 142. 143 (Erste Ausgabe). — Mel. von Friedrich Ludwig Seidel.
Die Mel. als Beil. zur Leipz. musikal. Zeitung 1805. Oct. — Mel. von
Zelter 1804, s. Briefwechsel zwischen Göthe u. Zelter 1, 128.

290. Es fliegt manch Vöglein in das Nest.

Vf. Emanuel Geibel. — Mel. von Friedrich Silcher 1850—
52: Volkslieder 6. Heft Nr. 11; Volkslieder für 4 Männerstimmen
10. Heft Nr. 8. Op. 58.

291. Es geht bei gedämpfter Trommel Klang. 1832.

Vf. Adelbert von Chamisso. Nach dem Dänischen von Ander-
sen. — Volksweise in meinem Volksgesangb. Nr. 54. — Mel. von
Silcher 1837—39: Volkslieder 4. Heft Nr. 4; für 4 Männerstimmen Heft 6. Nr. 4. Op. 31.

292. Es g'fallt mer nummen eini.

Vf. J. P. Hebel. Zuerst in: Allemannische Gedichte (Carlsruhe
1803) S. 130—133 mit einer Melodie von Karl Ludwig Müller,
Pfarrer in Friesenheim. — Mel. von Kücken Op. 36.

293. Es gibt kein schön'res Fest auf Erden,
keins, wie die heil'ge Weihnachtszeit. 1813.

Vf. Karl Müchler: Gedichte aus dem häuslichen Leben nebst
Weihnachtsliedern (Berlin 1827) S. 87. 88; als Beilage die bekannte
Mel. von F. H. Himmel.

294. Es gibt zwei Vögel, sie sind bekannt,
sie heißen Habich und Hättich. 1812.

Vf. Langbein. — Mel. von G. W. Fink: Hausschatz Nr. 127;
von J. C. Schlick in den Melodien zum Mildh. Liederb. Nr. 234. —
Johann Conrad Schlick, geb. 1759, † zu Gotha 1825.

295. Es ging ein Gärtnermädchen
      tiefsinnend und allein.

Vf. unbekannt. Wird mit einer schönen Mel. viel am Rhein gesungen.

296. Es gingen drei Jäger wol auf die Birsch. 1811.

Vf. Uhland. — Comp. von Conradin Kreutzer: Vierstimmige Gesänge für Männerstimmen (Mainz, Schott) Nr. 11. Vierstimmig auch von Gustav Reichardt 1828. Op. 8. Nr. 1. — Volksweise: Erk, Liederkranz 1. Heft Nr. 131.

297. Es hat die Schöpferin der Liebe
      zur Lust die Mädchen aufgestellt.

Aus der Oper: Das Donauweibchen, Text von Karl Friedrich Hensler, geb. zu Schafhausen 2. Febr. 1761, † zu Wien 24. Nov. 1825; Musik von Ferdinand Kauer, geb. zu Klein-Thaya in Mähren 1751, † zu Wien 13. April 1831. Zu Wien aufgeführt 1799.

298. Es hat mich immer sehr verdrossen,
      wenn man mich nur die Kleine heißt.

Vf. Ignaz Friedrich Castelli. — Mel. zuerst: Trost den Kleinen, Lied: Es hat mich immer sehr verdrossen, mit Guit. Begleitung. Hannover, C. Bachmann 1824.

299. Es hatten drei Gesellen
      ein fein Collegium. 1834.

Vf. Elias Salomon, pract. Arzt zu Schneidemühl, geb. zu Heilsberg in Ostpreussen 27. Jan. 1814. — Mel. von Briesewitz (ebenfalls von 1834) in vielen Commersbüchern.

300. Es heult der Sturm, es braust das Meer. 1812.

Vf. Friedrich Lange, geb. zu Dessow bei Wittstock 1779, † zu Potsdam 8. Oct. 1854. Zuerst in: Kriegsgesänge für freie Deutsche als Taschenbuch zum Feldzuge 1813. Altenburg. — Mel. (von Wilhelm Schneider) in: Deutsche Lieder für Jung und Alt 1818 Nr. 55; von Albert Methfessel in s. Commers- und Liederb. 1818 Nr. 65.

301. Es ist bestimmt in Gottes Rath.

Galt lange für ein altes Volkslied, es ist aber erst in den 20r Jahren (noch vor 1826) entstanden. Vf. Ernst Freiherr von Feuchtersleben, geb. zu Wien 29. April 1806, † das. 3. Sept. 1849. Durch Mendelssohn's schöne Melodie, Op. 47, wurde es sehr beliebt und wird noch jetzt viel gesungen; ursprünglich einstimmig, dann mehrstimmig bei Fink Nr. 191, und für 4 Männerstimmen in Erk's Volksklängen 1. Heft Nr. 5.

302. Es ist ein halbes Himmelreich. 1773.

Vf. Hölty. Zuerst im Voss. Musenalmanach 1789. S. 178 mit Mel. von J. F. Reichardt.

303. Es ist ein Schuß gefallen. 1810.

Vf. Göthe. Vgl. Viehoff 3, 75. — Mel. von J. F. Reichardt: Göthe's Lieder 4. Abth. S. 17; bei Fink Nr. 5. Verbreiteter und beliebter die von Zelter 1810, s. Briefwechsel zwischen Göthe und Zelter 1, 417.

304. Es ist so köstlich Hand in Hand
das Leben zu durchwallen. 1799.

Vf. Gotthelf Wilh. Christoph Starke. Das Lied zuerst gedruckt mit einer Mel. des Capellmeisters Seydelmann in Becker's Taschenbuch zum gesell. Vergnügen für 1800. S. 253. 254. Franz Seydelmann, geb. zu Dresden 8. Oct. 1748, † das. 23. Oct. 1806. — Mel. von Johann Sörensen: XIX Lieder (Leipz., P. G. Kummer) S. 17. — Die Mel. von Kunzen bei Fink Nr. 306, der den Vf. des Textes nicht kennt. — Die schöne Mel. von Hoffmeister erschien 1810, Op. 69. Franz Anton Hoffmeister, geb. zu Rottenburg am Neckar 1754, † zu Wien 10. Febr. 1812.

305. Es kann ja nicht immer so bleiben. 1802.

Vf. August von Kotzebue. Das Lied zugleich mit der Melodie steht zuerst im Februarhefte des 'Freimüthigen' 1803. Näheres darüber gibt eine Erklärung Carl Aug. Böttiger's in der Abend-Zeitung auf das Jahr 1817 von Theodor Hell und Friedrich Kind Nr. 259: 'Es ist vor Kurzem einmal öffentlich in Anfrage gestellt worden, wer der eigentliche Verfasser des lieblichen Liedes, welches so viele gefühlvolle Mitsänger gefunden hat und ein wahres Scolion zu geselligen Tafelfreuden genannt zu werden verdient, des Liedes:

Es kann ja nicht immer so bleiben!

gewesen sey. Ich war gegenwärtig, als es 1802 Herr von Kotzebue in Weimar unter einem einverstandenen, frohen Kreis von Freunden, die am 6. Mai den Geburtstag seiner damals noch lebenden, ihm heldenmüthig selbst in die Verbannung gefolgten Gattin feierten, als auf diesen Tag von ihm gedichtet, zum erstenmal herumtheilte. *Suum cuique.* Böttiger.' Kotzebue, geb. zu Weimar 3. Mai 1761, † zu Mannheim 23. März 1819. — Die Mel. ist von Friedrich Heinrich Himmel, geb. 20. Nov. 1765 zu Treuenbriezen, † zu Berlin 8. Juni 1814 als Hofcapellmeister. Das Lied war in der Demagogenzeit in der Studentenwelt verpönt und findet sich in keinem burschenschaftlichen Commersbuche. Die Philister sangen es nach wie vor. Vgl. Erk, Volksl. 2. Bd. 1. Heft Nr. 24. 25. — Eine werthvollere Mel. die von A. André: XXIV Maurer-Gesänge (Offenbach bei J. André) Nr. 16; in mehrstimmiger Bearbeitung in: Erk, Sangesblüthen Nr. 15.

306. Es klingt ein heller Klang,
ein schönes deutsches Wort. 1814.

Vf. Max von Schenkendorf, geb. zu Tilsit 11. Dec. 1784, † zu Coblenz 11. Dec. 1817. — Mel. von Hans Georg Nägeli 1816 in: Deutsche Lieder für Jung und Alt 1818. Nr. 47, vierstimmig in: Erk, Volksl. für Männerstimmen 1. Heft Nr. 19.

307. Es lagen einst in Etterbein
Soldaten im Quartiere. 1773.

Aus der Operette: Die treuen Köhler, Text von Gottlob Ephraim Heermann, geb. zu Leschwitz bei Görlitz 23. April 1727, † zu Weimar 11. Febr. 1815, Musik von Ernst Wilhelm Wolf, geb. zu Grossen-Behringen bei Gotha 1735, † zu Weimar 8. Dec. 1792.

308. Es lassen sich die todten Fürsten balsamieren. 1749.

Vf. Gleim (Sämmtl. Werke 1. Bd. S. 124). — Bekannte Melodie z. B. in: Auswahl deutscher Lieder (Leipz. Serig) 1825. S. 192.

309. Es lebe was auf Erden
stolziert in grüner Tracht! 1822.

Vf. Wilhelm Müller. Zuerst in: Urania 1823. S. 377. — Mel. von Conradin Kreutzer: Vierstimmige Gesänge für Männerstimmen (Mainz, Schott) Nr. 66.

310. Es leben die Alten,
die Weiber und Wein. 1772.

Vf. Johann Martin Miller. Zuerst im Gött. Musenalmanach 1773. S. 205. 206, unterzeichnet L. — Mel. von Naumann in: Lieder geselliger Freude. Herausg. von J. F. Reichardt 1797. 2. Abth. S. 102 (bei Fink Nr. 762*). Johann Amadeus Naumann, geb. zu Blasewitz 17. April 1741, † zu Dresden 23. Oct. 1801.

311. Es leben die Soldaten,
so recht von Gottes Gnaden. 1813.

Vf. Clemens Brentano. Zuerst in: Viktoria und ihre Geschwister, mit fliegenden Fahnen und brennender Lunte. Ein klingendes Spiel von Clemens Brentano (Berlin, Maurer 1817). S. 93. 94. mit einer volksthüml. Mel., wahrscheinlich vom Dichter selbst. Als Volkslied mitgetheilt in: Kretzschmer, Volkslieder 1. Th. Nr. 211. — Nicht zu verwechseln mit dem Volksliede gleichen Anfangs:

> Es leben die Soldaten!
> der Bauer gibt den Braten.

Es wurde mit demselben Wallenstein's Lager auf der Weimarischen Bühne eröffnet. Göthe hatte es für Schiller besorgt, und dieser, weil es ihm zu kurz schien, noch einige Strophen dazu gedichtet: 'das

---

*) Steht auch in den Melodien zum Mildh. Lb. Nr. 447, wo sie aber fälschlich J. F. Reichardt zugeschrieben wird.

Soldatenlied habe ich noch mit ein paar Versen vermehrt, die ich hier beilege,' schreibt Schiller den 9. Oct. 1798 an Göthe. Vgl. Ed. Boas, Nachträge zu Schillers Werken 1. Bd. 1853. S. 537—539. Dies Volkslied findet sich noch in fliegenden Blättern und Sammlungen; aus dem Munde des Volks theilt es Freiherr v. Ditfurth mit: Fränkische Volkslieder 2. Th. (Leipz. 1855) Nr. 262. nebst Volksweise.

312. Es leuchten drei Sterne über ein Königeshaus, drei Jungfräulein wohnten darin.

Vf. Jung Stilling. Zuerst in: Heinrich Stillings Jugend (Berlin 1777). Kein Volkslied, aber überall als solches mitgetheilt, z. B. Büsching und v. d. Hagen Samml. Nr. 70. — Mel. von Jung Stilling; zuerst in: Die Jahreszeiten. Eine Vierteljahrsschrift von de la Motte-Fouqué u. a. (Berlin 1811.) Beilage; findet sich auch bei Kretzschmer 1. Th. Nr. 13. — Verschieden davon die Mel. in: Deutsche Lieder für Jung und Alt 1818. Nr. 11, bei Kretzschmer 1. Th. Nr. 12.

Dass alle die von Jung in den Schriften über sein Leben mitgetheilten Volkslieder von ihm selbst sind, ist endlich durch seine eigene briefliche Erklärung zur Gewissheit geworden. S. Briefe an de la Motte Fouqué (Berlin 1848). Den 12. Mai 1810 schreibt Jung an Fouqué: 'Was meine Romanzen oder Volkslieder betrifft, so dient Ihnen zur Nachricht, dass ich sie alle, keins ausgenommen, selbst gemacht habe. Meine Tanten sangen ähnliche Lieder, allein ich wusste sie nicht mehr auswendig, ich hörte sie zwar bis in mein 14. Jahr, aber Stillings Jugend schrieb ich in meinem 34., damals hatte ich alle vergessen; ich ersetzte sie also durch ipse fecits. Die facta in Stillings Jugend, Jünglingsjahren und Wanderschaft, sind alle reine Wahrheit, aber hin und wieder mit romantischen Ideen ausgeschmückt; aber das häusliche Leben und die Lehrjahre sind reine durchaus factische Biographie. Meine Führung und meine Geschichte sind durchaus wahr. Sie wünschen die Melodien zu haben, liebster Bruder! Wir leben in einer so hoch raffinirten Menschheit, welcher alles aneckelt, was nicht mehr Mode ist; ich bin überzeugt, dass meine Melodien nicht mehr gefallen würden, und da ich nicht Musiker genug bin, um sie selbst in Noten zu setzen, so würde ich einen Tonsetzer darum ersuchen und sie ihm vorspielen müssen, und dazu fehlt es mir an Zeit. Vielleicht erfülle ich doch noch mit der Zeit Ihren Wunsch.' — Ferner 30. Juli 1810: 'Ja, die Romanzen sind alle von mir, so auch die Melodien. Es steht mir fast vor, als ob ich in meinem letzten Schreiben geäussert hätte, ich hätte sie auf die alten Melodien eingerichtet, das wäre unrichtig gewesen und ich hätte da Ideen verwechselt. Ich schicke Ihnen hier eine zur Probe, wenn das erzeinfältige Ding Ihnen gefällt, so bekommen Sie auch nach und nach die andern. Eben das Liedchen: Es leuchten drei

Sterne über ein Königes Haus, hat mir ehemals einen grossen Spass gemacht. Ehe ich Stillings Jugend schrieb, war ich in Düsseldorf bei den beiden Brüdern Jacobi auf eine Nacht zum Besuch. Während des Abendessens wurde viel von alten teutschen Volksliedern gesprochen und man wünschte mit Sehnsucht solche zu bekommen. Ich schlief still, und ehe ich einschlief, machte ich obengedachte Romanze. Des Morgens bei dem Frühstück sagte ich: mir wäre noch ein solches altes Volkslied eingedenk, ich hätte es aufgeschrieben, und damit überreichte ich es ihnen. Sie lasen es zwei, dreimal, und freuten und verwunderten sich; nun fing man an, mit critischem Blick zu untersuchen, in welchem Jahrhundert das Lied wohl entstanden sei — ich liess sie eine Zeit lang untersuchen, kaum konnte ich das Lachen verbergen. Endlich sagte ich ihnen, dass ich es erst gestern Abend gemacht hätte, jetzt ging der Lärm und das Verwundern erst recht an; hernach nahm ich das Lied anstatt eines ähnlichen, das meine Tanten sangen, in Stillings Jugend auf.'

313. Es muß das Herz an etwas hangen. 1808.

Vf. Karl Müchler. Zuerst in Friedrich Koch's Zeitschrift 'Eurynome und Nemesis (Stettin u. Leipz. 1808)' S. 89. — Melodie in der Ztg. für die elegante Welt 1809. Beil. Nr. 7 von 'F. Z—ch,' wol die bekannte Mel.

314. Es reden und träumen die Menschen viel. 1797.

Vf. Schiller. — Mel. von J. F. Reichardt: Schiller's lyrische Gedichte 2. Heft 1810. S: 20, bei Fink Nr. 289.

315. Es ritt ein Jägersmann über die Flur. 1802.

Vf. August Mahlmann. Zuerst in Becker's Taschenbuch zum gesell. Vergnügen 1803. S. 213—215 mit einer Mel. von Zelter. Die bekanntere Mel. von J. F. Reichardt in der Zeitung für die eleg. Welt 1803. Beil. Nr. 8, bei Fink Nr. 624.

316. Es ritt ein Ritter wol über's Feld,
   er hatte keinen Freund, kein Gut, kein Geld.

Vf. Jung Stilling d. i. Johann Heinrich Jung, geb. im Dorfe Im Grund im Nassauischen 12. Septbr. 1740, † zu Carlsruhe 2. April 1817. Kein Volkslied, obschon als solches mitgetheilt in Stilling's Jugend (Berl. 1777) und vielen Volksliedersammlungen einverleibt: Büsching und v. d. Hagen Nr. 1. — Melodie von Jung Stilling, zuerst in: Deutsche Lieder für Jung u. Alt 1818 Nr. 5.

317. Es sang vor langen Jahren
   wol auch die Nachtigall.

Vf. Clemens Brentano. Zuerst in: Die Sängerfahrt, herausg. von F. Förster (Berl. 1818) S. 244. — Mel. von Luise Reichardt: Zwölf Gesänge mit Begl. des FP. (Hamb. bei J. A. Böhme) S. 11.

318. Es saß auf grüner Heide
   ein Schäfer grau und alt.

Vf. Jung Stilling. Zuerst in: Heinrich Stilling's Jünglingsjahre (Berlin 1778). Kein Volkslied, obschon als solches überall anerkannt, vgl. Büsching und v. d. Hagen, Samml. Nr. 45 und die Anm. dazu S. 393. — Mel. von Jung Stilling, zuerst in: Deutsche Lieder für Jung u. Alt 1818. Nr. 4.

319. Es schlingt sich die Runde,
   es kreist der Pocal. 1818.

Vf. Zuccarini, studierte zu Erlangen, † zu München. Zuerst in: Liederbuch für Hochschulen (Stuttg. 1823) S. 287. — Melodie: Wolauf, noch getrunken.

320. Es sei mein Herz und Blut geweiht,
   dich Vaterland zu retten. 1809.

Vf. Friedrich von Schlegel, geb. zu Hannover 10. März 1772, † zu Dresden 11. Januar 1829. — Mel. in: Deutsche Lieder für Jung und Alt 1818. Nr. 45.

321. Es singt ein Vöglein wit! wit! wit! 1821.

Im Morgenblatt 1821 Nr. 80 unterzeichnet 'Cz,' also wol Carl Philipp Conz. — Mel. von Luise Reichardt.

322. Es stand ein Sternlein am Himmel,
   ein Sternlein guter Art. 1796.

Vf. Matthias Claudius: Asmus omnia 6. Th. S. 150. Das Lied bezieht sich auf Claudius' Tochter Christiane, die am 2. Juli 1796 starb. — Mel. in: Erk, Liederkranz 1. Heft Nr. 77.

323. Es taget in dem Osten. 1831.

Vf. H. v. F. — Mit einer Mel. von Joseph Gersbach in meinem Volksgesangb. Nr. 64.

324. Es wächst ein Blümlein Bescheidenheit. 1809.

Vf. E. M. Arndt: Gedichte (Greifswald 1811) S. 302. — Volksweise: Den Sonntag, den Montag in aller Fruh.

325. Es war ein junges Mädchen
   von reizender Gestalt. 1782.

Nach einem franz. Liede Favart's, s. Recueil de romances historiques ect. Par M. D. L** 1767. T. 1. p. 299 ff. mitgetheilt in meinen Schles. Volksl. S. 354 zu Nr. 132. Der deutsche Text ursprünglich in einer Oper: Lucas u. Hannchen von Joh. Friedrich Gottlieb Beckmann 1782, † zu Celle 25. April 1792 im 56. Jahre. Von ihm auch die Melodie.

326. Es war ein Kind, das wollte nie
   zur Kirche sich bequemen. 1813.

Vf. Göthe. Vgl. Viehoff 3, 116—119. — Mel. von Zelter.

327. Es war ein Knabe frech genung. 1774.

Vf. Göthe. Vgl. Vichoff 1, 210—216. — Mel. schon in: Volks- und andere Lieder, in Musik gesetzt von Siegmund Freyh. von Seckendorff 1. Samml. (Weimar 1779) S. 22. 23 und von Johann André im Theater-Kalender 1778. Beil.

328. Es war ein König in Thule. 1774.

Vf. Göthe. Vgl. Vichoff 1, 209. 210. — Mel. von J. F. Reichardt: Göthe's Lieder, Oden ff. 1809. 3. Abth. S. 19, bei Fink Nr. 781. — Mel. von Zelter bei Fink Nr. 780 und in meinem Volksgesangbuch Nr. 65. Carl Friedrich Zelter, geb. zu Petzow, einer Ziegelei bei Potsdam, 11. Dec. 1758, † zu Berlin 15. Mai 1832. — Mel. von J. G. Wilhelm Schneider, geb. zu Rathenow 5. Octbr. 1781, † zu Berlin 17. Oct. 1811. Steht in: Deutsche Lieder für Jung und Alt (Berlin 1818) Nr. 3. Sehr verbreitet. — Die früheste Composition ist von Siegmund Freyh. von Seckendorff: Volks- und andere Lieder 3. Samml. (Dessau 1782) S. 6—9; ist zugleich erster Druck des Textes.

329. Es war einmal ein Gärtner. 1775.

Vf. Johann Martin Miller. Das Lied stand zuerst in seinem Siegwart ('Siegwart, eine Klostergeschichte 3 Theile Lpz. 1776'). Es wird unter dem Volke nach verschiedenen Weisen gesungen, s. Erk, Volksl. 1. Bd. 6. Heft Nr. 17. 18, Kretzschmer, Volksl. 1. Th. Nr. 190. Eine Mel. nach Johann Friedrich Ludwig Sievers 1778 (in meinem Volksgesangb. Nr. 66), geb. zu Ögle im Hannov. 26. Jan. 1742, † zu Magdeburg 28. Juni 1806. — Mel. von Daniel Gottlob Türk: Lieder u. Gedichte aus dem Siegwart, in Musik gesetzet (Lpz. und Halle 1780) S. 31, danach in den Melodien zum Mildh. Liederb. Nr. 614.

330. Es war einmal ein hübsches Ding von Farbe und Gestalt.

Vf. Justin Bertuch. Schon in: Wiegenliederchen (Altenburg mit Richterischen Schriften 1772) S. 18—20. — Mel. von J. F. Reichardt in: Lieder für Kinder 2. Th. Hamb. 1781. S. 1. Schöner die Mel. in: Melodien zu den Liedern für Volksschulen (von Hoppenstedt) 2. Aufl. (Hannover 1800) 3. Abth. S. 19.

331. Es war einmal ein König, der hatt' einen großen Floh.

Vf. Göthe. Zuerst in: Faust. Ein Fragment. Von Goethe. Ächte Ausgabe. (Leipzig, 1790) S. 50. 51. — Mel. von Zelter.

332. Es waren mal drei Käferknaben. 1832.

Vf. Robert Reinick, geb. zu Danzig 22. Febr. 1805, † zu Dresden 7. Febr. 1852. — Mel. von Hieronymus Truhn, geb. zu Elbing 17. Oct. 1811, lebt jetzt in Hamburg.

4*

333. Es wollt' einmal im Königreich
der Frühling nicht erscheinen. 1820.

Vf. Friedrich Förster, compon. für die jüngere Liedertafel zu Berlin von Zelter. Der Verf. äussert sich selbst darüber: 'Mein Gedicht "Froschmusik" entstand in der Blüthezeit der demagogischen Umtriebe 1820. Es circulierte als Manuscript ohne meinen Namen und erschien nach einiger Zeit componiert von Bierey in Breslau "Gedicht von Goethe" und sogar diesem von dem Componisten dediciert. Die Veranlassung hiezu soll der Canzler Müller in Weimar gegeben haben, welcher dies Gedicht an Jean Paul nach Baireuth schickte als ein Curiosum, dass Göthe auf seine alten Tage sich in so humoristischer Weise mit der Tagespolitik beschäftige.' — Zelter schrieb deshalb am 8. Juli 1824 an Göthe: 'Ein Tafellied von Förster, dem man eine satyrisch-politische Tendenz beylegt, habe vor etwa drey Jahren für unsere zweyte Liedertafel in Musik gesetzt. Dies Gedicht hat nun auch der Breslauer Herr Bierey*) wunderlich genug in Musik gebracht und drucken lassen, und es ist unter Deinem Namen in der Cäcilia die in Maynz herauskommt abgedruckt und tadelnd recensirt**). Das Gedicht ist schonend behandelt, weil Dein Name darunter steht, aber die Musik ist schlecht weggekommen. Dies schreibe ich bloss damit Du weisst, im Falle Du davon hörst, was es damit für eine Bewandtniss habe.'

334. Es zieht ein stiller Engel
durch dieses Erdenland. 1833.

Vf. Carl Johann Philipp Spitta, geb. zu Hannover 1. Aug. 1801. — Volksweise: Erk, Sängerhain 2. Heft Nr. 47.

335. Es zogen drei Bursche wol über den Rhein,
bei einer Frau Wirthin da kehrten sie ein. 1809.

Vf. Uhland. — Sehr bekannte Volksweise, s. Erk, Volkslieder 1. Bd. 1. Heft Nr. 54. Kretzschmer 1. Th. Nr. 67. Fink Nr. 97 — ursprünglich zu dem Liede: Ich hab meinen Weizen am Berg gesät, Erk, Volkslieder 1. Bd. 2. Heft Nr. 47 u. 48, oder: Wenn ich kein Geld im Beutel hab, in meinem Volksgesangbuch Nr. 162. Die lustige Volksweise ist wol zu dem schönen ernsten Uhland'schen Liede zuerst verwendet worden in: Liederweisen zum Teutschen Liederbuch für Hochschulen (Stuttg. 1823) Nr. 176, daselbst noch etwas linkisch aufgezeichnet. In der Studentenwelt sang man es danach schon mehrere Jahre vorher. — Auch Silcher hat die Volksweise beibehalten, aber noch erweitert, in: Volkslieder 2. Heft 4. Aufl. Nr. 9

---

*) 'Dämagogisch. Gedicht von Göthe, für eine Singstimme und vier Frösche, mit Begl. des Pf., in Musik gesetzt von G. B. Bierey. Breslau, Förster.'

**) Von Gottfried Weber in: Caecilia 1. Bd. S. 133—139.

bemerkt er dazu: 'Um diese Melodie — früher nur aus den 12 ersten
Tacten bestehend — nicht zu oft wiederholen zu müssen, compo-
nirte der Herausgeber noch einen zweiten Theil (Frau Wirthin, hat
sie ff.) hinzu.' — Mel. von Conradin K r e u t z e r: Klänge der Schwer-
muth 2. Heft Nr. 2. — Eine vierst. Composition von L ö w e bei Fink
Nr. 802. Joh. Carl Gottfried Löwe, geb. zu Löbejün bei Halle
30. Nov. 1796.

336. Feinde ringsum! Feinde ringsum! 1791.

Vf. Karl Gottlob C r a m e r, geb. 3. März 1758 zu Pödelitz bei
Freiburg a. d. Unstrut, † zu Dreissigacker 7. Juni 1817. Das Lied
steht zuerst in seinem Romane: Hermann von Nordenschild, genannt
Unstern. 2. Bd. (Weissenfels u. Leipz. 1792) S. 146 — 148 mit
einer Notenbeilage, worauf der Name des Componisten mit 'Gl.' bezeichnet ist. Dies Gl. hat zu der falschen Annahme: Gluck, verleitet
und in vielen Liederbüchern gilt Gluck für den Componisten, z. B. in
Methfessel's Commersb. 1823. Nr. 91. Die vielgesungene Melodie
ist von Karl Ludwig Traugott G l ä s e r, geb. zu Ehrenfriedensdorf bei
Annaberg 1747, † zu Weissenfels 31. Jan. 1797.

Das F e i n d e, r i n g s u m! ist einem Schubart'schen Liede nachgebildet:

Der Kroaten Willkomm an Laudon.

Nach einem Kroatenmarsche.

Laudon ist da!
Jauchzt ihm entgegen, Kroaten!
Laudon, der Führer zu Thaten,
Laudon ist da!

Steht in Schubart's Vaterlandschronik 1788.

337. Feldeinwärts flog ein Vögelein. 1796.

Vf. Ludwig T i e c k. Zuerst im Schiller'schen Musenalmanach
1799. S. 26. 27. — Mel. von Ludwig B e r g e r: Neun deutsche Lieder mit Begl. des Pf. Op. 17. (Berlin, Fr. Laue) S. 11. — Mel. von
Z e l t e r: Zwölf Lieder am Clavier zu singen (Berlin 1801) Nr. 1, bei
Fink Nr. 894.

338. Fern im Süd das schöne Spanien. 1834.

Vf. Emanuel G e i b e l: Gedichte [1. Aufl.] (Berlin, A. Duncker
1840) S. 34—36. 'Der Zigeunerknabe im Norden.' — Oft componiert, am beliebtesten die Mel. von C. G. R e i s s i g e r.

339. Feurige Herzen und kühler Wein. 1826.

Vf. H. v. F. — Mel. in: Schelmenlieder 3. Aufl. (Ulm, Heerbrandt u. Thämel) 2. Lese Nr. 1.

340. Flamme, empor! Flamme, empor
  steige mit loderndem Scheine! 1814.

Vf. Christian Nonne, geb. zu Lippstadt 26. August 1785, †
29. April 1853 als evang. Pfarrer zu Schwelm. Das Gedicht wurde
zuerst auf einem fliegenden Blatte zum 18. Oct. 1814 zu Essen gedruckt und nach der Gläser'schen Mel. zu Feinde, ringsum! gesungen. Es steht dann in: Vermischte Gedichte und Parabeln von J. H.
C. Nonne. Duisburg und Essen 1815. S. 219—221.

341. Fliege, Schifflein, durch die Rosen
  des Gestades her vom See.

Vf. unbekannt. — Mel. von Friedrich Kücken 1839. Op. 14.

342. Flüchtiger als Wind und Welle
  flieht die Zeit; was hält sie auf? 1787.

Vf. Herder: Zerstreute Blätter 3. Samml. (Gotha 1787) S. 57.
58. — Volksweise in: Erk, Liederkranz 1. Heft Nr. 15.

343. Förster bin ich hier,
  und zahm' und wilde Thier. 1828.

Vf. Louis Angely: Schüler-Schwänke oder die kleinen Wild-
diebe. Vaudeville-Posse in einem Akt, frei nach dem Franz. von L.
Angely (Berlin 1828.) S. 42. 43. Louis Angely, geb. zu Leipzig
1. Febr. 1787, Regisseur des Königsstädt. Theaters, † zu Berlin
16. Nov. 1835. — Mel. von Franz Gläser: Wär' ich General, ich
wär' ein wackrer Mann. — Text u. Mel. mündlich in: Erk, Volksl.
1. Bd. 3. Heft Nr. 55.

344. Fordre Niemand mein Schicksal zu hören! 1826.

Vf. Karl von Holtei, aus: Der alte Feldherr, Liederspiel in
einem Act, zuerst gegeben 1826 auf der Königsstädter Bühne in Berlin. — Ueber dem Texte steht als Melodie: D'un héros que la France
revère etc. Text u. Mel. in vielen Commers- u. Liederbüchern.

345. Frei und unerschütterlich
  wachsen unsre Eichen. 1842.

Vf. H. v. F. — Mel. Gaudeamus igitur. Text u. Mel. in: Erk,
Volksklänge. Lieder für den mehrstimmigen Männerchor (Berlin
1854) Nr. 56.

346. Frei von Sorgen treib' ich jeden Morgen. 1775.

Vf. Heinrich Wilhelm von Stamford. — Mel. von Johann Jacob
Walther, geb. in Unter-Wetzikon 1750, † das. 1817.

347. Freifrau von Droste-Vischering,
  Vi-Va-Vischering. 1844.

Vf. Rudolf Löwenstein, geb. zu Breslau 20. Februar 1819.
Zuerst gedruckt in: 'Neue Arien, gedruckt in diesem Jahre, welches
nach Erschaffung der Welt das XVIII. des Tunnels. Manuscript.'

Nr. 3. Dann weiter verbreitet durch: Musenklänge aus Deutschlands Leierkasten. Mit feinen Holzschnitten (Leipz. Georg Wigand) S. 86—88. — Volksweise.

348. Freiheit, die ich meine. 1813.

Vf. Max von Schenkendorf. — Mel. von Bernh. Klein in: Deutsche Lieder für Alt und Jung 1818. Nr. 49; die bekanntere von Carl Groos in: Erk, Liederkranz 2. Heft Nr. 45.

349. Freude, schöner Götterfunken. 1785.

Vf. Schiller. Zuerst in der Thalia 1. Bd. 2. Heft S. 1—5. — Mel. in: Scherz und Ernst von F. F. Hurka 2. Aufl. Dresden 1789, danach in: C. F. Becker, Lieder und Weisen 3. Abth. S. 75. — Mel. von J. F. Reichardt 1795: Musikalischer Almanach (Berlin 1796) und Schiller's lyrische Gedichte 1. Heft 1810. S. 35 ff., bei Fink Nr. 723. — Mel. von Chr. G. Körner in: Melodien zum Mildh. Liederb. Nr. 414. Christian Gottfried Körner, geb. zu Leipzig 2. Juli 1756, † zu Berlin 13. Mai 1831, Theodor K.'s Vater. — Die bekanntere Mel. 1801 in: Erk, Blätter und Blüthen Heft 4. Nr. 13. — Vgl. 'Schiller's Ode an die Freude. In Music gesetzt von Anonymus, Christmann, J. C. Müller, C. F. Schulz, W. Schulz, Seidel, Reichardt, Rellstab, Zelter. Op. CCLXIX. Berlin, im Verlage der Rellstabschen Musichandlung.'

350. Freudvoll und leidvoll.

Vf. Göthe: Egmont. Aechte Ausgabe. (Lpz., Göschen 1788) S. 97. — Mel. von J. F. Reichardt 1798. Johann Friedrich Reichardt, geb. zu Königsberg in Pr. 25. Nov. 1752, † zu Giebichenstein bei Halle 27. Juni 1814. — In späterer Zeit sind noch von einem Andern 4 Strophen dazu gedichtet, s. mein Volksgesangb. Nr. 72.

351. Freund, ich achte nicht des Mahles. 1782.

Vf. J. H. Voss. — Mel. von J. A. P. Schulz im Voss. Musenalmanach 1783. S. 92—96, dann in: Schulz, Lieder im Volkston. 1. Th. 2. Aufl. 1785. S. 34; bei Fink Nr. 668. In der Studentenwelt der neueren Zeit ist sehr beliebt die Mel. von Immanuel Friedrich Knapp.

352. Freunde, hört die weise Lehre,
die zu euch Erfahrung spricht. 1826.

Vf. Ferdinand Raimund: Der Bauer als Millionär, Musik von Joseph Drechsler.

353. Freunde, laßt uns nicht so thöricht sein,
das Leben im Galopp hindurch zu fliegen!

Vf. unbekannt. Wurde in der Franzosenzeit 1809—12 viel gesungen und findet sich noch später oft in fliegenden Blättern. Ein

Druck aus jener Zeit hat den Titel: „Lob der Polonoise. Lied Freunde man muss nicht so thörig sein für Forte Piano & Guitarre. Hamburg bey Rudolphus. Altona bey Cranz." — Volksweise.

354. Freunde, stimmt in meine Lieder! Knabe, Wein und Blumen her! 1800.

Vf. Aloys Schreiber, s. dessen Gedichte (Düsseld. 1801.) S. 15. — Mel. von Heinrich Werner.

355. Freunde, wählt euch einen Talisman.

Vf. Carl Stein, geb. zu Neu-Brandenburg in Meklenb.-Strelitz 23. Juni 1773, † zu Berlin im Febr. 1855. — Mel. in: Auswahl deutscher Lieder (Lpz., Serig) 1827. S. 215 ff.

356. Freundlich glänzt an stiller Quelle. 1806.

Vf. Karl Müchler. — Mel. von Friedrich Heinrich Himmel. — Text u. Mel. in: Erk, Liederkranz 1. Heft 18. Aufl. Nr. 103.

357. Freut euch des Lebens! 1793.

Vf. Martin Usteri, geb. zu Zürich 1763, † zu Rapperswyl 29. Juli 1827. — Mel. von Hans Georg Nägeli 1793, geb. zu Wetzikon im Canton Zürich 27. Mai 1773, † zu Zürich 26. Decbr. 1836. — Text und Mel. (beide vom J. 1793) zuerst im Gött. Musenalmanach 1796. S. 27—29 ohne Namen des Verf., dann mit seinem Namen schon in: Neue schweizerische Blumenlese von J. Bürkli 1. Th. (St. Gallen 1798) S. 49—51. Der Dichter war trotzdem lange unbekannt, so dass noch Fink im Register seines Hausschatzes vom J. 1843 S. 689 dazu bemerkte: 'Ungewiss.' — Mit Benutzung der früheren Lesarten in meinem Volksgesangb. Nr. 73.

358. Fridericus Rex, unser König und Herr. 1829.

Vf. Willibald Alexis (Georg Wilh. Heinrich Häring), geb. zu Breslau 29. Juni 1798. Zuerst in s. Roman: Cabanis (Berlin 1832), der in den Jahren 1829—31 geschrieben ward. — Von den vielen Compositionen ist die von Löwe bisher die bekannteste und beste, ganz verfehlt die Fink'sche in s. Hausschatz Nr. 525.

359. Frisch auf, frisch auf mit raschem Flug! frei liegt vor dir die Welt. 1813.

Vf. Theodor Körner. — Mel. von C. M. von Weber Op. 42: Körner's Leyer und Schwerdt 2. Heft (1814) Nr. 1, bei Fink Nr. 586. Auch nach der Volksweise zu: Es ist nichts lust'ger auf der Welt, s. Studenten-Lieder von Georg Scherer 1856. Nr. 21. — Mel. von Albert Methfessel: Allg. Commers- u. Lb. 1818. Nr. 79.

360. Frisch auf, ihr Jäger, frei und flink! 1813.

Vf. Theodor Körner. Zuerst in: Zwölf freie deutsche Gedichte von Theodor Körner. 1813. S. 7. 8. — Melodie: Auf, auf, ihr Brüder und seid stark.

361. Frisch auf, mein Volk! Die Flammenzeichen rauchen. 1813.

Vf. Theodor Körner. — Mel. von Carl Bornhardt, bei Fink
Nr. 371, zuerst in: A. L. Follen, Freye Stimmen frischer Jugend
Nr. 32. Weise s.

362. Frisch auf, zum fröhlichen Jagen! 1724.

Der ursprüngliche Text steht in: Gottfr. Benj. Hanckens
Geistliche und Moralische Gedichte. 1. 2. Th. (Dressden u. Lpz. 1731.)
Hancke war ein geborener Schlesier und lebte gegen Mitte des vorigen Jahrhunderts als Accis-Secretär zu Dresden. — Die Melodie
soll, wie ein Zeitgenosse bemerkt, dieselbe sein, die zu dem franz-
zös. Liede:

Pour aller à la chasse
Faut être matineux

gesungen ward, dem auch wol das deutsche Lied nachgebildet ist.
Die jetztübliche Volksweise ist am besten aufgezeichnet von Erk,
Volksl. 1. Bd. 1. Heft Nr. 46.

363. Frisch auf, zum fröhlichen Jagen,
es ist nun an der Zeit;
es fängt schon an zu tagen,
der Kampf ist nicht mehr weit! 1813.

Vf. Friedrich Baron de la Motte Fouqué, geb. zu Brandenburg
12. Febr. 1777, † zu Berlin 23. Januar 1843. Kriegslied für die
Freiwilligen 1813, vgl. Fouqué's Lebensgeschichte (Halle 1840)
S. 313. — Volksweise: Auf, auf zum fröhl. Jagen.

364. Fröhlich tönt der Becher Klang
im vertrauten Kreise. 1775.

Vf. Friedrich Leopold Graf zu Stolberg. — Mel. von D.
Weiss im Voss. Musenalmanach 1777, bei Fink Nr. 479.

365. Fröhlich und wohlgemuth
wandert das junge Blut. 1801.

Vf. Schmidt von Lübeck. Zuerst in Becker's Taschenbuch zum
ges. Vergnügen 1802. S. 301. 302. — Mel. von Karl Bornhardt
um 1810 in: Melodien zum Mildh. Liederb. Nr. 709; mein Volksgesangb. Nr. 74. Karl Bornhardt, geb. zu Braunschweig 19. März
1775, † das. 19. Juli 1844 als pension. Registrator.

366. Froh bin ich und überall zu Hause,
und so bin ich überall bekannt. 1806.

Vf. Friedrich Hückstädt, geb. zu Suckwitz bei Goldberg im
Meklenb. 21. Mai 1781, † zu Gävekow in Neupommern 30. Nov.
1823 bei einem Besuche, als Prediger zu Brütz bei Goldberg. 'Gedichte von F. Hückstädt (Rostock 1806)' S. 144. 145. 5 Strophen.
Die beiden ersten Verse sind später verkürzt in

Ueberall bin ich zu Hause,
überall bin ich bekannt —

und so mit einer sehr beliebten Mel. versehen, s. Junghans, Mel. zum allgem. Taschenliederbuch 1836 Nr. 194. Reinhold's Melodien-buch 1842 Nr. 246. — Der Text ist in neuerer Zeit sehr erweitert mit Versen, wie sie nur Handlungsreisende dichten u. singen können: Ausw. deutscher Lieder (Lpz. Serig 1850) S. 313.

367. Füllest wieder Busch und Thal. 1778.

Vf. Göthe. Vgl. Viehoff 3, 476—480. und Goethe's Briefe an Frau von Stein aus den Jahren 1776—1826 (Weimar 1848) S. 155 —157 (Mittheil. vom 19. Jan. 1778); daselbst auch eine schöne, einfache Melodie. — Mel. von J. F. Reichardt 1790: Caecilia. 1. Stück S. 19; von Zelter in Fink's Haussch. Nr. 865.

368. Gar fröhlich tret' ich in die Welt.

Vf. Theodor Körner. — Mel. von Friedrich Silcher in: Lie-derweisen zum teutschen Liederbuch für Hochschulen (Stuttg. 1823) Nr. 152, bei Fink Nr. 707.

369. Geboren ward zum König der Getränke
der Sohn der Rebenflur. 1792.

Vf. August Langbein. Zuerst in: Taschenbuch zum gesell. Vergnügen für 1793. (Lpz. Voss u. Leo) S. 155—157. — Mel. Be-kränzt mit Laub.

370. Gegrüßt, du Land der Treue,
du deutsches Vaterland! 1844.

Vf. Johann Nepomuk Vogl, geb. zu Wien 2. Febr. 1802. Zu-erst in: Deutsche Lieder von Joh N. Vogl (Jena 1845) S. 7. 8. — — Mit einer Mel. von Nägeli 1816 in meinem Volksgesangb. Nr. 76.

371. Geliebter, wo zaudert
dein irrender Fuß? 1796.

Vf. Ludwig Tieck, geb. zu Berlin 31. Mai 1773, † das. 28. April 1853. Das Lied steht in Tieck's Phantasus 1. Bd. (Berlin 1812) S. 380. — Mel. von Luise Reichardt.

Genießt das Leben bei frohen Reizen!
Siehe: Schön ist das Leben bei frohen Reizen.

372. Genießt den Reiz des Lebens —
man lebt ja nur einmal.

Vf. Johann Friedrich Jünger, geb. zu Leipzig 15. Febr. 1759, † zu Wien 25. Februar 1797. Schon in: Lieder für Freunde d. ge-sell. Freude (Lpz. 1788) S. 30—33, 5 Strophen, später 8 in J. F. Jünger: Vetter Jacobs Launen, 5. Bdch. (Lpz. 1790) S. 649—652. — Mel. von Johann Ludwig Böhner (geb. zu Töttelstedt bei Gotha 8. Jan. 1787) in den Mel. zum Mildh. Liederb. Nr. 456. — In der Studentenwelt ist ein ganz anderes Lied daraus geworden, s. Melo-

dien der besten Commerslieder von Wilh. Schneider (Halle 1801)
Nr. 5 u. Methfessel's Commers- u. Liederb. 1818 Nr. 9. mit einer
ganz andern Melodie, welcher zu Liebe der ursprüngliche Text umgearbeitet und erweitert ist, bei Fink Nr. 650, worunter denn freilich auch noch 'Jünger' steht.

373. Gesang verschönt das Leben. 1803.

Vf. der ungenannte Herausgeber von: Neue und verneuerte
Lieder nach alten und bekannten Melodieen (Lpz., Theodor Seeger
1803) Nr. 1. — Wird gesungen nach: Auf! hascht am Rosensaume.
— Mel. von Zeller in Erk's Liederkranz 1. Heft Nr. 1. — Mel. von
Friedrich Schneider in Erk's Sängerhain 2. Heft Nr. 28. Das Lied
hat ursprünglich 11 Strophen u. findet sich gewöhnlich zu 4 verkürzt.

374. Gestern Abend war Vetter Michel hier.

Vf. unbekannt. Aus der Mitte des 18. Jahrh. Text u. Mel. in
Erk, Volksl. 2. Bd. 1/5 Heft Nr. 23.

375. Gestern, Brüder, könnt ihr's glauben?
     gestern bei dem Saft der Trauben. 1747.

Vf. Gotthold Ephraim Lessing, geb. zu Kamenz 22. Jan.
1729, † zu Braunschweig 15. Febr. 1781 als Wolfenbüttler Bibliothecar. Zuerst in: Ermunterungen zum Vergnügen des Gemüths
(Hamb. 1747) 5. Stück S. 398. — Lessing's sämmtl. Schriften,
Ausg. von W. v. Maltzahn 1. Bd. S. 76. 77. — Allbekannte Melodie: mein Volksgesangb. Nr. 77. Die jetzt noch übliche Weise
schon in: LIEDER mit MELODIEN (Anspach bey Posth 1758) Nr. 23.

376. Gesund und frohes Muthes,
     genießen wir des Gutes. 1780.

Vf. Johann Heinrich Voss, geb. zu Sommersdorf im Meklenburg. 20. Febr. 1751, † zu Heidelberg 29. März 1826. Zuerst im
Voss. Musenalmanach 1781. S. 68. 69. — Mel. von J. A. P. Schulz
1782: Lieder im Volkston, 2. Aufl. Berlin 1785 S. 17; bei Fink
Nr. 643.

377. Gesundheit, Herr Nachbar, mein Gläschen ist leer!

Vf. unbekannt. Schon 1793 als besonderes Lied verkauft, Lpz.
Breitkopf. — Nach der Volksweise: Wenn's immer, wenn's immer,
wenn's immer so wär'! Vgl. Fink Nr. 692. 693.

378. Gib, blanke Schwester! gib uns Wein.

Vf. Johann Ludwig Gericke, geb. zu Hamburg 16. Januar
1752, † das. 23. Sept. 1824. Finde ich zuerst in: Neues gesell-
schaftl. Lieder-Buch (Hamb. 1795) S. 140—142. 16 vierz. Strophen, steht aber vielleicht schon in Gericke's Melpomene. 1. 2. Heft
(Hamb. 1787. 88). — Mel. von Friedrich Ludwig Seidel, geb. zu
Treuenbriezen 1. Juni 1765, † zu Charlottenburg 5. Mai 1831.

379. Gib mir die Blume, gib mir den Kranz!

Vf. Christian August Vulpius: Rinaldo Rinaldini. 'Vierte, durchaus verbesserte, mit drei Theilen ganz neu versehene Auflage', 5. Th. (Lpz. 1802) S. 180—182. Ob das Lied bereits in früheren Auflagen vorkommt, habe ich nicht ermitteln können. — Volksweise.

380. Gilt's die Wälder zu durchstreifen,
hebet freier sich die Brust. 1833.

Vf. Ferdinand Raimund: Der Verschwender, Musik von Konradin Kreutzer.

381. Glöckchen im Thale, Rieseln im Bach.

Vf. Helmina von Chézy: Gedichte der·Enkelin der Karschin, 1. Bd. (Aschaffenburg 1812) S. 36. Später von der Dichterin ihrem Operntexte: Euryanthe, einverleibt und so von C. M. v. Weber componiert.

382. Glocke, du klingst fröhlich. 1816.

Vf. Aloys Schreiber. Ursprünglich allemannisch, s. Gedichte von A. Schreiber (Tübingen 1817) S. 553: Glock, de klingsch so fröhli. — Melodie von Friedrich Ernst Fesca: Erk, Liederkranz 1. Heft Nr. 97; Fink Nr. 312.

383. Goldne Abendsonne,
o wie bist du schön! 1788.

Vf. Anna Barbara Urner, geb. Welti, geb. zu Kilchberg am Zürichersee 12. Januar 1760, † das. 10. Juni 1803. Zuerst in: Neue schweizerische Blumenlese von J. Dürkli 1. Th. (St. Gallen 1798) S. 206. 207. 10 Strophen. — Mel. von Hans Georg Nägeli um 1815. — Text wie bei Nägeli zu 5 Str. verkürzt und Mel. in Erk, Liederkranz 1. Heft Nr. 84.

384. Gott erhalte Franz den Kaiser! 1797.

Vf. Laurenz Leopold Haschka, geb. zu Wien 1. Septbr. 1749, † das. 3. August 1827 als pens. Professor der Ästhetik am Theresianum und Custos der Universitäts-Bibliothek. Siehe Österr. National-Encycl. 2. Bd. S. 520. — Mel. von Joseph Haydn, im Jan. 1797. Der erste Wiener Druck besteht aus zwei Blättern in kl. Querquart: 'Gott erhalte den Kaiser! Verfasset von Lorenz Leopold Haschka. In Musik gesetzt von Joseph Haydn. Zum ersten Male abgesungen den 12. Februar 1797.' Vgl. Joseph Haydn und Niccolò Zingarelli. Beweisführung, dass Joseph Haydn der Tonsetzer des allgemein beliebten österr. Volks- und Festgesanges sei: von Anton Schmid. Wien, Rohrmann 1847.

385. Gott grüß' euch, Alter, schmeckt das Pfeifchen? 1782.

Vf. Gottlieb Konrad Pfeffel, geb. zu Colmar 28. Juni 1736, † das. 1. Mai 1809. Zuerst im Voss. Musenalmanach 1783 S. 159—

162. — Die Mel. von K. Phil. Em. Pilz in dessen 'Acht Lieder von Matthisson, Hölty und Pfeffel, (Lpz. 1794)', bei Fink, Hausschatz Nr. 35. (Nach ihm 'die echte Originalmelodie'); zwei Volksmel. bei Erk, Volksl. 1. Bd. 6. Heft Nr. 43. 44; die bekannte, mit einigen Verschiedenheiten, schon in Melodien zum Mildheim. Lb. 1799. Nr. 186.

386. Gott segne Sachsenland! 1815.

Vf. August Mahlmann. Zuerst gedruckt in der Zeitung für die elegante Welt 1815. Nr. 228. Sp. 1824, und zuerst gesungen am 13. Nov. 1815 bei Anwesenheit des Königs von Sachsen in Leipzig. — Mel. God save.

387. Grabe, Spaten, grabe! 1775.

Vf. Hölty. — Mel. von Köllner in den Mel. zum Mildh. Liederb. Nr. 789. — Mel. von Carl Philipp Emanuel Bach: Neue LiederMelodien (Lübeck 1789) S. 1.

388. Grabet in die junge Rinde
eurer Mädchen Namen ein!*) 1773.

Vf. Heinrich Christian Boie (nicht Doje), geb. zu Meldorp 19. Juni 1744, † daselbst 3. März 1806. Zuerst im Gött. Musenalmanach 1774. S. 211. 212. mit einer Melodie von Benda. Friedrich Ludwig Benda, geb. zu Gotha um 1746, † zu Königsberg 27. März 1792. — Mel. von Kayser mit verändertem Text: Vermischte Lieder mit Melodien aufs Clavier (Winterthur 1775). Philipp Christoph Kayser, Göthe's Freund, geb. zu Frankfurt 1755, † zu Oberstrass bei Zürich im Dec. 1823.

389. Grab' aus dem Wirthshaus komm' ich heraus.

Vf. von Mühler, Dr. juris, Geh. Reg.- und Oberconsistorialrath in Berlin, geb. den 4. Nov. 1812. Zuerst in: Gedichte von Heinrich von Mühler (Berlin 1842) S. 163. 164. — Melodie von Gottfried Wilhelm Fink: Hausschatz Nr. 214. Andere Melodie: 'Weise aus dem hinkenden Teufel' in Auswahl deutscher Lieder (Lpz. Serig) 1850 S. 299, wo, sonderbar genug! Mühler als Vf. unterzeichnet ist. — Das Lied ist seit 1843 schnell verbreitet worden und in die meisten seitdem erschienenen Commers- und Liederbücher übergegangen.

390. Grüner wird die Au. 1773.

Vf. Hölty. — Mel. von Reichardt 1778: Oden und Lieder (Berl. 1779) S. 20.

---

*) So lautet der Anfang auf der gestochenen Notenbeilage zum Musenalmanach, der gedruckte Text beginnt: Grabt dem jungen Buchenhain eure Schäferinnen ein.

391. Guckt nicht in Wasserquellen!

Vf. Wilhelm Müller. — Mel. von August Mühling, geb. zu Raguhne 1782, † zu Magdeburg 2. Febr. 1847, s. Auswahl deutscher Lieder 1850 S. 328 ff.; bei Fink Nr. 709. — Mel. von Methfessel in s. Commers- u. Liederb. 1823 Nr. 48.

392. Gütig hüllt in Finsternissen
     Gott die Zukunft ein.

Vf. Christian Felix Weisse: Kleine lyrische Gedichte 3. Bd. (Lpz. 1772) S. 65. 66. — Mel. von Johann Adam Hiller.

393. Gut gedacht, gut gedacht,
     aller Freud' ein End gemacht.

Erk, Volksl. 1. Bd. 3. Heft Nr. 62. Umdichtung eines Günther'schen Liedes:

> Wie gedacht, wie gedacht,
>   vor geliebt, itzt ausgelacht —

S. Nachlese zu J. Ch. Günther's Gedichten 2. Aufl. (Bresl. 1745) S. 108—110.

394. Gute Nacht!
     Allen Müden sei's gebracht!

Vf. Theodor Körner. — Mel. von Carl Junghans: Melodien zum allgem. Taschenliederbuche (Rudolstadt 1836) Nr. 271. — Mel. von Karl Bornhardt Op. 96.

395. Gute Nacht! unser Taglauf ist vollbracht. 1784.

Vf. Schubart. — Mel. vom Freih. von Dalberg zuerst in 'Musikalische Korrespondenz der Filarmonischen Gesellschaft (Speier 1791)' Nr. 9, dann in Melodien zum Mildh. Liederb. Nr. 404. Am besten von Schubart selbst.

396. Guten Morgen! groß' und kleine Sorgen. 1784.

Vf. Schubart. — Mel. vom Freih. von Dalberg in der eben angef. Samml., dann in Melodien zum Mildh. Liederb. Nr. 403. Am besten von Schubart selbst.

397. Guter Mond, du gehst so stille
     in den Abendwolken hin.

Vf. unbekannt. Der Text zum Theil sehr verdorben. — Volksweise: Erk, Volkslieder 1. Bd. 2. Heft Nr. 30, etwas anders bei Fink Nr. 6.

398. Ha anem Ort es Blüemeli gseh.

Vf. Gotthold Jacob Kuhn, geb. zu Bern 16. Oct. 1775, † zu Burgdorf 23. Juni 1849 als Pfarrer zu Rüderswyl (vgl. Nekrolog der Deutschen 1849 S. 1119—1125). — Melodie ebenfalls von Kuhn: Volkslieder u. Gedichte (Bern bei L. R. Walthard 1806) S. 96. 97. — Text und Melodie in Erk, Volksl. für Männerst. 1. Heft Nr. 16.

399. **Habt ihr ihn noch nicht vernommen?**
   auf dem Dache sitzt er schon. 1844.
   Vf. H. v. F. — Volksweise in: Funfzig neue Kinderlieder von
H. v. F. (Mannheim bei F. Bassermann 1843) Nr. 2.

400. **Hänselein, willst du tanzen?**
   ich geb' dir auch ein Ei. 1842.
   Vf. H. v. F. — Volksweise.

401. **Hätt' ich einen Mutterpfennig. 1801.**
   Vf. J. H. Voss. — Mel. von Zelter.

402. **Hans war des alten Hansens Sohn.**
   Aus: Clarisse oder das unbekannte Dienstmädchen. — Mel. von
J. A. P. Schulz: Lieder im Volkston 2. Th. 1785. S. 41.

403. **Hast du das Schloß gesehen? 1805.**
   Vf. Uhland. Zuerst im Seckendorfschen Musenalmanach. 1807
S. 166. 167. — Mel. von Constantin Decker Op. 12.

404. **Hast du nicht Liebe zugemessen. 1774.**
   Vf. Bürger. — Mel. von J. A. P. Schulz: Lieder im Volkston
1. Th. 2. Ausg. 1785. S. 28; dieselbe in den Melodien zum Mildh.
Liederb. Nr. 363.

405. **Hat uns nicht Mahomet schändlich betrogen,**
   daß er das Trinken zur Sünde gemacht?
   Vf. unbekannt. Studentenlieder von Kindleben 1781 S. 28.
— Mel. von Zelter in Täglichsbeck, Liederhalle 2. Abth. 1. Bd.
S. 22. 23.

406. **Hebe! sieh, in sanfter Feier.**
   Vf. Gottlob Adolf Ernst von Nostiz und Jänkendorf, geb.
21. April 1765 zu See in der Oberlaus., † zu Oppach 15. Oct.
1836. Das Lied hat seiner ansprechenden Melodie zu danken, dass
es in den Mund des Volks übergegangen ist. Das Volk versteht Vieles
nicht davon, so singt es z. B. den Anfang: Hebe sich in sanfter
Feier! — Die Melodie ist von Friedrich Heinrich Himmel und erschien zuerst 1798. Siehe Erk, Volksl. 2. Bd. 3. Heft Nr. 49.

407. **Hehr und heilig ist die Stunde,**
   Brüder, die uns heut' vereint.
   Vf. Aloys Schreiber. — Mel. von Friedrich Silcher in Allgemeines Deutsches Commersbuch (Lahr, Schauenburg 1858) S. 200;
zuerst in Liederweisen zum Teutschen Lb. für Hochschulen (Stuttg.
1823) Nr. 184.

408. **Heida die liebi Maiezit. 1826.**
   Vf. H. v. F. — Die Mel. von Friedrich Kücken sehr verbreitet
und beliebt.

409. Heida lustig, ich bin Hans!

Vf. Gottlob Wilhelm **B u r m a n n**, geb. zu Lauban *) 18. Mai
1737 (nicht 9. Mai 1736!), † zu Berlin 5. Januar 1805. Siehe
Lieder in drey Büchern von G. W. Burmann (Berl. 1774) S. 130.
— Mel. von J. A. P. **S c h u l z**: Gesänge am Clavier (Berl. u. Lpz.
1779) S. 48, und Lieder im Volkston 2. Th. 1785. S. 18, bei Fink
Nr. 184.

410. Heil dem Manne, der den grünen Hain.

Vf. Heinrich **K i e f e r**. — Mel. von C. J. M. **K i e f e r** in: Auswahl deutscher Lieder (Lpz. Serig 1827) S. 377; fehlt in der Ausg.
von 1825. Quelle: Jägerlied von H. J. Kiefer, in Musik gesetzt mit
Clavierbegl. von C. J. M. Kiefer (Mainz, Schott).

411. Heil dir im Siegerkranz. 1790.

Vf. Heinrich **H a r r i e s**, geb. zu Flensburg 9. Sept. 1762, † zu
Brügge bei Kiel 28. Sept. 1802 als Prediger. Das Lied in seiner ursprünglichen Gestalt mit der Überschrift 'Lied für den d ä n i s c h e n
Unterthan, an seines Königs Geburtstag zu singen' in 'Gedichte von
H. Harries 2. Th. (Altona bei Hammerich 1804)' S. 158—161 mit
der Anmerk.: 'Dieses Lied ist nach Preussen gekommen und dort
mit einigen Abänderungen auch öffentlich gesungen worden.' Es
enthält 8 Strophen, Anfang:

Heil Dir dem liebenden
Herrscher des Vaterlands!
Heil, C h r i s t i a n, Dir!

Es erschien dann in der Spenerschen Zeitung Nr. 151 vom 17. December 1793 als 'Berliner Volksgesang' zu 5 Strophen verkürzt und
sonst geändert eine Umarbeitung, unterzeichnet 'Sr.' d. i. Balthasar
Gerhard **S c h u m a c h e r**, geb. zu Kiel 1755. Derselbe gab dann
1801 eine Umarbeitung in 7 Strophen in einer kleinen, sehr selten
gewordenen Schrift: 'God save the King! Ritual eines Preussischen
Volks - Festes nach den Anordnungen der English ancient musical
Society in London auf teutschen Boden verpflanzt von Sr., Dr. d. R.
Berlin 1801.' (Die Zueignung ist unterzeichnet B. G. Schumacher.)
Darin heisst es unter Anderm: 'Als ich vor 7 Jahren zuerst aus London nach Berlin kam, wagte ich einen Versuch in einer freien Über-
setzung dieses Volksliedes, das noch jetzt in den 5 Versen: Heil Dir
im Siegerkranz, Vater des Vaterlands etc. in Berlin geschätzt wird.
In der gegenwärtigen Umarbeitung habe ich mich bemüht, die Lieb-
lingsgedanken des gütigen Publicums beizubehalten, und nur an

---

*) Otto im Lexikon oberlaus. Schriftsteller sagt, dass beim Nachschla-
gen des Laubaner Kirchenbuchs kein Burmann zu finden gewesen sei.
Vielleicht ist Lauban auch gar nicht B's Geburtsort: er unterzeichnet sich
'B. Z.', soll das heissen Burmann Zittaviensis?

einigen Orten dem Reime wiederum seine erste richtigere Form zu
geben. Dieser Volksgesang ist also durchaus keine wörtliche Uebersetzung des Engl. God s. t. K.; er hat auch nicht einen tiefdurch-
dachten Gedanken, keinen Schwung der Poesie; Dinge, die schlech-
terdings nicht in einen Volksgesang gehören.' Dies veranlasste nachher Ludwig Frege in einem besonderen Büchlein: 'Zur Gesch. des
preuss. Volksliedes. Berlin 1850 bei Hayn' den Umarbeiter
Schumacher zum Verfasser des Liedes zu machen. Der ursprüngliche Druck ist wahrscheinlich bereits im Flensburger Wochenblatt,
dessen erstes Stück 12. Juli 1788 erschien, zu suchen. — Die beiden Berliner Texte sind auch noch abgedruckt in von der Hagen's
Germania 9. Bd. S. 297—299.

So schrieb ich gegen Ende des Jahrs 1856 und hatte wenig
Hoffnung, die Streitfrage gründlich und für immer zu entscheiden.
    Ein φ in der Kreuzzeitung vom 24. Sept. 1858 Nr. 223 hat
sich unterdessen veranlasst gefunden unten im 'Berliner Zuschauer'
meine obige Behauptung, die spät erst in die Lübecker Zeitung übergegangen war und dort eine Entdeckung genannt ward, anzufech-
ten: „Dass Dr. jur. Schuhmacher (sic), Senior der Vicarien im hochw.
Hochstifte der freien Reichsstadt Lübeck am 17. Dec. 1793 zuerst
das 'Heil Dir im Siegerkranz' in der Spener'schen Ztg. Nr. 151 hat
abdrucken lassen, ist eine alte Geschichte, und bedurfte dazu keineswegs erst einer neuen 'Entdeckung'.'' Es wird dann mitgetheilt was
ich ebenfalls schon mitgetheilt hatte: die bekannte Erklärung Schumacher's aus seiner eigenen Schrift. Am Schlusse sagt dann Herr
φ: „Diese eigene Angabe des Dr. Schumacher widerspricht jener
'Entdeckung', und wer ihn der Unwahrheit zeihen will, der muss
zuvor erst die Urkunden beibringen für die Wahrheit jener angeblich
neuen, im Grunde aber schon alten Entdeckung.''
    Hätte sich der Berliner Zuschauer der Kreuzzeitung besser um-
geschaut, so würde er zu denselben Ergebnissen gekommen sein
wie ich.
    Den eifrigen Nachforschungen des Herrn Dr. Friedrich Dörr in
Hamburg gelang es, mir ein Exemplar des Flensburger Wochenblatts
zu verschaffen. Darin steht im zweiten Jahrgang, 29. Blatt vom
27. Januar 1790. S. 225—227 ein 'Lied für den dänschen Unterthan, an seines Königs Geburtstag zu singen, in der Melodie des englischen Volksliedes: God save great George the King', unterzeichnet
'*s' d. i. Harries, Herausgeber des Flensb. Wochenblatts und damals
Candidat der Theologie zu Flensburg. Der Geburtstag des Königs
Christian VII.*) von Dänemark war zwei Tage später, den 29. Januar.

---

*) Geboren 29. Januar 1749, + 13. März 1808.

Das Lied enthält 8 Strophen. Daraus hat Schumacher seinen 'Berliner Volksgesang' im J. 1793 gemacht. Strophe 1. 2. und 3. hat er fast wörtlich beibehalten, aus den drei ersten Zeilen der 5. und den vier letzten Zeilen der 4. seine 4. Str. zusammengefügt und aus den drei ersten Zeilen der 4. und den vier letzten der 5. Str. seine 5. Strophe, dann aber den Schluss: die 6. 7. und 8. Strophe des Harries weggelassen. Und das nannte Schumacher, Dr. der Rechte, im J. 1801 'eine freie Uebersetzung' des englischen Volksliedes! Er mochte jedoch fühlen, dass sich nach dem glänzenden Erfolge seines Plagiats seit 1793 der Ruhm der Verfasserschaft nicht auf die Dauer halten liess. Er gab eine Umarbeitung heraus in sieben Strophen: die frühere Schlussstrophe nahm er nicht wieder auf, dagegen fügte er drei selbstgemachte hinzu. Das Lied erschien, unterzeichnet 'B. G. Schumacher Dr. d. Rechte' unter dem Titel: 'Preussischer Volks-Gesang Fünfte Auflage vom Verfasser selbst revidirt, nach der vom Herrn Hurka in Berlin abgeänderten Londonner Musik. Berlin 1801.'

Das Lied ist niemals in dieser Gestalt vom Publicum angenommen worden, und so blieb dem Schumacher nur das Verdienst, das Harries'sche Lied für den dänischen Unterthan mit kleinen Aenderungen als preussische Nationalhymne nach Berlin eingeführt zu haben.

Lange Zeit galt Georg Friedrich Händel († 1759) für den Componisten des God save the King. Dann sollte es der Engländer Henry Carey († 1743) sein. Endlich wollten sich die Franzosen die Ehre aneignen und suchten zu beweisen, Giov. Battista Lully († 1687). Tonkünstler am Hofe Ludwigs XIV. habe die Melodie gemacht. Unterdessen erschien eine erschöpfende Untersuchung: An Account of the national Anthem entitled God save the King! with authorities taken from Sion College Library, the ancient records of the Merchant Tailor's Company, the old Checque-Book of His Majesty's Chapel, etc. Selected, edited and arranged by Richard Clark, Gentleman of His Majesty's Chapels Royal, Deputy Vicar Choral of St. Paul's Cathedral, and of Westminster Abbey, and Secretary to the Glee-Club. London: Printed for W. Wright, Fleet Street 1822. (Price 1 £.) — Ich kenne nur den Titel und muss mich auf das verlassen was der Feuilletonist der Indépendance belge 10. Juli 1855 (Nr. 191) daraus mittheilt; und nach ihm die Zeitung: Hamburger Nachrichten 2. August 1855 (Nr. 182). Der Feuilletonist (wahrscheinlich Fétis) sagt: Ce livre mit fin à toutes les incertitudes. M. Clark n'arrivait plus avec des conjectures, des suppositions, des rapprochements. Il produisait des preuves authentiques, irrécusables, qui faisaient, enfin, connaitre le véritable auteur du chant national. Ne croyez pas que nous plaisantions en ce moment; il s'appelait John Bull. Riez tant

qu'il vous plaira du hasard qui réunit ces deux noms en la personne
de l'auteur du God save the king, ce n'en était pas moins John Bull.
— John Bull, geb. in der Grafschaft Sommerset 1563, wurde Dr. der
Musik zu Oxford und bald darauf durch Königin Elisabeth zum Hof-
organisten und Professor am Collegium zu Gresham ernannt. Zur
Wiederherstellung seiner Gesundheit begab er sich auf Reisen, be-
suchte Deutschland und Frankreich und kehrte in die Heimath wieder
zurück. Er wurde dann Organist Jacobs I. und machte das Lied
God save the king, als der König durch Entdeckung der Pulverver-
schwörung im Nov. 1605 einer Lebensgefahr glücklich entgangen
war. Der Künstler reiste später wieder nach dem Festlande. Im
J. 1617 kam er nach Antwerpen und erhielt dort, wie Herr Léon de
Burbure aus den Archiven ermittelt hat, die Organistenstelle an der
Cathedrale, leistete den 29. Dec. 1617 seinen Amtseid und starb
daselbst 12. März 1628. Uebrigens war Dr. John Bull als Musiker
in Deutschland nicht unbekannt: Gerber gedenkt seiner im Lexikon
1. Th. S. 222. 223 und gibt nachher in seinem Neuen Lexikon 1. Th.
Sp. 550 — 555 ausführlichere Nachrichten.

412. Heil unserm Bunde, Heil!
    dem deutschen Bunde Heil!

Vf. unbekannt. Zuerst in: Taschenbuch des Gesanges 2. Bdch.
(Stuttgart, Steinkopf 1796) Nr. 78, 5 Strophen. Eine der frühesten
Nachahmungen des englischen God save, die sich mit mancherlei
Veränderungen bis jetzt erhalten, z. B. bei Fink, Hausschatz Nr. 418.
Im J. 1817 sang es noch die Burschenschaft in Jena, s. Deutsche
Burschenlieder mit vierst. gesetzten Weisen. 1. Samml. (Jena 1817)
Nr. 14. 6 Strophen.

413. Heilig ist die Jugendzeit. 1805.

Vf. Ludwig Uhland. Zuerst im Seckendorf'schen Musenalmanach 1807. S. 157. 158. — Mel. von Conradin Kreutzer: 12
vierstimm. Gesänge für Männerstimmen. Op. 24. 1. Heft (Mainz,
Schott) Nr. 1.

414. Heinrich schlief bei seiner Neuvermählten. 1779.

Vf. Johann Friedrich August Kazner, geb. 27. Mai 1732 zu
Stuttgart, ✝ zu Frankfurt a. M. 28. Decbr. 1798. Das Lied in seiner
jetzt üblichen Gestalt s. bei Erk, Volksl. 1. Bd. 4. Heft Nr. 64.
Zuerst gedruckt in: 'Die Schreibtafel. Siebente Lieferung' (Mannheim
bei C. F. Schwan 1779. 12°, S. 55—58. — Volksweise.

415. Heißa! lustig ohne Sorgen
    leb' ich in den Tag hinein. 1833.

Vf. Ferdinand Raimund: Der Verschwender, Musik von Konradin Kreutzer.

416. Heißa, stoßt fröhlich an!
Wohl dem, der trinken kann!

Aus C. G. Reissiger's Oper: Die Felsenmühle von Elalières, aufgeführt in Dresden 1831.

417. Held Friedrich zog mit seinem Heer. 1841.

Vf. Johannes Matthias Firmenich, geb. zu Köln 5. Juli 1808. — Mel. von Friedrich Kücken Op. 32.

418. Helft, Leutchen, mir vom Wagen doch! Um 1813.

Vf. Emanuel Veith, geb. zu Kuttenplan in Böhmen 10. Juli 1788, getaufter Israelit, jetzt Domprediger zu St. Stephan in Wien. Zuerst in 'Dichtungen für Kunstredner. Herausg. von Deinhardstein (Wien und Triest 1815)' S. 469—471. Seit 1813—1830 viel gesungen. — Melodie von Carl Keller, fürstl. Fürstenberg'schem Cammermusicus zu Donaueschingen, geb. zu Dessau 16. Oct. 1784, † zu Schaffhausen 1855: Erk, Volksl. 2. Bd. 2. Heft Nr. 28.

419. Heraus, heraus die Klingen,
laßt Roß' und Klepper springen. 1813.

Vf. Gustav Adolf Selchow. Zuerst in: Deutsche Wehrlieder für das Königlich - Preuss. Frei - Corps. Herausgegeben 1. Samml. Ostern 1813 Nr. 4. — Volksweise.

420. Herr Bacchus ist ein braver Mann. 1770.

Vf. Bürger. Zuerst im Gött. Musenalmanach 1771. S. 101— 103, unterzeichnet U. Später sehr verändert. — Melodie von J. A. P. Schulz: Lieder im Volkston 1. Th. 1782. S. 6, 2. Aufl. 1785. S. 6, bei Fink Nr. 670.

421. Herr Bruder, nimm das Gläschen
und trink es für mich aus!

Text und Mel. in: 'Das Taschen-Liederbuch. Passau 1828 bei P. Ambrosi,' Nr. 20. Wurde viel gesungen in den Kriegsjahren 1809—15 und in fliegenden Blättern gedruckt. Ich finde es zuerst in dem einzigen Commersbuche aus der westfäl. Zeit, das unter dem Titel erschien: Auswahl froher Gesänge bey feierlichen Ereignissen (Halle, bei Joh. Christ. Hendel 1810) Nr. 48. Bei Fink Nr. 502 ein anderer späterer Text von irgend einem sächs. Gelegenheitsdichter.

422. Herz! laß dich nicht zerspalten
durch Feindes List und Spott. 1813.

Vf. Theodor Körner. — Mel. von C. M. von Weber: Körner's Leyer u. Schwerdt 1. Heft (1814). — Mel. von Friedrich Silcher (4stimmig) in der Liedersammlung des schwäbischen Sängerbundes Nr. 6.

423. Herz, mein Herz, was soll das geben? 1775.

Vf. Göthe. Zuerst in: (Jacobi) Iris Bd. 2. St. 3. März 1775. S. 242. 243. Vgl. Vichoff 1, 290. 291. — Mel. von Zelter bei

Fink Nr. 862. — Von J. F. Reichardt (Göthe's lyrische Gedichte 1793 S. 9 und Göthe's Lieder, Oden ff. 1809 1. Abth. S. 14. 15.) — Von Beethoven Op. 75.

424. Herz, mein Herz, warum so traurig?
und was soll das Ach und Weh? 1811.

Vf. Johann Rudolf Wyss d. J., geb. zu Bern 13. März 1781, † das. 31. März 1830 als Professor. Zuerst in G. J. Kuhn's Sammlung von Schweizer-Kühreihen (Zweyte Ausg. Bern 1812) S. 44. Das Lied, ursprünglich in Berner Mundart, ist durch ganz Deutschland verbreitet. — Die bekannte Melodie (bei Erk, Volksl. 1. Bd. 6. Heft Nr. 41.) vom Pfarrer Friedrich Glück 1814: Acht Lieder mit Begl. des Pf. (Lpz. bei Breitkopf u. Härtel) S. 4. — Die Mel. von F. Meissner zuerst in Kuhn's Samml. S. 44, dann 4stimm. in Erk, Volksl. für Männerst. 2. Heft Nr. 65.

425. Heut noch sind wir hier zu Haus,
morgen geht's zum Thor hinaus. 1848.

Vf. H. v. F. — Volksweise in meinem Volksgesangb. Nr. 81; für 4 Männerstimmen in: Erk, Volksklänge 1. Heft 2. Aufl. Nr. 18.

426. Heute Fröhlichkeit! morgen Herzeleid! 1821.

Vf. H. v. F. — Mel. von Maria Nathusius, geb. Scheele, geb. zu Magdeburg 10. März 1817, † zu Neinstedt bei Quedlinburg 22. Dec. 1857: Siehe mein Volksgesangb. Nr. 82.

427. Heute scheid' ich, heute wandr' ich. 1776.

Vf. Maler Müller (Friedrich M.), geb. 1750 zu Kreuznach, † zu Rom 23. April 1825. Das Lied steht in seinen Balladen (Mannheim 1776). Wurde zu gleicher Zeit abgedruckt in Schubart's Teutscher Chronik auf das J. 1776. Stück 95. Schubart's Sohn nahm es deshalb irrthümlich unter die Gedichte seines Vaters auf. — Die Melodie ist von Friedrich Ernst Fesca 1822, geb. 15. Febr. 1789 zu Magdeburg, † zu Karlsruhe 24. Mai 1826 als grossherzogl. bad. Concertmeister. S. 'Fünf deutsche Gesänge mit Begleitung des Pianoforte comp. von F. E. Fesca. Op. 27. Bonn u. Cöln, Simrock.' Die Melodie, wie sie jetzt vom Volke gesungen wird, findet sich bei Silcher, Volkslieder 2. Heft 4. Aufl. Nr. 10; vgl. dazu die Bemerkung auf der Rückseite des Titelblatts.

428. Hier im ird'schen Jammerthal. 1817.

Vf. Friedrich Kind. Aus dem Freischütz von C. M. von Weber 1817—20.

429. Hier ruhst du, Karl, hier werd' ich ruhn. 2. Sept. 1780.

Vf. Henriette Ernestine Christiane vom Hagen, später verheirathet an den Hauptmann Karl von Gilten, † zu Arolsen 1793. Zuerst im Voss. Musenalmanach 1782. S. 174—178; dann in:

Gedichte von H. E. Christiane vom Hagen. (Wernigerode 1784)
S. 111—115. Vgl. Erk, Volkslieder 2. Bd. 1. Heft Nr. 6, daraus bei
Fink Nr. 963. — Volksweise.

430. Hier schlummern meine Kinder.
Vf. Gottlob Wilhelm Burmann. — Mel. von Cospoth. Eng-
lische Uebers. u. Mel. in: The German Songster (Berlin 1798) p. 16.
Cospoth, wol Otto Erdmann Carl Freih. von Kospoth, † 1817,
preuss. Kammerherr.

431. Hier sind wir versammelt zu löblichem Thun. 1810.
Vf. Göthe. Vgl. Viehoff 3, 69—72. — Mel. von Max Eberwein 1813 in Methfessel's Commers- u. Liederb. 1818. Nr. 47.
Max Eberwein, geb. zu Weimar 27. Oct. 1775, † zu Rudolstadt
2. Dec. 1831.

432. Hier sitz' ich auf Rasen mit Veilchen bekränzt. 1781.
Ursprünglich von Klamer Schmidt im Gött. Musenalmanach
1790. S. 213. 214:

> Da lieg' ich auf Rosen .
> mit Veilchen gestickt —

mit der Ueberschrift: 'Neuer Vorsatz. Nach Anakreon 1781.' Hatte
sich bald im Munde des Volks zu einer besseren Lesart gestaltet, s.
mein Volksgesangb. Nr. 84. Klamer Eberhard Karl Schmidt, geb. zu
Halberstadt 29. Dec. 1746, † das. 12. Nov. 1824. — Volksweise
schon in: Melodien der besten Commerslieder von Wilhelm Schneider (Halle 1801) Nr. 2.

433. Hinaus, hinaus ins Freie,
begrüßt den schönen Mai! 1810.
Vf. Uhlich. Zuerst in der Zeitung für die elegante Welt 1810.
Nr. 96. — Mel. von Carl Gottlieb Hering.

434. Hinaus in die Ferne
mit lautem Hörnerschall. 1813.
Vf. und Componist Albert Methfessel, seit 1832 Capellmeister zu Braunschweig, geb. zu Stadt Ilm in Thür. 6. October 1785*).
Zuerst in der Zeitg. für die eleg. Welt 1814, Nr. 63. als Beil. Nr. 3,
dann in Methfessel's Commers- u. Liederb. 1818. Nr. 67.

---

*) So nach dem Stadt-Ilmer Kirchenbuche, wie mir Herr Diaconus
Windorf mittheilte. Unrichtig ist also meine frühere Angabe: 'geb. nach
seiner eigenen Angabe 23. Sept. 1791', so wie auch bei Schilling: 20. Sept.
1786. Den Vornamen Albert hat M. erst während seines Rudolstädter
Aufenthalts angenommen, nach dem Kirchenbuche heisst er Johann
Albrecht Gottlieb.

435. Hör' uns, Allmächtiger!
    Hör' uns, Allgütiger! 1813.

Vf. Theodor Körner. — Wird gesungen nach der sicilianischen Volksweise: O sanctissima! — Mel. von C. M. v. Weber Op. 42: Körner's Leyer und Schwerdt 2. Heft 1814. Nr. 3.

436. Hörst du den Sturmwind gehn? 1801.

Vf. Schmidt von Lübeck. Zuerst in Becker's Taschenb. 1802. S. 302. 303, etwas geändert in Becker's Guirlanden 3. Bdch. S. 97. 98. unterzeichnet G. P. Schmidt v. Lübeck. — Mel. von J. H. C. Bornhardt: XII leichte Lieder mit Begl. der Guitarre oder des Claviers. Lpz. bei A. Kühnel (um 1810) S. 12.

437. Hört, Brüder, die Zeit ist ein Becher. 1783.

Vf. Aloys Blumauer, geb. zu Steier 21. Dec. 1755, † zu Wien 16. März 1798. — Mel. von Schuster in: Reichardt, Lieder geselliger Freude 2. Abth. 1797. Nr. 66.

438. Hört ihr den schwäbischen Wirbeltanz? 1790.

Vf. Johann Christoph Friedrich Haug, geb. zu Nieder-Stotzingen 9. März 1761, † zu Stuttgart 30. Januar 1829. Zuerst im Gött. Musenalmanach 1791. S. 9. 10 mit einer Mel. von Johann Ludwig Willing, geb. zu Kühndorf bei Meiningen 2. Mai 1755, † zu Nordhausen im Sept. 1805. Die bekanntere Mel. ist von F. H. Himmel (1804): Walzlied komponirt von F. H. Himmel. Lpz. bei A. Kühnel, bei Fink Nr. 671.

439. Hört ihr, ihr Drescher? da schlägt es schon drei. 1786.

Vf. Johann Ferdinand Schlez, geb. zu Ippesheim in Franken 27. Juni 1759, † zu Schlitz 7. Sept. 1839. Zuerst im Gött. Musenalmanach 1787. S. 129. 130. — Volksw.

440. Hört zu! ich will euch Weisheit singen. 1758.

Vf. Christian Felix Weisse. — Volksweise nach Christian Gottlob Neefe in meinem Volksgesangb. Nr. 85; vgl. Fink Nr. 695. Die Melodie von Neefe in: 'Vademecum für Liebhaber des Gesangs u. Claviers (Lpz. 1780)' S. 19. Eine ebenfalls schöne Mel. die von Christian Schulz in: G. W. Fink, Die teutsche Liedertafel (Lpz. 1845) Nr. 9.

441. Hoffe Herz nur mit Geduld!
    endlich wirst du Blumen brechen. 1806.

Vf. August Mahlmann. Zuerst in Becker's Taschenb. zum gesell. Vergnügen 1807. S. 277. 278. — Vielfach componirt, unter andern von Friedrich Schneider.

442. Hoffnung, Hoffnung immer grün. 1779.

Ursprünglich ein italien. Lied, das Herder aus Jagemann's Anthologia italiana Vol. 2. p. 181 übersetzte und seinen Volksliedern

2. Th. (Lpz. 1779) S. 66. 67 einverleibte. Es wurde nachher durch
Hoppenstedt's Lieder für Volksschulen und das Mildh. Liederb. all-
gemeiner bekannt und beliebt. Die jetzt noch übliche Melodie ist von
Siegmund Freiherrn von Seckendorff, s. seine 'Volks- und andere
Lieder 3. Samml. (Dessau 1782)' S. 18. und Melodien zum Mildh.
Liederb. Nr. 246. — Siegmund Freih. von Seckendorff, geb. zu Er-
langen 26. Nov. 1744, ✝ zu Ansbach 26. April 1785. — Eine sehr
einfache und schönere Mel. als die Seckend. in: Melodien zu den
Liedern für Volksschulen, 2. Aufl. 3. Abth. (Hannov. 1800) Nr. 119.

**443. Holbe Nacht, dein dunkler Schleier decket
mein Gesicht vielleicht zum letzten Mal! 1813.**

Vf. unbekannt, wahrscheinlich ein preussischer Landwehrmann.
Das Lied stammt aus den Kriegsjahren 1813—15. Es übte einen
wunderbaren Eindruck auf die Gemüther der Soldaten; manche
wurden, wenn sie es auf dem Marsche sangen oder singen hörten,
ganz wehmüthig gestimmt. Deshalb fanden sich Blücher und Gnei-
senau bewogen, das Singen des Liedes den Regimentern ganz zu
untersagen *). Es ist offenbar noch nicht lange genug im Munde des
Volkes, es würde sonst viel runder in Gedanken und Ausdruck geworden sein. Nur aus verschiedenen fliegenden Blättern lässt sich
ein ziemlich guter Text herstellen. Die Mel. ist vollendet. Vgl. Erk,
Volkslieder 1. Bd. 6. Heft Nr. 21. Fink Nr. 556. Guido Reinhold Lb.
S. 182 und Melodien dazu Nr. 148 **).

444. Hopp hopp hopp! Pferdchen lauf Galopp! 1807.

Vf. Karl Hahn, geb. zu Zeiz 15. Februar 1772. Mit der Mel.
von Carl Gottlieb Hering, zuerst in: Zeitung für die Jugend 1807.
Lpz. Beil. Nr. 10.

**445. Horch, der Küster beiert!
Mädchen weiß und zart. 1790.**

Vf. J. H. Voss. — Mel. von J. A. P. Schulz.

446. Horch, wie schallt's dorten so lieblich hervor. 1796.

(Der Wachtelschlag.)

Vf. Samuel Friedrich Sauter, geb. zu Flehingen an der Graich
in Baden 10. Nov. 1766, ✝ als pens. Schullehrer zu Zaisenhausen
14. Juli 1846. Erschien zuerst im 'Taschenb. für häusl. u. gesell-
schaftl. Freuden von Carl Lang (Heilbronn 1799)' S. 250. 251. Ist

---

*) Das geschah auch im Lützow'schen Corps durch einen Parole-Befehl
seines Anführers, s. Geschichte der Befreiungs-Kriege von Friedr. Förster
1. Bd. 3. Aufl. (1857) S. 389.

**) In einem flieg. Bl., um 1818, wird als Mel. angegeben: Jüngling,
wenn ich dich von fern erblicke, oder: Heinrich schlief bei seiner Neuvermählten. Die jetzt übliche Mel. mag sich daraus entwickelt haben.

nach einem älteren Volksliede gedichtet, vgl. Wunderhorn 2. Ausg.
1. Bd. S. 259 ff. — Mel. von Carl Gottlieb Hering: Jugendfreuden
in Liedern mit Melodien. 1. Heft (Lpz., Fleischer 1822) S. 24. 25;
auch in Erk, Liederkranz 2. Heft Nr. 23. C. G. Hering, geb. zu
Schandau 25. Oct. 1766, † zu Zittau 4. Januar 1853. — Auch
Beethoven hat eine schöne Compos. geliefert.

447. Hoscho, Eisi, la mi yue. 1811.

Text und Mel. von Gotthold Jacob Kuhn: Sammlung von
Schweizer-Kühreihen (Bern 1812) S. 23.

448. Hurre hurre hurre!
schnurre, Rädchen, schnurre! 1775.

Vf. Gottfried August Bürger. Zuerst im Voss. Musenalmanach
1776. S. 77 mit einer Compos. von Weiss (wiederholt in den Mel.
zum Mildh. Lb. Nr. 601). — Mel. von F. L. Aem. Kunzen: Weisen
und lyrische Gesänge (Flensb. u. Lpz. 1788. querfol.) S. 24; von
J. A. P. Schulz: Lieder im Volkston 3. Th. (Berl. 1790) S. 40. —
Auch von Jos. Haydn comp. und zugleich schön benutzt in s. Jahreszeiten.

449. Husaren sind gar wackre Truppen
und jedermann ist ihnen hold.

Vf. Adalbert vom Thale d. i. Karl von Decker, geb. zu Berlin
21. April 1784, † das. 29. Juni 1844. — Mel. von C. M. von
Weber Op. 68.

450. J de Flüehne ist mys Lebe.

Vf. Gotthold Jacob Kuhn. — Mel. von Ferdinand Fürchtegott
Huber, geb. zu St. Gallen 31. Oct. 1791, Prof. an der kath. Can-
tonsschule daselbst. Text und Mel. in: Alte und neue Jägerlieder von
F. Pocci, L. Richter und G. Scherer (Leipz., Gustav Mayer 1855)
Nr. 50.

451. J woaß a kloans Häuserl am Roan. 1822.

Vf. Ignaz Friedrich Castelli, geb. zu Wien 6. März 1781. Zuerst in der Wiener Zeitschrift 1822, später in: J. F. Castelli, Gedichte in niederösterreich. Mundart (Wien 1828) S. 33. 34. —
Volksweise in Erk, Volkslieder 1. Bd. 3. Heft Nr. 45; vierst. in Erk,
Volksl. für Männerst. 2. Heft Nr. 66.

452. Ja, das Leben ist des Himmels Gabe. 1775.

Vf. Karoline Rudolphi, geb. zu Berlin 24. Aug. 1750 (nach
Andern 1754), † zu Heidelberg 15. April 1811. Text und Mel. in:
Gedichte von Karoline Rudolphi. Herausg. und mit einigen Melodien
begleitet von J. F. Reichardt (Berlin 1781). Die Reichardt'sche
Mel. dann in den Melodien zum Mildh. Lb. 1799. Nr. 108, n. A.
Nr. 160.

453. Ja, ich bin zufrieden,
   geht es wie es will.

Vf. Joh. Heinrich Wilhelm W i t s c h e l, geb. zu Hempfenfeld bei Hersbruck 9. Mai 1769, † zu Katzenhochstädt bei Weissenburg 24. April 1847 als Pfarrer. Steht in: 'Etwas zur Aufheiterung in Versen von J. H. W. Witschel 2. Aufl. 1. Bdch. (Sulzbach 1817)' S. 112—114; früher schon mit des Vf. Namen in: Lieder geselliger Freude (Nürnb. 1801) S. 148. 149. — Volksweise.

454. Ja, lustig bin ich, das ist wahr. 1825.

Vf. H. v. F. — Mel. von S i l c h e r Op. 34. Auch nach A. M e t h - f e s s e l's Mel. zu: Frisch auf, frisch auf mit Sang und Klang.

455. Ja, wenn's nicht geht, so geht es nicht. 1823.

Text u. Mel. von H. v. F.: m e i n Volksgesangb. Nr. 86.

456. Jahre kommen, Jahre schwinden. 1791.

Vf. Karl R e i n h a r d, geb. zu Helmstädt 20. Aug. 1769, † zu Zossen im Brandenb. 24. Mai 1840. Zuerst im Götting. Musenalmanach 1794 S. 70. 71; und abermals 1800. S. 184. 185. — Mel. von R i g h i n i (Vincenz), geb. zu Bologna 22. Jan. 1756, † das. 19. Aug. 1812 als preuss. Capellmeister zu Berlin, in Fink's Hausschatz Nr. 298.

457. Ich armes Mädchen! mein Spinnerädchen
   will gar nicht gehn. 1787.

Vf. J. H. V o s s. — Mel. von J. A. P. S c h u l z: Lieder im Volks- ton 3. Th. 1790. S. 41.

458. Ich bin der Böttcher, ich binde das Faß. 1797.

Vf. Friedrich Wilhelm August S c h m i d t (von Werneuchen): Gedichte (Berlin, Haude u. Spener 1797) S. 288. — Viel gesungen nach der Mel. in den Melodien zum Mildh. Liederb. 1799. Nr. 470, n. A. Nr. 690; in Hannover nach der Mel. in: Melodien zu den Lie- dern für Volksschulen (von Hoppenstedt) 2. Aufl. (Hannover 1800) 3. Abth. S. 59; in Sachsen nach der Mel. von C. G. H e r i n g: Neue praktische Gesangschule für Kinder 4. Bdch. (Lpz. 1809) S. 34. 35.

459. Ich bin der Doctor Eisenbart.

Wol schon zu Anfange dieses Jahrhunderts, wenn nicht noch früher bekannt. Jedenfalls hat das Lied lange schon im Munde des Volks gelebt, ehe es gedruckt wurde. Aeltere Drucke sind nicht vor- handen. Ich finde es zuerst in: Neues Commersbuch. Germania [Göttingen] 1818. S. 368—370. Es gibt verschiedene Lesarten und Melodien. Sogar in Frankreich wird es gesungen nach einer franzö- sisch zugestutzten Weise: Je suis le Docteur Isembert. — Volks- weise in: Kretzschmer, Volkslieder 2. Th. Nr. 350.

460. Ich bin der Here gar zu gut,
   ich wollt', ich wär' es nicht.

Vf. unbekannt. Schon in Liedersammlungen aus den 90r Jahren des vor. Jahrh. — Mel. von J. A. Hiller in: Melodien zum Mildh. Lb. Nr. 355.

461. Ich bin der Schneider Kakadu. 1794.

Aus den Schwestern von Prag, Singspiel von Joachim Perinet (Wien 1795), comp. von Wenzel Müller, bei Fink Nr. 806.

462. Ich bin der wolbekannte Sänger. 1803.

Vf. Göthe. Vgl. Vieholf 2, 500—505. — Mel. bei Wilhelm Ehlers: Gesänge mit Begl. der Chitarra (Tüb. 1804) S. 42. — Die bekannte, noch jetzt gesungene Mel. in: Der Rattenfänger von Hameln. Ein Lied mit Begl. der Guitarre. Berlin, bei Concha. (Wol schon um 1810 vorhanden.)

463. Ich bin ein deutsches Mädchen. 1770.

Vf. Klopstock: Oden (Hamb. 1771) S. 274. — Mel. von C. P. E. Bach im Göttinger Musenalmanach 1774. Carl Philipp Emanuel Bach, geb. zu Weimar 14. März 1714, † zu Hamburg 14. Dec. 1788. — Mel. von J. A. P. Schulz: Lieder im Volkston 2. Th. 1785. S. 12.

464. Ich bin ein Jäger rasch und jung. 1782.

Vf. Johann Gottlob Schulz, geb. 1762 zu Leipzig und † das. 10. Oct. 1810. Das Lied steht zuerst im Gött. Musenalmanach 1783 S. 79.-80. 4 Str. — Volksweise.

465. Ich bin ein Preuße, kennt ihr meine Farben? 1830.

Vf. Bernhard Thiersch, geb. zu Kirchscheidungen in Thüringen 26. April 1794, † zu Bonn 1. Sept. 1855. Das Lied wurde zum Geburtstage Friedrich Wilhelm III. im J. 1830 verfasst. — Mel. 1832 von Heinr. August Neithardt, geb. zu Schleiz 10. August 1793, königl. Musikdirector zu Berlin. — Mel. von Greulich in Täglichbeck's Liederhalle 1. Abth. 1. Bd. S. 17. Carl Wilh. Greulich, geb. zu Kunzendorf unterm Walde bei Löwenberg in Schlesien 13. Febr. 1796, † zu Berlin 1837.

466. Ich bin nicht gern allein
   bei meinem Glase Wein.

Vf. Wilhelm Müller. — Mel. von Friedrich Schneider in: Methfessel's Commers- u. Lb. 1831. Nr. 30. und in: G. W. Fink, Die teutsche Liedertafel.

467. Ich bin nur Schäferin Hannchen. 1790.

Vf. J. H. Voss. Zuerst im Voss. Musenalmanach 1791. S. 14 —16. — Nach der Mel. von J. A. P. Schulz zu: Der Landmann hat viel Freude: Lieder im Volkston 2. Th. 1785. S. 42.

468. Ich bin überall zu Hause,
      ich bin überall bekannt.

Als ein Lied August's von Kotzebue in 'Künstlerlieder (Basel,
Wilh. Haas 1809)' S. 95, 3 Strophen. Unter Kotzebue's Gedichten
kommt es nicht vor. Ebenso beginnt übrigens ein Gedicht in: Ernst
Anschütz, 'Vermischte Gedichte (Leipzig 1841.)' S. 58. Vgl. Froh
bin ich überall zu Hause.

469. Ich bin vergnügt, im Siegeston
      verkünd' es mein Gedicht. 1771.

Vf. Matthias Claudius. Zuerst in der Zeitung „Der Wandsbecker Bothe. 1771." 4°. Nr. 99, 21. Juli. Dann im Gött. Musenalmanach 1774. S. 170. 171, und in: Asmus omnia 1. 2. Th. 1775.
S. 97—99 mit der Ueberschrift: „Ein Lied, nach der Melodie: My
mind a kingdom is, in den Reliques of ancient Poetry." — Mel. von
F. L. Aem. Kunzen: Weisen und Lyrische Gesänge (Flensb. u.
Lpz. 1788) S. 37, bei Fink Nr. 133 b., schöner als die von Reichardt: Oden u. Lieder von Klopstock II. 1779. S. 32, bei Fink
Nr. 133 a. — Friedrich Ludwig Aemil Kunzen, geb. zu Lübeck
1761, † zu Kopenhagen 28. Januar 1817.

470. Ich bin vom Berg der Hirtenknab. 1806.

Vf. Ludwig Uhland. Zuerst in L. von Seckendorf's Musenalmanach für das J. 1808 (Regensb.) S. 134. 135. — Mel. von Karl
August Groos (zuerst in den Liedern für Jung und Alt. Berlin 1818.
Nr. 36), geb. zu Sassmannshausen im Wittgensteinschen 16. Febr.
1789, Consistorialrath zu Coblenz. Text u. Mel. in meinem Volksgesangb. Nr. 87. — Mel. von Joseph Gersbach: Wandervöglein
(Nürnb. 1822) Nr. 46. 2. Aufl. (Frankf. 1833) Nr. 33.

471. Ich danke Gott und freue mich
      wie's Kind zur Weihnachtgabe. 1777.

Vf. Matthias Claudius: Asmus omnia 3. Th. 1777. S. 128—
130; auch im Voss. Musenalmanach 1778. S. 146. 147. — Mel.
von J. A. P. Schulz: Gesänge am Clavier (Berlin u. Lpz. 1779) S. 3
und Lieder im Volkston 2. Th. (Berlin 1785) S. 1; bei Fink Nr. 933.
— Mel. von J. F. Reichardt: Oden und Lieder (Berl. 1779) S. 5,
dann in Melodien zum Mildh. Liederb. Nr. 159.

472. Ich denk' an euch, ihr himmlisch schönen Tage. 1801.

Vf. August Mahlmann, geb. 13. Mai 1771 zu Leipzig, † das.
16. Dec. 1826. Steht zuerst in Becker's Taschenbuch zum gesell.
Vergnügen 1802. S. 278. 279, 6 Strophen, später um zwei vermehrt. — Mel. von Karl Phil. Emanuel Pilz 1794 in: Leipz. mus.
Zeitung 1841 Nr. 46. — Die noch jetzt immer beliebte Melodie ist
von J. H. C. Bornhardt: XII leichte Lieder mit Begleit. der Guitarre oder des Claviers. Leipz. bei A. Kühnel (um 1810) S. 6.

473. Ich denke dein, wann durch den Hain. 1802.

Vf. Friedrich Matthisson. Zuerst in: Flora, Teutschlands Töchtern geweiht, 1. Viertelj. (Tübing. 1802) S. 3. 4. — Mel. von J. R. Zumsteeg bei Fink Nr. 882.

474. Ich denke dein, wenn mir der Sonne Schimmer
vom Meere strahlt. 1795.

Vf. Göthe. Mit der Melodie J. F. Reichardt's in Schiller's Musenalmanach 1796. S. 5. Vgl. Viehoff 2, 188. 189. — Die schönere Composition von Beethoven in: L. v. Beethoven, Lieder mit Veränderungen zu 4 Händen Nr. 27 s. Leipz. musik. Zeitung. 1805. Nr. VIII. März. — Comp. von Kienlen bei Fink Nr. 864.

475. Ich denke dein, wenn sich im Blüthenregen
der Frühling malt. 1792.

Vf. Friederike Brun, geb. 3. Juni 1765 zu Gräfentonna, † 25. März 1835 zu Kopenhagen. Zuerst im Voss. Musenalmanach 1795. S. 177. 178. — Mit der bek. Mel. in: Gesänge der Klage und des Trostes. In Musik gesetzt von Joh. Friedrich Reichardt (Berl. 1797. 4°) S. 12. 13. Dieselbe Mel. mit dem Göthe'schen Texte: Ich denke dein, wenn mir der Sonne Schimmer, im Schiller'schen Musenalmanach für 1796. S. 5. — Mel. von Zelter in: Musikalische Blumenlese für das Jahr 1795. Herausg. von J. F. Reichardt. In der Berlinischen Musikhandlung (d. i. bei Rellstab in Berlin) 4°. S. 6.

476. Ich ging im Mondenschimmer
mit Lyda Hand in Hand. 1779.

Vf. Friedrich Leopold Graf zu Stolberg. Gedruckt im Voss. Musenalmanach für 1781 S. 199. 200 mit der Anmerkung: 'Auf Verlangen hier wieder abgedruckt, weil es im Museum von Druckfehlern entstellt ist.' — Mel. von J. A. P. Schulz: Lieder im Volkston 1. Th. 2. Aufl. 1785. S. 19, bei Fink Nr. 867.

477. Ich ging im Walde so für mich hin. 1813.

Vf. Göthe. Vgl. Viehoff 3, 115. — Mel. von Joseph Gersbach: Singvögelein 1828. Nr. 3. — Volksweise: Erk, Liederkranz 1. Heft Nr. 105.

478. Ich ging in meinen Stall, da saß ich, ei! ei!
an Krippen standen Pferde, eins, zwei, drei. 1789.

Vf. Friedrich Ludwig Wilhelm Meyer, geb. zu Hamburg 28. Januar 1759, † zu Bramstedt im Holst. im Sept. 1840. — Zuerst gedruckt im Gött. Musenalmanach 1790. S. 61—64, und gleichzeitig in: Lieder für fröhliche Gesellschaften (Hamburg, P. N. Bruns 1790) S. 37—40 mit der Anmerkung: 'Der Dichter, der uns mit diesem vortrefflichen Gedichte ein Geschenk gemacht, wird es erlauben, dass der Componist, um es für die Musik brauchbar zu machen, eine kleine Veränderung damit vorgenommen.' Nach einem schottischen Liede

in: Herd, Ancient and Modern Scottish Songs (Edinb. 1769) 2, 172,
übersetzt in: Wolff, Halle der Völker 1, 96—99. Die Meyer'sche
Bearbeitung ist nachher ins Volk übergegangen und hat sehr viele
Veränderungen erfahren. Vgl. meine Schles. Volkslieder Nr. 195.
S. 225—227. — Mel. von Hurka: Des Pachters Rückkehr aus
Yorkshire, vom Prof. Meyer, in Musik gesetzt von Hurka (Berlin um
1795). — Die Mel. von Bornhardt, allgemein bekannt. — Volks-
weise.

479. Ich ging unter Erlen am kühligen Bach. 1781.

Vf. Friedrich Leopold Graf zu Stolberg. Zuerst im Voss. Musenalmanach 1782 S. 100. 101 mit Mel. von C. P. E. Bach.

**480. Ich hab' die Nacht geträumet
wol einen schweren Traum.**

Vf. Aug. Zarnack in: Zarnack, Deutsche Volkslieder mit Volksweisen (Berlin 1820) Nr. 48. Die Volksweise hundert Jahre vorher
schon bekannt. Text u. Mel. in: Erk, Volkslieder 2. Bd. Heft 1. Nr. 5;
zweimal bei Kretzschmer (1. Th. Nr. 52 und 2. Th. Nr 267), auch
bei Fink Nr. 71.

481. Ich hab' ein kleines Hüttchen nur. 1775.

Vf. Johann Wilhelm Ludwig Gleim, geb. zu Ernsleben im Hal-
berstädtischen 2. April 1719, † zu Halberstadt 18. Februar 1803.
Zuerst in: (J. G. Jacobi's) Iris. Des dritten Bandes zweytes Stück.
May 1775. S. 151. 152. — Mel. von J. F. Reichardt: Lieder von
Gleim und Jacobi mit Melodien (Gotha 1784) S. 7, danach, aber ver-
unziert, in den Melodien zum Mildh. Lb. Nr. 352. — Volksweise.
— Aus dem Gleim'schen Liede ist wahrscheinlich später das von
Erk (Volkslieder 2. Bd. 3. Heft Nr. 47) mitgetheilte 18strophige Volks-
lied entstanden, das seine Melodie dem: Steh' ich in finstrer Mitter-
nacht — geliehen hat und dadurch verdrängt worden ist.

482. Ich hab' einen muthigen Reiter gekannt. 1820.

Vf. Ludwig Rellstab. — Melodie von Bernhard Klein in:
Allgemeines Deutsches Commersbuch (Lahr, Schauenburg 1858)
S. 58—60.

483. Ich hab' mein Sach auf Nichts gestellt.

Vf. Göthe. — Mel.: Es ritten drei Reiter zum Thore hinaus.
— Mel. von J. F. Reichardt: Göthe's Lieder, Oden ff. 1809 1. Abth.
S. 47, in den Melodien zum Mildh. Lb. Nr. 197. — Vierstimmig von
Friedr. Schneider, bei Fink Nr. 15. — Mel. von Ludwig Spohr,
geb. zu Braunschweig 5. April 1784, seit 1822 Capellmeister zu Cas-
sel, in Methfessel's Commers- u. Lb. 1818 Nr. 20.

484. Ich hab' mich ergeben
mit Herz und mit Hand. 1820.

Vf. Hans Ferdinand Massmann, geb. zu Berlin 15. Aug. 1797.
— Volksweise: Wir hatten gebauet. — Text u. Mel. in: Erk, Liederkranz 1. Heft Nr. 118.

485. Ich habe den Frühling gesehen,
ich habe die Blumen begrüßt.

Vf. unbekannt. Aus dem Anf. dieses Jahrh. — Mel. in: Silcher,
Volkslieder 7. Heft Nr. 1.

486. Ich habe geliebet; nun lieb' ich erst recht. 1813.

Vf. Göthe. Vgl. Viehoff 3, 107—110. — Mel. von Zelter.

487. Ich habe mein Roß verloren. 1826.

Vf. H. v. F. — Volksweise: Erk, Liederkr. 1. Heft Nr. 128.

488. Ich habe viel gelitten
in dieser schönen Welt.

Vf. unbekannt. Schon im Anfang der 90r Jahre des vorigen
Jahrh. gesungen. — Volksweise. In einer in Berlin 1800 zum dritten Mal aufgelegten Sammlung: The German Erato p. 16. Haydn zugeschrieben.

489. Ich hatt' einen Kameraden. 1809.

Vf. Ludwig Uhland, geb. zu Tübingen 26. April 1787. —
Volksweise in: F. Silcher, Volkslieder für Männerstimmen 2. Heft
Nr. 4 und Erk, Liederkranz 1. Heft Nr. 38 und Sängerhain 1. Heft
Nr. 37.

490. Ich hatt' mal einen schweren Stand, tralla!

Text u. Mel. von Gottfried Wilhelm Fink s. seine Volkslieder
mit und ohne Klavier-Begleitung (Lpz. bei A. Kühnel 1810) Nr. 1.
Daraus in Erk, Volkslieder 2. Bd. 2. Heft Nr. 9; bei Fink Nr. 33.

491. Ich höre gern beim Weine singen,
zumal wenn man vom Weine singt. 1747.

Vf. Johann Arnold Ebert, geb. zu Hamburg 8. Februar 1723,
† zu Braunschweig 19. März 1795. Das Lied wird im Lieder-Lexikon
Kosegarten zugeschrieben!

492. Ich hört' ein Bächlein rauschen
wol aus dem Felsenquell. 1818.

Vf. Wilhelm Müller. Zuerst in: Gaben der Milde von Gubitz
4. Bdch. (Berlin 1818) S. 215. — Mel. von Carl Zöllner in der
unter: Das Wandern ist des Müllers Lust, angeführten Sammlung.

493. Ich kenn' ein Blümlein Wunderschön. 1797.

Vf. Göthe. Vgl. Viehoff 2, 348—350. — Mel. von Zelter
1799, s. Briefwechsel zwischen Göthe u. Zelter 1, 6.

494. Ich klage hier, o Echo, dir.

Vf. unbekannt. — Volksweise. Text und Mel. in: Erk, Volkslieder 3. Bd. 1. Heft Nr. 37.

495. Ich komme schon durch manche Land
    avecque la marmotte.

Vf. Göthe. Aus: Das Jahrmarkts-Fest zu Plundersweilern. Ein Schönbartspiel. Zuerst in: Goethe's Schriften. 8. Bd. (Lpz., Göschen 1789) S. 21. 22. Fehlt noch in: Neueröfnetes moralisch-politisches Puppenspiel. Lpz. und Frankf. 1774. — Mel. von L. van Beethoven. — Mel. von Andreas Romberg: Oden und Lieder fürs Clavier (Bonn 1793) S. 40. 41. — Mel. von G. A. Schneider in: Gesänge mit Begl. der Guitarre oder des Pf. (Bey J. J. Hummel in Berlin u. Amsterdam) Nr. 1. Georg Abraham Schneider, geb. 1770, † zu Berlin 19. Januar 1839 als pens. Capellmeister, 69 Jahr alt.

496. Ich komme vom Gebirge her. 1807.

Vf. Schmidt von Lübeck, Georg Philipp, geb. zu Lübeck 1. Januar 1766*), † zu Altona 28. Octbr. 1849. Zuerst in Becker's Taschenbuch zum geselligen Vergnügen 1808 S. 143., nur 5 Strophen, später 8. — Die Volksweise in meinem Volksgesangbuch Nr. 89. In den Salons wird viel gesungen die Franz Schubert'sche Composition Op. 4.

497. Ich leb' das ganze Jahr vergnügt!
    im Frühling wird das Feld gepflügt. 1785.

Vf. Schubart. — Mel. von Joh. Conr. Schlick in den Melodien zum Mildh. Lb. Nr. 150.

498. Ich lieb' das Incognito.

Vf. unbekannt. In den Jahren 1809—12 viel zur Drehorgel gesungen.

499. Ich liebe dich, so sprach ich voll Entzücken.

Vf. unbekannt. Text und Mel. in: Deutsches Liederbuch von Schanz u. Parucker (Lpz. 1848) S. 205.

500. Ich liebte nur Ismenen,
    Ismene liebte mich.

Vf. unbekannt. Aus der ersten Hälfte des 18. Jahrh., vgl. Weimar. Jahrb. 2. Bd. S. 190. 191. Ein zu Göthe's Jugendzeit sehr verbreitetes Lied, kommt noch in fliegenden Blättern dieses Jahrhunderts vor, zugleich mit Damöts Antwort: Was hör' ich für ein Klagen! mich rührt die Trauerflöt. — Volksweise.

---

*) Auf seinem Grabsteine steht: geb. den 1. Juni 1776. Das ist falsch: in seinen Liedern feiert er den 1. Januar 1826 seinen 60. Geburtstag und den 1. Januar 1845 seinen 80.

501. Ich lobe mir das Burschenleben,
    ein Jeder lobt sich seinen Stand. 1781.

Vf. Christian Wilhelm Kindleben, geb. zu Berlin 4. Oct. 1748,
† zu Dresden 1785. Zuerst in: Studentenlieder, gesammlet u. gebes-
sert von C. W. K. (1781) S. 86. 87. Wird jetzt gesungen nach der
Mel. von C. M. v. Weber Op. 68 zu: Husaren sind gar wackre Truppen, bei Fink Nr. 567.

502. Ich Mädchen bin aus Schwaben
    und braun ist mein Gesicht. 1760.

Vf. Schubart: Gedichte (Stuttg. 1842) S. 839 ff. — Mel. von
Joh. André in: Musikalischer Blumenstraus für d. J. 1776. (Offenbach, Joh. André) S. 5, eine gute, aber nicht die bekannte Volksweise. — Eine Parodie: Ich Mädchen bin aus Sachsen, von J. F.
Dressler, erschien in Gedichte, herausgeg. von J. C. Giesecken
2. Samml. 1788 S. 56—61.

503. Ich möchte hingehn wie das Abendroth. 1839.

Vf. Georg Herwegh. — Mel. von F. Dietrich 1843 in: Erk,
Volksklänge 2. Heft Nr. 25. Friedrich Dietrich, geb. zu Havelberg
9. Dec. 1799, Cantor und Lehrer in Beelitz.

504. Ich möchte wol der Kaiser sein! 1776.

Vf. Gleim. — Mel. von Mozart 1788.

505. Ich muß hinaus, ich muß zu dir. 1833.

Vf. H. v. F. — Oft componiert, sehr beliebt die Compos. von
Franz Commer (Op. 36), Musikdirector zu Berlin, geb. zu Köln
23. Januar 1813.

506. Ich sah ein Röschen am Wege stehn.

Vf. Karl Müchler: Gedichte (Berlin 1786), mit einer Mel. von
Hurka. — Mel. von C. M. v. Weber Op. 15.

507. Ich saß so frei und wonnereich
    die Tage mir entschlüpfen. 1770.

Vf. Bürger. Zuerst im Gött. Musenalmanach 1772. S. 186 —
189, U. unterzeichnet. — Mel. von J. A. P. Schulz: Lieder im
Volkston 1. Th. 1782. S. 34. 35, und in den Melodien zum Mildh.
Liederb. Nr. 337.

508. Ich saß und spann vor meiner Thür. 1791.

Vf. J. H. Voss. Zuerst im Voss. Musenalmanach 1792. S. 108
—110; dann in: Sämmtliche Gedichte von J. H. Voss. 4. Th. (Königsb. 1802) S. 184—186 mit der Jahrsz. 1791 und 'Aus einem
bekannten engl. Liede verändert.' Nach Viehoff, Göthe's Gedichte
2, 184 ein Volkslied! Ist auch ins Vlämische übersetzt:

        Ik zat te zingen voor myn deur,
        daer quam een jongman fraei van leden,

und mehrmals ins Holländische. Die vlämische Uebersetzung ist bei Willems (Oude vlaemsche Liederen Nr. 98.) nach einem fl. Bl. mitgetheilt, wozu Snellaert die wunderliche Bemerkung macht: 'Het bestaet mede in 't platduitsch, van waer het door Voss in 't hoogduitsch werd overgebragt. Tollens en Spandaw bragten beiden de overzetting van Voss in onz tael over.' — Mel. von August Harder 1803, bei Erk, Volksl. 1. Bd. 2. Heft Nr. 72.

509. Ich schlief, da träumte mir.
Vf. unbekannt. — Schon 1757 als bekannte Mel. vorkommend und oft zu Variationen benutzt, z. B. von Emanuel Bach.

510. Ich schnitt' es gern in alle Rinden ein. 1820.
Vf. Wilhelm Müller, geb. zu Dessau 7. Oct. 1794, † das. 1. Oct. 1827. Steht zuerst im Frauentaschenbuch 1821. S. 401. 402. — Mel. von Carl Friedrich Curschmann, Op. 3, geb. zu Berlin 21. Juni 1805, † zu Langfuhr bei Danzig 24. Aug. 1841.

511. Ich sitze gern im Kühlen
auf meiner Knüppelbank. 1794.
Vf. J. H. Voss. — Mel. von J. F. Reichardt, s. Melodien zum Mildh. Liederb. Nr. 331.

512. Ich stand auf Berges Halde,
als heim die Sonne ging.
Vf. Friedrich Rückert. — Mel.: Komm, stiller Abend nieder.

Ich träumt', ich war ein Vögelein,
Siehe: Mir träumt', ich war ein Vögelein.

513. Ich träumte, wie um Mitternacht
mein Falscher mir erschien. 1773.
Vf. Bürger. Zuerst im Götting. Musenalmanach 1774. S. 155. 156. — Mel. von Caroline Wolf, geb. Benda, in den Melodien zum Mildh. Liederb. Nr. 379.

514. Ich trink', und trinkend fällt mir bei,
warum Naturreich dreifach sei.
Vf. Lessing. Zuerst in: Der Naturforscher (Leipz. 1747) Stück 9. S. 71. 72 mit dem Anfange:

> Drey Reiche sind's, die in der Welt
> uns die Natur vor Augen stellt.

Unterzeichnet L. In Lessing's Schriften, Ausg. von W. von Maltzahn 1. Bd. S. 81. 82. — Volksweise in meinem Volksgesangb. Nr. 90.

515. Ich trinke tagtäglich
mein nektarvolles Gläschen.
Vf. unbekannt. Beliebtes Studentenlied, schon in: Akademisches Liederbuch 1. Bdch. (Dessau 1782) S. 66.

516. Ich und mein Fläschchen sind immer beisammen. 1810.

Vf. August Langbein: Text in Langbein's deutschem Liederkranz (Berlin 1820) S. 183. 184. August Langbein, geb. zu Radeberg 6. Sept. 1757, † zu Berlin 2. Jan. 1835. — Volksweise in Guido Reinhold's Melodienbuch Nr. 163 b. Mel. von Methfessel in s. Commers- u. Liederb. 1818. Nr. 32. Schon 1815 compon., s. Beil. zur Zeitung für die eleg. Welt 1815.

517. Ich wäre wol fröhlich so gerne,
doch kann ich recht fröhlich nicht sein. 1790.

Vf. Friedrich Wilhelm August Schmidt (von Werneuchen), geb. zu Fahrland bei Potsdam 23. März (nicht Mai) 1764, † zu Werneuchen 26. April 1838 als Pastor. Das Lied steht zuerst in: Berlinischer Musenalmanach f. 1791. S. 59. — Die bekannte Volksweise in: J. F. Scheidler, Nouvelle Methode pour apprendre la Guitarre ou la Lyre. 1. Partie (Bonn chez N. Simrock) p. 11. Nr. 5. Ueber der Mel. steht als Componist angemerkt 'L. Berger.'

518. Ich war erst sechzehn Sommer alt. 1771.

Vf. Matthias Claudius. Gött. Musenalmanach für 1772. S. 77 —79; und früher schon in: Mannigfaltigkeiten. Eine Wochenschrift. Berlin 1771. S. 286. — Mel. im Deutschen Museum 1. Bd. 1779. 1. St. Eine andere im Gött. Musenalmanach 1776. — In Schulz: Gesänge am Clavier 1779. S. 4. und Lieder im Volkston 2. Th. (Berlin 1785) S. 2, bei Fink Nr. 900. — In Reichardt's Oden und Liedern (Berlin 1779) S. 27.

519. Ich war Jüngling noch an Jahren. 1809.

Aus der Oper: Joseph, von Etienne-Henri Mehul 1807, (deutsch 1809), geb. zu Givet in Belgien 25. Juni 1763, † zu Paris 18. Oct. 1817.

520. Ich war, wenn ich erwachte. 1796.

Aus der Oper: Das unterbrochene Opferfest, Text von Franz Xaver Huber, Musik von Peter v. Winter.

521. Ich war wol recht ein Springinsfeld. 1775.

Vf. Bürger. Melodie von J. A. P. Schulz: Lieder im Volkston 2. Th. (Berlin 1785) S. 3 (danach auch Nr. 507); bei Fink Nr. 901.

522. Ich weiß' im Thale den tiefsten Hain. 1801.

Vf. Christoph August Tiedge (Urania 1801). — Mel. von Himmel: Gesänge aus Tiedge's Urania von Friedrich Heinrich Himmel Op. 18 (Oranienburg 1804) S. 3.

523. Ich weiß nicht, ob ich darf trauen
Michel meinem großen Knecht.

Vf. unbekannt. Durch viele Liedersammlungen der neueren Zeit sehr verbreitet, nachdem es zuerst nach mündlicher Mittheilung gedruckt war in: Büsching und v. d. Hagen, Samml. Deutscher Volkslieder 1807. Nr. 125. 5 Str. Findet sich schon in einer Lieder-handschrift der Trierer Stadtbibliothek aus der ersten Hälfte des 18. Jahrh., hat dort aber 9 Strophen; s. meine Findlinge 1. Bd. Nr. 17. S. 74. Später kommt es vor in einer Liedersamml. vom J. 1747, aber 14 Strophen lang: 'Gantz neu entsprossene Liebes Rosen —' Nr. 45. (Meuseb. Bibl.) — Volksweise: Erk, Volkslieder 1. Bd. 3. Heft Nr. 24 u. 25.

524. Ich weiß nicht, was soll es bedeuten. 1822—23.

Vf. Heinrich Heine, geb. zu Düsseldorf 12. Dec. 1799 (nach seinem Geburtsschein*), also nicht 1. Jan. 1800), † zu Paris 17. Febr. Morgens gegen 5 Uhr 1856. — Mel. von Friedrich Sil-cher 1837—39, geb. zu Schnaith bei Schorndorf im Würtemb. 27. Juni 1789 (nicht 27. Januar). — Text u. Mel. in Silcher 1837—39: Volkslieder 3. Heft Nr. 7; für 4 Männerstimmen 6. Heft Nr. 8. Op. 31; dann in Erk, Sängerhain 1. Heft Nr. 72. und Liederkranz 2. Heft Nr. 35.

525. Ich will einst bei Ja und Nein. 1777.

Vf. Bürger. Nach dem lat. Mihi est propositum in taberna mori. — Mel. von J. A. P. Schulz: Lieder im Volkston 1. Th. (Berlin 1782) S. 13, 2. Ausg. 1. Th. 1785. S. 13, bei Fink Nr. 462.

526. Ich will ja nichts Böses. 1794.

Vf. Gleim. Zuerst im Voss. Musenalmanach 1795 mit Mel. von J. A. P. Schulz.

527. Ich will vor deiner Thüre stehen,
bis ich mein Liebchen hab' gesehen.

Vf. v. Brunykowski, † als Major im Gardeuhlanen-Regimente zu Potsdam. — Mel. von Friedrich Kücken 1836. Op. 31.

528. Ich wollt' ein Sträußlein binden. 1801.

Vf. Clemens Brentano. Zuerst gedruckt in: Ponce de Leon. Lustspiel von Cl. Brentano. S. 99. 100. Der erste Entwurf dieses Liedes ist mitgetheilt im Weimar. Jahrbuch 4. Bd. S. 179. 180. —

---

*) Heine's eigene Worte, in seiner Mittheilung an Taillandier in der Revue des deux mondes T. XIV. 1852. p. 9 lauten: 'En consultant mon acte de baptême, j'y trouve indiqué, comme date de ma naissance, le 12. décembre 1799.' Hans Schröder, der sich auch auf Mittheilungen Hei-ne's beruft, hat jedoch den 13. Dec. als GT., s. Lexikon der hamburg. Schriftsteller 3. Bd. S. 145.

Mel. von Luise Reichardt: Zwölf Gesänge (Hamburg bei J. A. Böhme) S. 7.

529. Jch wollt' ich wär ein Fiſch,
ſo hurtig und friſch.

Vf. Göthe. Erschien zuerst in der Ausg. von 1815 und wurde wahrsch. 1811 gedichtet. — Compos. von Zelter: Fink Nr. 101.

530. Jch wollte dir ſo gerne ſagen,
wie lieb du mir im Herzen biſt.

Vf. Gottfried Wilhelm Fink: Gedichte (Leipzig, J. F. Hartknoch 1813) S. 120. 121. — Mel. von Girschner in: Phoebus. Auswahl beliebter Opern-Arien und Gesänge von A. Caroli 1. Samml. (Hamb. bei Niemeyer) Nr. 29. Anfang: Ich möchte dir ſ.

531. Jch wußt' einmal nichts anzufangen
an einem Sonntag in der Früh'.

Vf. u. Componist Gottfried Wilhelm Fink: Volkslieder mit und ohne Klavier-Begleitung (Leipzig bei A. Kühnel 1810) Nr. 3. Daraus in Erk, Volkslieder 2. Bd. 2. Heft Nr. 3. — Auch Fink, Hausschatz Nr. 65.

532. Jetzt ſchwingen wir den Hut. 1800.

Vf. Johann Peter Hebel. — Mel. von Albert Methfessel 1823. Mel. von Friedrich Schneider (bei Fink Nr. 679), geb. zu Alt-Waltersdorf bei Zittau 3. Jan. 1786, † zu Dessau 23. Nov. 1853.

533. Jhr Brüder, wenn ich nicht mehr trinke
und matt an Gicht und Podagra.

Vf. unbekannt. — Volksweise in: Guido Reinhold, Vollständiges Melodienbuch (Lpz. 1842) Nr. 167.

534. Jhr Nachbarn, hört und laßt euch ſagen!
der Hammer hat zehn geſchlagen.

Vf. unbekannt. Text schon in: Lieder für Volksschulen (gesammelt von A. L. Hoppenstedt) Hannover 1793, Nr. 91, auch in: Vierhundert Lieder der geselligen und einsamen Fröhlichkeit gewidmet (Altona 1797) Nr. 279. — Volksweise.

535. Jhr Städter, ſucht ihr Freuden. 1784.

Vf. J. H. Voss. — Mel. von F. L. Ä. Kunzen, zuerst in Viser og Lyriske Sange satte i Musik af F. L. Ae. Kunzen (Kiöbenhavn 1786) S. 60; danach in Erk, Liederkranz 1. Heft Nr. 40; bei Fink Nr. 767. — Mel. von J. A. P. Schulz: Lieder im Volkston 3. Th. 1790. S. 33.

536. Jhren Hirten zu erwarten,
ſchlich ſich Phyllis in den Garten.

Vf. unbekannt. Almanach der deutschen Musen 1772 Leipz. S. 23. 24, woselbst im Register als Quelle 'Wochenblatt ohne Tittel.'

— Volksweise in: Erk, Volkslieder 1. Bd. 3. Heft Nr. 18; Fink
Nr. 24; Kretzschmer 1. Th. Nr. 170. — drei abweichende Texte.

537. Jt bin ein Franzofe, Mesdames!
Vf. unbekannt. Wahrscheinlich aus der zweiten Hälfte des vori-
gen Jahrhunderts. — Volksweise in: Erk, Volkslieder 1. Bd. 6. Heft
Nr. 51, wiederholt bei Fink Nr. 84.

538. Jm Anfang war's auf Erden. 1782.
Vf. Matthias Claudius: Asmus omnia 4. Th. 1782. S. 68—75.
16 Strophen. Anfangsstrophe des abgekürzten Liedes: Wir pflügen
u. wir streuen, s. dieses.

539. Jm Arm der Liebe ruht sich's wohl. 1788.
Vf. Wilhelm Ültzen. Zuerst im Gött. Musenalmanach 1788.
S. 68. 69. Bereits im Jahre 1788 erschien eine Composition von Johann Daniel Gerstenberg (geb. zu Frankenhausen im Schwarzb.-
Rudolst. 28. März 1759, †.....), aus dem Originaldrucke mitgetheilt
in Fink's Hausschatz Nr. 962, eine andere vierst. Compos. von Peter
von Winter, schon 1810 vorhanden, daselbst Nr. 961, und in Erk,
Volkslieder für Männerstimmen 1. Heft Nr. 11. — Mel. von Beethoven Op. 52. Nr. 3.

540. Jm Felde schleich' ich still und wild. 1771 ob. 1772.
Vf. Göthe. Zuerst gedruckt im Teutschen Merkur 1776. Januar
S. 8. 9. Vgl. Viehoff 1, 133—135. — Mel. von J. F. Reichardt:
Oden und Lieder 3. Th. (Berlin 1781) S. 12; mein Volksgesangb.
Nr. 96; Fink Nr. 599.

541. Jm Frühlingsschatten fand ich sie. 1752.
Vf. Klopstock. Zuerst im Gött. Musenalmanach 1770. S. 68
mit der Ueberschrift 'Das schlafende Mädchen', ohne Namen des
Dichters, mit der Bemerkung: 'Rosenbaums Lieder fürs Clavier II Th.'
Dann mit des Dichters Namen im Gött. Musenalmanach 1774. S. 117.
— Mel. von Zelter, bei Fink Nr. 861.

542. Jm Grabe ist Ruh!
drum wanken dem tröstenden Ziele. 1791.
Zuerst im Gött. Musenalmanach 1792. S. 165. 166. unterzeich-
net 'Ungen.' Die dazu gehörige Composition ist überschrieben 'Lang-
hansen'; wahrscheinlich ist damit der Dichter gemeint, und das
könnte am Ende sein: Christoph Erhard Langhansen, geb. zu
Königsberg 10. Octbr. 1750, † zu Mannheim (auf der Reise) 1819.
Gedichte, nach dessen Tode herausg. von Ulr. von Schlippenbach
(Mitau 1820). — Die Melodie im Gött. Musenalmanach 1792 ist von
Georg Carl Claudius und steht schon in der von ihm ohne seinen
Namen herausg. Sammlung: Lieder für Kinder mit neuen sehr leich-
ten Melodieen (Frankf. a. M. 1780) S. 17; der dazu gehörige Text

beginnt: Noch bin ich ein Kind. — Text und Mel. in: Erk, Lieder-kranz 2. Heft Nr. 85 und 3. Heft Nr. 48.

543. Im Grün erwacht der frische Muth. 1817.

Vf. Helmine von Chezy. Zuerst in: Neue Auserlesene Schrif-ten der Enkelin der Karschin, 2. Abth. (Heidelb. 1817) S. 151. 152. — Mel. von Mendelssohn Op. 59. Heft 3, sehr verbreitet. — Composition von Christian Schulz in Erk, Volkslieder für Männer-stimmen 2. Heft Nr. 62.

544. Im Herbst da muß man trinken. 1827.

Aus der Oper: Der Vampyr, Text von W. A. Wohlbrück, Musik von Heinrich Marschner, zuerst aufgeführt im März 1828 zu Leipzig.

545. Im Hut der Freiheit stimmet an! 1787.

Vf. J. H. Voss. — Mel. von J. A. P. Schulz: Lieder im Volks-ton 3. Th. 1790. S. 45; in den Melodien zum Mildh. Liederb. Nr. 408 u. bei Fink (gedruckt: Im Hut der Freundschaft) Nr. 663.

546. Im Januar führ'n die Männer uns.

Aus der Oper: Der Talisman. — Mel. bei Fink Nr. 750.

547. Im Kreise froher kluger Zecher.

Im Sommer 1810 wurde in Hamburg als neu angekündigt: ʻGesellschafts Lied Im Kreise froher kluger Zecher in Musik gesetzt für's Forte-Piano von Carl Döbbelin Hamburg bey I. A. Böhme.ʼ Das Lied ist unterzeichnet ʻLudwigʼ, das könnte Johannes Ludwig sein, der als Dichter bekannt ist: Lieder und Gedichte für Freunde der Natur und häusl. Glückseligkeit (Hildburghausen 1802). Später steht Zschocke's Name darunter. — Die bekannte Volksweise, freilich noch unvollkommen aufgezeichnet, findet sich in: Auswahl deutscher Lieder (Lpz., Serig 1825) S. 153. — Eine andere Mel. ist die eigent-lich zum Göthe'schen Rattenfänger gehörige in: Lieder geselliger Freude für Pf. von verschiedenen Componisten (Berlin bei Concha) S. 10.

548. Im Krug zum grünen Kranze.

Vf. Wilhelm Müller. — Volksweise zu: Stand ich auf hohen Bergen.

**549. Im kühlen Keller sitz' ich hier
auf einem Faß voll Reben. 1802.**

Vf. Karl Müchler. Zuerst in: Der Kritikaster und der Trinker. Ein Wechselgesang von Karl Müchler. In Musik gesetzt von L. Fi-scher (Berlin, F. Maurer 1802). — Ludwig Fischer, geb. zu Mainz 18. August 1745, † zu Berlin 10. Juli 1825. — Text und Mel. in meinem Volksgesangbuch Nr. 97.

550. Im Osterland weiß ich ein Städtchen,
im Städtchen weiß ich ein Mädchen.

Vf. unbekannt. Stammt wol aus dem ersten Jahrzehend dieses
Jahrh. Schon in: Auswahl der beliebtesten Arien und Gesänge.
Neue Aufl. (Reutlingen 1812) S. 138—140. Oft in fliegenden Blät-
tern, bei Fink Nr. 143. 144 zwei Texte und die Volksweise.

551. Im Rosenbusch die Liebe schlief. 1828.

Vf. H. v. F. — Mel. von F. A. Reissiger Op. 8. Friedrich
August Reissiger, Bruder von Carl Gottlieb, seit 1843 Musikdirector
in Christiania, geb. zu Belzig bei Wittenberg 1804.

552. Im stillen, heitern Glanze
tritt er so mild einher. Vor 1787.

Vf. Caroline Rudolphi. — Mel. von J. F. Reichardt: Lieder
für Kinder 4. Th. (Braunschw. 1790) S. 14; in Erk, Liederkranz
1. Heft Nr. 87 (Text Nr. 89).

553. Im Wald, im Wald,
im frischen grünen Wald. 1820.

Aus Weber's Preciosa, von P. A. Wolff (Berlin 1823) S. 86.
87. Original bei Fink Nr. 916.

554. Im Wald und auf der Heide,
da such' ich meine Freude. 1816.

Vf. Wilhelm Bornemann, geb. zu Gardelegen 2. Febr. 1767,
† zu Berlin 23. Mai 1851. Zuerst in Hartig's Forst- und Jagd-Archiv
von und für Preussen 1. Jahrg. 2. Heft (Berlin 1816) S. 134. 135
Anfang: In grünbelaubter Heide, da such' ich meine Freude. Das
Lied hat im Munde des Volks viele Veränderungen erfahren*), den
ursprünglichen Text hat bis auf Weniges Erk herzustellen gesucht in
seinem Volksgesangbuch (Berlin, Janke) Nr. 224. Die Volksmelodie
in meinem Volksgesangb. Nr. 98 und in vielen Liederbüchern.

555. Im Windsgeräusch, in stiller Nacht. 1796.

Vf. Ludwig Tieck. Zuerst im Musenalmanach für das J. 1802.
Herausg. von A. W. Schlegel und L. Tieck (Tübingen) S. 116.
117. — Mel. von J. F. Reichardt in: Zeitung für die elegante
Welt 1802. Musikbeilage Nr. 9, Lieder für Jung u. Alt Nr. 32 u. bei
Fink Nr. 778.

556. In allen guten Stunden. 1775.

Vf. Göthe. Vgl. Viehoff 1, 294—299; 3, 439—441. — Mel.
von J. F. Reichardt 1793, bei Fink Nr. 677; von Zelter, um
1810, s. mein Volksgesangb. Nr. 99. Eine gern und viel gesungene
Comp. die von Gustav Reichardt 1825. Op. 5; auch sehr verbrei-

---

*) Fink Nr. 627. 628 hat zwei verschiedene Texte und Melodien.

tet die von A. Methfessel: Allgem. Commers- und Liederbuch 1823. Nr. 27.

557. In dem Herzen ein Bild,
das so lieb und so schön.

Vf. Eduard Maria Öttinger, geb. zu Breslau 19. Nov. 1808: Buch der Liebe. 5. Aufl. 1850. S. 185. 186. — Mel. von Heinrich Proch Op. 4; von Carl G. Reissiger Op. 96.

558. In dem wilden Kriegestanze
brach die schönste Heldenlanze. 1813.

Vf. Max von Schenkendorf. — Melodie: Prinz Eugenius der edle Ritter.

559. In den Augen liegt das Herz.

Vf. Franz von Kobell, geb. zu München 19. Juli 1803; s. Gedichte (hochdeutsche) von F. von Kobell (München 1852) S. 8. 9. — Mel. von Franz Abt 1846. Op. 54.

560. In der Heimath ist es schön,
auf der Berge lichten Höh'n.

Vf. unbekannt. — Mel. von Carl Krebs (Op. 56), geb. zu Nürnberg 16. Januar 1804.

561. In der Heimath ist's so schön!
wo der Kindheit frohe Stunden.

Vf. unbekannt. — Mel. von Franz Abt.

562. In des Waldes tiefsten Gründen. 1798.

Vf. Christian August Vulpius, geb. 22. Januar 1762 *) zu Weimar, † das. 26. Juni 1827 als Bibliothecar. Das Lied steht in seinem Romane: Rinaldo Rinaldini 1798 ff. und in der von ihm herausgegebenen Zeitschrift: Janus 1800. 1. Bd. S. 371—372. — Zwei Volksweisen in Erk, Volkslieder 1. Bd. 3. Heft Nr. 69 u. 70.

563. In die Welt hinausgestoßen
steht der Mensch verlassen da.

Vf. unbekannt. Zuerst in: Heidelbergisches Taschenbuch 1809. Herausg. von A. Schreiber S. 92—94. — Bekannte Mel.

564. In diesen heil'gen Hallen. 1791.

Aus der Zauberflöte von Mozart, componiert im August 1791. Wolfgang Amadeus Mozart, geb. zu Salzburg 27. Januar 1756, † zu Wien 5. Decbr. 1791. Text von Emanuel Schikaneder, geb. zu Regensburg 1751, † 24. Sept. 1812 als Director des Leopoldstädter Theaters zu Wien.

---

*) So nach der handschriftl. Berichtigung des Raths Dr. Kräuter in Meusel's gel. Teutschland.

565. In einem kühlen Grunde,
    da geht ein Mühlenrad. 1809.

Vf. Joseph Freih. von Eichendorff, geb. zu Lubowitz bei Ratibor 10. März 1788, † zu Neisse 26. Nov. 1857. Zuerst in: Deutscher Dichterwald. Von Justin Kerner .... (Tübingen 1813) S. 40, unterzeichnet: Florens (d. i. von Eichendorff). Dann in: Jos. Freih. von Eichendorff, Ahnung und Gegenwart. Ein Roman. (Nürnb. 1815) S. 356. 357. In der Vorrede Näheres über das Entstehungsjahr des Gedichts (1812?). — Das Lied wurde oft in den Sammlungen als altes Volkslied mitgetheilt, so bei Kretzschmer, Volksl. 1. Th. Nr. 213. 'Altdeutsch', mit Mel. von F. Glück. — Mel. von Ludwig Berger: '8 deutsche Lieder. Op. 19. (Lpz., F. Hofmeister)'; daselbst auch eine zweite, minder schöne, später im Liederbuch für deutsche Künstler (Berlin 1833) Nr. 138. — Volksweise nach Friedrich Glück 1814 in meinem Volksgesangb. Nr. 100. — Mel. von Glück in: F. Silcher, Volkslieder 2. Heft 4. Aufl. Nr. 7. Silcher macht dazu folgende Bemerkung: 'Diese vielgesungene Weise hat einen Tübinger Studenten Friedrich Glück (gest. 1841 als Pfarrer) zum Verfasser. Die ausdrucksvolle Stelle in die obere Octave hinauf (drittletzter Tact) rührt übrigens vom Volke her. Im Original lautet dieselbe wie zuvor im 6ten Tact. Auch diese Mel. ist in vielen Volksliedersammlungen bedeutend verstümmelt, z. B. im Commersliederbuch, Eisleben bei Kuhnt.'

566. In einem Thal bei armen Hirten
    erschien mit jedem jungen Jahr. 1796.

Vf. Schiller. — Bekannte Melodie von Georg Christoph Grosheim, geb. zu Cassel 1. Juli 1764, † das. 1847. S. Sammlung teutscher Gedichte mit Musik von G. C. Grosheim, 5. Th. (Cassel 1796.)

567. In einem Thale friedlich stille.

Vf. Harro Harring, geb. zu Ibenhof im Amte Husum 28. Aug. 1798. — Comp. von G. Reichardt 1828. Op. 8.

568. In Grün will ich mich kleiden. Vor 1821.

Vf. Wilhelm Müller. — Mel. von Franz Abt.

569. In jedes Haus, wo Liebe wohnt,
    da scheint hinein auch Sonn' und Mond. 1828.

Vf. H. v. F. — Sehr oft componiert, vierstimmig von Ernst Richter Op. 14, von F. Silcher Op. 34.

570. In meinem Schlosse ist's gar fein.

Aus der Oper: Das Donauweibchen, Text von Karl Friedrich Hensler, Musik von Ferd. Kauer, bei Fink Nr. 788.

571. In Myrtills zerfallner Hütte
  schimmerte die Lampe noch.

Vf. Johann Friedrich Schlotterbeck, geb. zu Altensteig im Würtemb. 7. Juni 1765, † zu Stuttgart 14. Juni 1840 als pens. Kanzleidirector. Das Lied war schon in den 90r Jahren des vor. Jahrh. sehr bekannt und durch Hoppenstedt's Lieder für Volksschulen sehr verbreitet. — Mel. in den dazu erschienenen 'Melodien — 2. Aufl. (Hannover 1800)' Nr. 90.

572. In's Weinhaus treibt mich dies und das. 1835.

Vf. H. v. F. — Comp. von Carl Gottlieb Reissiger, Op. 145, bei Fink Nr. 704. Sonst noch oft componiert. Sehr beliebt ist auch die Comp. von O. Claudius im Orpheus 11. Bd. Nr. 18. Otto Claudius, Musikdirector zu Naumburg a. d. S., geb. zu Sohland bei Löbau 6. Dec. 1794.

573. In Warschau schwuren Tausend auf den Knieen. 1836.

Vf. Julius Mosen. — Mel. von Ludwig Berger Op. 27. — Mel. von A. Schuster in.: Methfessel's Commers- und Liederbuch 1851. Nr. 70.

574. Ist denn Lieben ein Verbrechen?

Vf. unbekannt. Ein vielgesungenes Lied. Im J. 1810 schon sehr bekannt: es erschienen damals Variationen darüber.

575. Ist ein Leben auf der Welt,
  das vor Allem mir gefällt. 1842.

Vf. H. v. F. — Mel. von Friedrich Silcher in: Allgemeines Deutsches Commersbuch (Lahr, Schauenburg 1858) S. 221—223.

576. Ist mein Stübchen eng' und nett,
  ist mir nichts beschieden.

Vf. unbekannt. Stammt wol aus der 2. Hälfte des vor. Jahrh. — Mel. bei Fink Nr. 114.

577. Juchhei, Blümelein! dufte und blühe! 1813.

Vf. E. M. Arndt. — Mel. von Friedrich Silcher 1827—29: Volkslieder 7. Heft Nr. 12, Volkslieder für 4 Männerstimmen 3. Heft Nr. 2. Op. 14.

578. Jüngling, wenn ich dich von fern erblicke.

Vf. unbekannt. — Volksweise.

579. Jüngling, willst du dich verbinden,
  o so prüfe erst dein Herz!

Vf. unbekannt. — Volksweise.

580. Jüngst hat mir mein Leibarzt geboten. 1809.

Vf. Schubarth. Zuerst in: Zeitung für die elegante Welt 2. Dec. 1809. Nr. 240 Sp. 1918, unterzeichnet 'Schubarth.' Die

Musik dazu daselbst 1810. Beilage Nr. 3, als Componist angemerkt 'F. W. Q. v. F...de'. Die jetzt übliche Volksweise ist wol daraus hervorgegangen.

581. Jung, fröhlich und heiter
    enthüpf' ich ins Feld. 1780.
Vf. Christian Adolf Overbeck. Zuerst im Voss. Musenalmanach 1781. S. 132—134. — Mel. von J. A. P. Schulz: Lieder im Volkston 1. Th. 1782. S. 33; 2. Aufl. S. 33; bei Fink Nr. 189.

582. Jung Siegfried war ein stolzer Knab. 1812.
Vf. Ludwig Uhland. Zuerst in: Die Musen. Zeitschrift von de la Motte Fouqué u. Wilhelm Neumann, 2. Quartal (Berlin 1812) S. 164. 165, unterzeichnet: Volker. — Volksweise: Es stand eine Linde im tiefen Thal.

583. Kauft wer da kaufen will!
    ik ab der Waar sehr viel.
Zu Anf. dieses Jahrb. sehr verbreitet. Es ist ein besonderer Druck vorhanden: Der Tabulettkrämer. Arie mit Variationen für das Pf. von Kelz. 53. Werk. Berlin, bei F. S. Lischke.

584. Kein Klang von allem was da klingt
    geht über Sichelklang.
Vf. Christian Adolf Overbeck: Frizchens Lieder 1781. S. 49 —51. — Mel. von J. F. Reichardt: Lieder für Kinder 2. Th. 1781. S. 48, in den Melodien zum Mildh. Lb. Nr. 420 fälschlich dem J. A. P. Schulz zugeschrieben.

585. Kein schön'rer Tod auf dieser Welt
    als wer auf grüner Heide fällt. 1815.
Vf. Carl Göttling. — Mel. von Albert Methfessel, zuerst in s. Commers- u. Liederb. 1818. Nr. 64; mein Volksgesangb. Nr. 102.

586. Kennst du das Land, wo die Citronen blühn? 1782.
Vf. Göthe: Wilhelm Meisters Lehrjahre 2. Bd. 1795. S. 7. 8. mit Mel. von J. F. Reichardt, auch in dessen: Göthe's Lieder, Oden ff. 2. Abth. 1809. S. 53, bei Fink Nr. 866. — Mel. von Andreas Romberg (1799), geb. zu Vechte im Münster'schen 27. April 1767, † zu Gotha 10. Nov. 1821. — Mel. von L. van Beethoven Op. 75. — Mel. von Gustav Reichardt 1824. Op. 3.

587. Kennt ihr das Land, so wunderschön
    in seiner Eichen grünem Kranz? 1814.
Vf. Leonhard Wächter, gen. Veit Weber der Jüngere, geb. zu Ülzen 25. Norv. 1762, † zu Hamburg 11. Febr. 1837. — Mel. von Hans Georg Nägeli 1816. Text u. Mel. in meinem Volksgesangb. Nr. 103 u. bei Fink Nr. 364. Vierstimmig von August Mühling bei Fink Nr. 365.

588. Kennt ihr das Land, wo jede Klage schweigt? 1802.

Vf. Friederike Brun. Zuerst in Jacobi's Iris 1803. S. 70. 71. — Mit einer Compos. von F. L. Aem. Kunzen, s. Beil. Nr. 8 zur Zeit. für die eleg. Welt 1805. — Vierst. von L. Spohr.

589. Kind, willst du ruhig schlafen. 1796.

Aus der Oper: Das unterbrochene Opferfest, Text von Franz Xaver Huber, Musik von Peter v. Winter.

590. Kinder sitzen euch zu Füßen:
seht ein künftiges Geschlecht! 1770.

Vf. Johann Georg Jacobi: Sämmtliche Werke 1. Bd. 2. Aufl. (Zürich 1807) S. 237—240. Aus: Elysium. Ein Vorspiel mit Arien. Viel gesungen noch gegen Ende des vorigen Jahrhunderts. — Bekannte Melodie.

591. Klaget, Preußen! ach, er ist gefallen,
der geliebte Menschenfreund als Held. 1806.

Vf. unbekannt. 'Auf den Tod des Prinzen Louis von Preussen.' Ein einzelnes Blatt mit einer schönen Melodie 'Berlin, bei Concha.'

592. Klaget nicht, daß ich gefallen. 1809.

Vf. Max von Schenkendorf. — Mel. von Enzelling, 'weiland Bursch zu Jena', in Follen's Freye Stimmen frischer Jugend 1819. Nr. 32, dann in: Liederweisen zum teutschen Lb. für Hochschulen 1823. Nr. 65; dreist. von L. Erk in: Allgemeines Deutsches Commersbuch (Lahr, Schauenburg 1858) S. 64—66.

593. Kleine Blumen, kleine Blätter. 1771.

Vf. Göthe. Steht schon im Sesenheimer Liederbuche bei Freimund Pfeiffer: Göthe's Friedrike S. 131. Vgl. Viehoff 1, 106—109. Zuerst gedruckt in: (Jacobi) Iris Bd. 2. St. 1. Jenner 1775. S. 73. 74, D. Z. unterzeichnet. — Mel. von J. F. Reichardt (Göthe's lyrische Gedichte 1793. S. 12 u. Göthe's Lieder, Oden ꝛc. 1809. 1. Abth. S. 44); von Carl Blum, geb. zu Berlin 1790, † daselbst in der Nacht vom 1. zum 2. Juli 1844 als Regisseur der kön. Oper.

594. Klipp und klapp! dreschet auf und ab. 1787.

Vf. J. H. Voss. — Mel. von J. A. P. Schulz: Lieder im Volkston 3. Th. 1790. S. 38, vorher schon im Voss. Musenalman. 1789. S. 82, dann in den Melodien zum Mildh. Liederb. Nr. 597.

595. Komm, feins Liebchen,
komm ans Fenster! 1794.

Vf. August von Kotzebue, in dessen Schauspiel: Graf Benjowsky (Lpz. 1794) S. 101. 102. — Volksweise in: Erk, Volkslieder 2. Bd. 6. Heft Nr. 35. — Mel. bei Wilh. Ehlers, Gesänge mit Begl. der Chitarra, Tüb. 1804. S. 16.

596. Komm, Freude, sei gesegnet!

Vf. Joh. Gebhard Ehrenreich M a a s s , geb. zu Krottorf im Halberst. 26. Febr. 1766, † zu Halle 23. Dec. 1823. — Mel. von Daniel Gottlob T ü r k .

597. Komm, lieber Mai, und mache
die Bäume wieder grün! 1775.

Vf. Christian Adolf O v e r b e c k . Zuerst im Voss. Musenalmanach 1776. S. 49—51, 5 Strophen, Z. unterzeichnet. — Mel. von M o z a r t 1791, bei Fink Nr. 240 (wo aber irrthümlich wie anderswo D. Jäger als Vf. des Textes unterzeichnet ist).

598. Komm, stiller Abend, nieder. 1780.

Text und Melodie von Georg Karl C l a u d i u s . Vgl. Erk, Volkslieder 2. Bd. 2. Heft Nr. 34. G. K. C l a u d i u s , geb. zu Zschopau 21. April 1757, † zu Leipzig 20. November 1815. — An dem Texte ist in neuerer Zeit sehr geändert worden. Das Lied wird übrigens sehr oft dem M a t t h i a s Claudius zugeschrieben, z. B. in Erlach's Volksliedern 5. Bd. S. 22! — Eine vielgesungene Mel. von A b e i l l e in: Musikalischer Potpourri 1. Viertelj. (Stuttg. 1790) Nr. 5. — Ludwig A b e i l l e , geb. zu Baireuth 20. Februar 1761, † zu Stuttgart 1832.

599. Kommt die Nacht mit ihrem Schatten,
schleich' ich still zum Garten hin.

Vf. Ernst Friedrich D i e z , geb. zu Waldkirch im Breisgau 1805; Componist S. A. Z i m m e r m a n n in Mannheim, Op. 2. Lied u. Mel. sind seit mehreren Jahren sehr verbreitet, daher denn auch als Quelle: Fliegendes Blatt im Liederbuch des deutschen Volks (Lpz. 1843) Nr. 537.

600. Kommt ein schlanker Bursch gegangen. 1817.

Aus C. M. v. W e b e r ' s Oper: Der Freischütz 1817—1820, von Friedrich K i n d .

601. Kommt ein Vogel geflogen,
setzt sich nieder auf meinen Fuß.

Aus der Volks-Zauberoper: Aline, Text von Adolf B ä u e r l e (geb. zu Wien 9. April 1784*), Musik von Wenzel M ü l l e r . Ursprünglich in österr. Mundart, s. Bäuerle's Komisches Theater 6. Bd. (Pesth 1826).

602. Krambambuli, so heißt der Titel,
womit dich ein Starost beehrt. 1745.

Ein noch immer sehr beliebtes Lied der Studenten und Handwerksburschen. Es stammt aus dem Anfange des 18. Jahrhunderts

---

*) Nach der österr. National-Encyklop. 1, 164 im J. 1786.

und hat ursprünglich 102 Strophen! Es steht mit der Ueberschrift:
'Der Krambambulist. Ein Lob-Gedicht über die gebrannten
Wasser im Lachs zu Danzig' in
'Koromandels Nebenständiger Zeitvertreib in Teutschen Gedich-
ten. Dantzig u. Leipzig bey J. H. Rüdiger 1747.' S. 413—436.
Auch als besonderer Druck vorhanden mit der Jahrszahl 1745. Eine
3. Aufl. erschien 1747. — Mehr darüber: Erk, Volkslieder 2. Bd.
6. Heft Nr. 54. Koromandel ist Wittekind, wie der Dichter sich
S. 524 selbst nennt.

603. Kuckuck, Kuckuck ruft aus dem Wald. 1835.
Vf. H. v. F. — Volksweise.

**604. Kühl und labend sinkt der Thau
auf die Fluren nieder.**
Vf. Friedrich Voigt: Lieder für das Herz (Leipzig 1799) S. 30
—33, 7 Strophen, gewöhnlich verkürzt zu 4. — Mel. von Jos.
Gersbach: Singvögelein 2. Aufl. (Karlsruhe 1833) Nr. 31, dann in
Erk's Liederkranz 1. Heft Nr. 83 und daselbst 2. Heft Nr. 11 die
noch schönere Mel. von Friedrich Ludwig Seidel: Vier und zwanzig
Lieder verschiedener Art zum Singen beim Pianoforte (Berlin, Rellstab) S. 26. 27.

**605. Land meiner seligsten Gefühle,
vom reinsten Morgenthau bestreut!**
Vf. Carl Philipp Conz, geb. zu Lorch im Würtemb. 28. Octbr.
1762, † zu Tübingen 20. Juni 1827. S. Gedichte von C. P. Conz
(Zürich 1806) S. 109—113. — Bekannte Mel. von Carl Keller in:
Arion (Lpz. bei Friedlein und Hirsch) Nr. 29.

606. Landesvater, Schutz und Rather.
Das bekannte Commerslied der Studenten, ursprünglich nur
Eine Strophe. Finde ich zuerst in dem von Joh. Michael Hofmann
verfassten, ohne seinen Namen herausgegebenen Stück: 'Der ver-
führte und wieder gebesserte Student; oder Der Triumph der Tugend
über das Laster. Ein prosaisches Lustspiel in Fünf Aufzügen. Frankfurt und Leipzig, 1770.' S. 38. Vgl. meine Zeitschrift: Findlinge
1. Bd. Nr. 25.

**607. Laß dich schneiden, laß dich schneiden!
Erndte reif und warm. 1780.**
Vf. Johann Ludwig Am Bühl. — Mel. von Carl Gottlieb He-
ring: Musikalisches Volksschulengesangbuch 2. Abth. (Lpz. 1821)
S. 82. 83. — Text u. Mel. in Erk's Liedergarten 2. Heft Nr. 44 u.
Volkslieder 2. Bd. 4/5. Heft Nr. 86.

608. **Laſſet die Freud' uns im Flug' erhaſchen,**
eh' ſie entſchwebt. 1806.

Vf. Lebrecht Nöller. Zuerst in Becker's Taschenbuch zum gesell. Vergnügen 1807. S. 219. Lebrecht Nöller, geb. zu Weissenfels 7. März 1773. — Mel. vierstimmig von Friedrich Schneider,
allgemein verbreitet und beliebt, bei Fink Nr. 674.

609. **Laſſet heut im edeln Kreis**
meine Warnung gelten! 1803.

Vf. Göthe. Zuerst im Taschenbuch auf das J. 1804. Herausg.
von Wieland u. Göthe. Vgl. Viehoff 2, 445. — Mel. von Zelter
1807, s. Briefwechsel zwischen Göthe und Zelter 1, 284.

610. **Laßt die Politiker nur ſprechen. 1782.**

Vf. Leopold Friedrich Günther von Göckingk, geb. zu Grü-
ningen im Halberst. 13. Juli 1748, † zu Deutsch-Wartenberg 18. Febr.
1828. Zuerst im Musenalmanach von J. H. Voss 1783. S. 53—55.
— Text u. Mel. in den Melodien zum Mildh. Liederb. Nr. 451; bei
Fink Nr. 697.

611. **Laßt euch einmal einen Spaß erzählen!**
mein Schätzlein wohnet hier.

Vf. unbekannt. Wol schon aus dem Anfange dieses Jahrhunderts. — Volksweise in: G. E. G. Kallenbach, Magdeburgisches musikalisches Wochenblatt für Klavier u. Gesang S. 40.

612. **Laßt uns, ihr Brüder, Weisheit erhöh'n!**

Vf. unbekannt. Ein Freimaurerlied, das gewöhnlich, aber fälschlich dem F. L. v. Stolberg zugeschrieben wird. Es findet sich in den
ältesten Freim. Liederbüchern, als: Lieder zum Gebrauch in den
Logen. Mit ausgewählten und verbesserten Melodien 1. Samml.
(Bresslau, W. G. Korn 1777) Nr. 45, mit einer nicht mehr gebräuch-
lichen Mel.; die jetzt übliche steht bereits in: Freymaurer-Lieder
mit Melodien zum Gebrauch der von der Grossen Landes-Loge der
Freymaurer in Deutschland constituirten Logen. 1. Samml. (Hamb.
1778) S. 16. 17. Als Vf. des Liedes wird im Register zum Taschenbuch für Freunde des Gesangs 1. Bdchn. (Stuttg. 1796) v. Dalberg
angegeben — also wol Wolfg. Heribert v. D., was mehr Wahr-
scheinlichkeit hat.

613. **Laura betet! Engelharfen hallen. 1778.**

Vf. Friedrich von Matthisson. Zuerst in: Lieder von Friedrich
Matthisson (Breslau bey Gottlieb Löwe 1781) S. 36. Mit der Jahrszahl 1778 in: Auserlesene Gedichte von F. Matthisson. Herausg. von
J. H. Füssli (Zürich 1791) S. 78. Mit der bekannten Compos. von
F. W. Rust im Deutschen Museum 1784. 1. Bd. S. 96. 97. Friedrich Wilhelm Rust, geb. zu Wörlitz 6. Juli 1739, † zu Dessau
28. Febr. 1796. Zuerst in dessen: Oden und Lieder aus den besten

deutschen Dichtern, mit Begl. des Claviers. 1. Samml. (Dessau 1784.
fol.) S. 10. — Mel. von Bernhard Wessely in dessen: Zwölf Gedichte von Matthisson (Berlin 1793) S. 3.

614. Leb wohl, du theures Land das mich geboren!
(Bertrand's Abschied.)

Vf. unbekannt: v. Erlach, Volkslieder 5. Th. S. 519. 520 und
v. Soltau's Deutsche Historische Volkslieder, Zweites Hundert (Lpz.
1856) Nr. 93. — Die bekannte Melodie soll von Friedrich Glück
sein, Pfarrer zu Schornbach im Würtemb. Vgl. Schumann's Zeitschrift für Musik 1838. Nr. 28.

615. Leb wohl, mein Bräutchen schön! 1813.

Vf. unbekannt. — Mel. von Albert Methfessel 1813 in den
Melodien zum Mildh. Lb. Anhang (Gotha 1815) Nr. 195.

616. Lebe wohl, lebe wohl, mein Lieb!
muß noch heute scheiden. 1807.

Vf. Uhland. — Mel. von Kleinschmidt in: Liederbuch für
deutsche Künstler (Berlin 1833) Nr. 86.

617. Lebe wohl, o mütterliche Erde,
nimm mich auf in deinen kühlen Schoß!

Vf. unbekannt. In flieg. Blättern sehr verbreitet. Steht auch
in: Der fröhliche Sänger (Pirna, Friese) S. 55. 56. — Die schöne
und bekannte Melodie von Christian Ehregott Weinlig (geb. zu
Dresden 1743, † . . . .) steht in: Erk, Sammlung drei-
und vierst. Gesänge ernsten Inhalts 1. Heft (Essen 1831) Nr. 34.

618. Lebe wohl, vergiß mein nicht!
schenke mir dein Angedenken! 1797.

Vf. Johann Friedrich Cordes, geb. zu Dedersdorf im Oldenb.
5. Mai 1759, † zu Oldenburg 10. Januar 1807. Nach Gödeke's
Grundriss S. 1108 Vf. Franz Cordes, geb. zu Glandorf im Osnabr.
1773, † zu München 11. Juni 1807. Wer hat Recht? Zuerst in
Schiller's Musenalmanach 1798. S. 303. — Mel. von Friedrich Ludwig Seidel: Vierundzwanzig Lieder verschiedener Art (Berlin, vor
1804) S. 6 und von Friedrich Glück: Acht Lieder mit Begleit. des
Pf. (Leipz. bei Breitkopf u. Härtel 1814) S. 5. — In einigen Liedersammlungen ist als Vf. genannt Philipp Conz.

619. Lebt wohl, ihr Berge, ihr geliebten Triften. 1801.

Vf. Schiller. Aus der Jungfrau von Orleans, zuerst gedruckt
1802. — Comp. von Johann Rudolph Zumsteeg: Johanna's Abschied mit Clavier-Begl. (Lpz. Breitkopf u. Härtel). Erschien 1803.
Vollendet von unbekannter Hand, Z. † 1802.

Leben ist des Himmels größte Gabe.

Siehe: Ja, das Leben ist des Himmels Gabe. Früherer Anfang.

**620. Leise flehen meine Lieder
durch die Nacht zu Dir.**

Vf. Ludwig Rellstab, geb. zu Berlin 13. April 1799. - Volksweise.

621. Leise, leise, fromme Weise! 1817.

Aus C. M. von Weber's Oper: Der Freischütz 1817—20, von Friedrich Kind.

**622. Leise rauscht es in den Bäumen
und die stille Liebe wacht.**

Vf. unbekannt. Durch fliegende Blätter und Harfenmädchen sehr verbreitet. — Mel. im Arion Nr. 84.

**623. Leise zieht durch mein Gemüth
liebliches Geläute. 1834.**

Vf. Heinrich Heine. Zuerst in: Der Salon von H. Heine, 2. Bd. (Hamb. 1835) S. 293. — Volksweise in: Erk, Liederkranz 1. Heft Nr. 28. — Mel. von Felix Mendelssohn-Bartholdy Op. 19, geb. zu Hamburg 3. Febr. 1809, † zu Leipzig 4. Nov. 1847.

**624. Letzte Rose, du wolltest
so einsam hier blühn?**

Uebersetzung eines irischen Liedes des Thomas Moore (geb. zu Dublin 28. Mai 1780): 'T is the last rose of summer. Originaltext mit einer bessern Uebersetzung als die übliche in Albion und Erin von Victor von Arentsschild (Mainz 1851) S. 16. 17. — von Flotow hat dies Lied eingelegt in seine Oper 'Martha,' und dadurch ist es durch ganz Deutschland sehr verbreitet worden. — Findet sich bereits in Sammlungen, als: Methfessel's Commers- und Liederb. 1851. Nr. 99. — Vierst. mit einer Uebersetzung von Hermann Kurz in: Silcher, Ausländische Volksmelodien mit deutschem Text 1. Heft Nr. 2, und mit einer Uebers. von Carl von Niebusch in: Erk, Volksklänge Nr. 82.

**625. Liebe wohnt in niedern Hütten,
Liebe wohnet im Pallast.**

Vf. unbekannt. — Volksweise.

**626. Liebend gedenk' ich dein,
beim hellen Sonnenschein.**

Vf. C. Krebs. — Mel. von Carl Krebs: Lieder mit Pianoforte-Begleit. (Hamburg & Leipz., Schuberth & Co.) Nr. 2. An Adelheid. Wird viel von den Harfenistinnen gesungen.

**627. Liebes Lieschen, laß mich doch
nur ein wenig klagen! 1774.**

Vf. Schubart: Deutsche Chronik 1774. — Volksweise.

628. Liebes Mädchen, hör mir zu!
laß dir doch was sagen!

Vf. unbekannt. Ein früher sehr beliebtes Duett, s. (Wilh. Bernhardi) Lieder-Lexikon 1846 Nr. 1322.

629. Linchen, einst wirst du die Meine. 1783.

Zuerst im Teutschen Merkur 1783. 2. Viertelj. S. 79—81, unterzeichnet: J. E. W. — Volksweise.

630. Linchen ging einmal spazieren
in dem Myrthenhain. Um 1800.

Vf. unbekannt. — Beliebte Volksweise.

631. Lobt den Herrn! die Morgensonne
weckt die Flur aus ihrer Ruh. 1769.

Vf. Johann Samuel Patzke, geb. zu Selow bei Frankfurt a. d. O. 24. Oct. 1727, † zu Magdeburg 14. Dec. 1787. — Mel. von Johann Heinrich Rolle in: Melodien zum Mildh. Liederb. Nr. 98; Erk, Sängerhain 1. Heft Nr. 62. Rolle, geb. zu Quedlinburg 23. Decbr. 1718, † zu Magdeburg 29. Decbr. 1785.

632. Loset, was i euch will sage!

Vf. J. P. Hebel. Zuerst in: Allemannische Gedichte (Carlsruhe 1803) S. 146—148 mit einer Mel. von Karl Ludwig Müller, Pfarrer in Friesenheim.

633. Mädchen meiner Seele,
bald verlass' ich dich.

Vf. Karl Christian Wilhelm Kolbe: Vermischte Gedichte (Halberstadt, J. Ch. Dölle 1792) S. 67. 3 achtzeilige Strophen. Das Lied war sehr verbreitet und wurde in der Kriegszeit 1805—15 völlig umgedichtet, vgl. meine Schles. Volkslieder Nr. 238 und Ernst Meier, Schwäb. Volkslieder Nr. 97. — Volksweise.

634. Mädchen, nehmt die Eimer schnell! 1781.

Vf. J. H. Voss. — Mel. von J. A. P. Schulz: Lieder im Volkston 1. Th. 1782. S. 38, dann in den Melodien zum Mildh. Liederbuch Nr. 71.

635. Mädel mit dem blauen Auge,
dem ich Lieb' um Lieb' entsauge. 1785.

Vf. Karl Reinhard. Zuerst in: Gedichte, herausg. von J. C. Giesecken, homme de lettres, 2. Samml. 1788. S. 48. — Volksweise.

636. Mädel, schau mir ins Gesicht! 1778.

Vf. Bürger. — Mel. von J. A. P. Schulz: Lieder im Volkston 1. Th. 1782. S. 20, 1785. S. 20, bei Fink Nr. 858. — Mel. von C. M. v. Weber Op. 13.

7 *

637. Mädel, 's ist Winter. 1783.

Vf. Schubart. Zuerst in Stäudlin's Schwäbischer Blumenlese 1784. S. 164. 165, unterz.: T. d. ä. — Volksweise: Erk, Volkslieder 1. Bd. 5. Heft Nr. 52. — Mel. von H. W. Freytag in den Melodien zum Mildh. Liederb. 1799 Nr. 87, n. A. Nr. 143.

638. Mädels, sagt es laut,
Liesel ist 'ne Braut! 1782.

Vf. Schubart. — Mel. in den Melodien zum Mildh. Lb. Nr. 387.

639. Mag Alles Wunder von dem Lande singen,
wo Mandolinen und Guitarren klingen. 1805.

Vf. Friedrichsen, wol Johann Friedrich Wilhelm Friedrichsen, geb. zu Buchholz bei Rostock 9. Oct. 1773, † zu Berlin 1818. Steht zuerst im Freimüthigen von Kotzebue und Merkel 1805. Nr. 197. mit der Überschrift: Der Deutsche in Italien, unterz. »F... d..chs..«, dann schon in: Der ewige Musenalmanach junger Germanen (Lpz. 1806). — Mel. von Adolf Follen 1818, bei Fink Nr. 367.

640. Mag auch heiß das Scheiden brennen.

Vf. Emanuel Geibel. — Mel. von Friedrich Silcher 1850—52: Volkslieder 6. Heft. Nr. 3; Volksl. für 4 Männerstimmen 10. Heft. Nr. 7. Op. 58.

641. Mag der Sultan Saladin
stets nach andern Mädchen glüh'n.

Aus der Oper: Richard Löwenherz von André Erneste Grétry, geb. zu Lüttich 11. Febr. 1741, † zu Ermenonville 24. Sept. 1813. Die Oper ist v. J. 1789. Das Lied findet sich zugleich mit französ. Texte u. Mel. in: Auswahl guter Trinklieder. Aus den besten Dichtern gesammlet (Halle, im Hendelschen Verlage. 1791.) Nr. 32.

642. Maible, laß dir was verzähle.

Vf. Franz von Kobell. — Mel. von Friedrich Silcher 1843—46: Volkslieder für 4 Männerstimmen 8. Heft. Nr. 8. Op. 50.

643. Maienblümlein so schön.

Vf. August Ekschlager, 1818—20 Theatersecretär zu Pressburg. Ich finde das Lied zuerst im Mildh. Liederb. 1822. Nr. 52 mit Mel. von C. M. v. Weber, dann auch bei Fink, sogar zweimal, Nr. 195 u. 856!

644. Mama, ach sehn Sie doch den Knaben,
den möcht' ich gar zu gerne haben! 1757.

Vf. Ewald Christian von Kleist, geb. zu Zeblin in Pommern 8. März 1715, † zu Frankfurt a. d. O. 24. August 1759. Zuerst im Almanach der deutschen Musen auf das J. 1772. (Leipz.) S. 22. 23: 'Das Kind auf dem Weihnachtsmarkte. Ein Impromptu des Hrn. von Kleist.' Im Verzeichnisse der Gedichte der Zusatz: 'Geschrieben 1757 zu Leipzig.' Später nicht aufgenommen in Kleist's Gedichte. — Der nachherige volksthümliche Text mit der Volksweise in Erk, Volkslieder 1. Bd. 3. Heft Nr. 20. Mündlich vom Niederrhein bei Simrock, Volksl. Nr. 221.

645. Man muß stets lustig sein
und sich des Lebens freu'n. 1823.
Vf. Ferdinand Raimund: Der Barometermacher auf der Zauberinsel.

646. Man sagt, wenn jemand niefet,
wol „zur Genesung!" drauf.
Vf. unbekannt. — Volksweise, s. Schelmenlieder (Ulm bei Heerbrandt und Thämel) 1. Lese Nr. 6.

647. Mei Maible hot e Gsichtle.
Vf. Franz von Kobell. — Mel. von Friedrich Silcher 1853 —55: Volkslieder 7. Heft Nr. 6. und Volkslieder für 4 Männerstimmen 11. Heft Nr. 8. Op. 65.

648. Mein Arm wird stark und groß mein Muth. 1774.
Vf. Friedrich Leopold Graf zu Stolberg. Zuerst im Gött. Musenalmanach 1775. S. 83. 84. — Mel. von J. F. Reichardt 1799: Lieder für die Jugend. Von J. F. Reichardt 1. Heft (Lpz.) S. 22. 23, auch Lieder für Alt u. Jung Nr. 33 u. Fink Nr. 310. — Mel. von Ch. H. Rinck in Erk, Liederkranz 1. Heft Nr. 147. Christian Heinrich Rinck, geb. zu Elgersburg in Thüringen 18. Febr. 1770, † zu Darmstadt 7. Aug. 1846.

649. Mein Herr Maler, wollt' er wol. 1782.
Vf. Balthasar Anton Dunker, geb. zu Saal bei Stralsund 1746, † zu Bern 23. April 1807, ein bekannter Maler und Kupferätzer. Zuerst in: Schriften von (Schattenriss d. i. B. A. Dunker) Bern 1782. S. 75—77. Das ursprüngliche Lied hat nur 5 Strophen, s. Erk, Volksl. 2. Bd. Heft 2 Nr. 50, später sind diese sehr verändert worden und mit neuen vermehrt, Erk, 1. Bd. 5. Heft Nr. 58 hat 7, u. der Trowitzsche 'Neue Liederkranz' 19. Th. S. 45 sogar 9. — Es hat also an Umdichtern und Vermehrern nicht gefehlt und solch einer kann höchstens auch der Maler Carl Gotthard Grass gewesen sein, der zu Serben in Livland 8. Oct. 1767 geboren war und in Rom 22. Juli 1814 starb. Wenn ihn aber Jegór von Sivers in seinem Buche: Deutsche Dichter in Russland (Berlin 1855) S. 149 zum Vf. des ursprünglichen Liedes macht, so ist das ins Blaue hineingefaselt. Martin Usteri, der die »Künstler Lieder (Basel, Wilh. Haas 1809)« sammelte und herausgab, konnte und musste es doch wol wissen, wer der Vf. dieses Liedes war, im Inhaltsverzeichniss steht

es unter B. A. Dunker. *) — Die ursprüngl. Melodie mag wol vom Vf. selbst herrühren und ist gewiss die von Usteri in den »Melodien zu den Künstlerliedern« S. 28 mitgetheilte, die dann mit der Zeit im Munde des Volkes viel singbarer wurde.

650. Mein Herz, ich will dich fragen. 1842.
Vf. Friedrich Halm d. i. Eligius Franz Joseph Freiherr von München-Bellinghausen, geb. zu Krakau 2. April 1806. Aus dem Schauspiele: Der Sohn der Wildniss. — Mel. von Friedrich Kücken Op. 40.

651. Mein Herz ist im Hochland,
mein Herz ist nicht hier. 1835.
Vf. Ferdinand Freiligrath, geb. zu Detmold 17. Juni 1810. Nach Robert Burns. — Die ursprüngliche Mel. in F. Silcher, Ausländische Volksmelodien mit deutschem Text 2. Heft Nr. 1.

652. Mein Lebenslauf ist Lieb' und Luft
und lauter Liederfang.
Vf. August Mahlmann. Schon 1803 bekannt. — Bekannte Mel. in Liederweisen zum Teutschen Liederbuch für Hochschulen (Stuttg. 1823) Nr. 104.

653. Mein Lieb ist eine Alpnerin,
gebürtig aus Tyrol.
Vf. unbekannt. Aus neuerer Zeit. Volksweise.

654. Mein lieber (guter) Michel liebet mich. 1776.
Vf. Traugott Benjamin Berger, geb. zu Wehlen bei Pirna 18. Juli 1754, † zu Dresden 14. Mai 1810 als Steuersecretär. S. Liederchen und Gedichte von T. B. Berger, Leipz. 1777. S. 7. 8. — Volksweise. Vgl. Erk, Volkslieder 2. Bd. 4/5 Heft Nr. 50.

655. Mein Mädchen und mein Wein,
die wollen sich entzwei'n.
Vf. Friedrich v. Hagedorn. Zuerst in (Hagedorn) Samml. Neuer Lieder u. Oden 1. Th. 1742. Nr. 11, mit einer Mel.

656. Mein Mädchen ward mir ungetreu,
das machte mich zum Freudenhasser. 1775.
Vf. Göthe. Zuerst in (Jacobi) Iris Bd. 3. 1. St. April 1775. S. 157. 158, P. unterzeichnet. Vgl. Viehoff 3, 451. — Mel. von J. F. Reichardt in Melodien zum Mildh. Liederb. Nr. 367; bei Fink Nr. 787.

---

*) Grass trat, wie Gödeke im Grundriss S. 1108 bemerkt, 1782 erst in das Lyceum zu Riga ein!

657. **Mein Trautel hält mich für und für
in festen Liebesbanden.** 1775.

Vf. Bürger. — Mel. von J. A. P. Schulz: Gesänge am Clavier 1779. S. 6, Lieder im Volkston 2. Th. 1785. S. 5, dann in den Melodien zum Mildh. Liederb. Nr. 359.

658. **Meine Ruh' ist hin,
mein Herz ist schwer.**

Vf. Göthe. Steht zuerst gedruckt in dem 1790 erschienenen Faust-Fragment S. 133. — Compos. von Franz Schubert.

659. **Meine Schäfchen Morgens früh,
früh bis an den Abend.**

Vf. unbekannt. Schon zu Anf. der 90r Jahre des vor. Jahrh. bekannt. — Mel. in den Melodien zum Mildh. Lb. 1799, Nr. 406, n. A. Nr. 609. von Queck.

660. **Mi Schätzeli isch uf der Wanderschaft.** 1822.

Text und Mel. von H. v. F. in Erk, Volkslieder für Männerstimmen 1. Heft Nr. 56.

661. **Mich ergreift, ich weiß nicht wie,
himmlisches Behagen.** 1802.

Vf. Göthe. Vgl. Viehoff 2, 441—444. — Mel. von J. F. Reichardt, bei Fink Nr. 686. Mel. nach W. Ehlers 1817 in meinem Volksgesangb. Nr. 108. Wilhelm Ehlers, geb. im Hannöv. 1774, † zu Mainz 30. Nov. 1845.

662. **Mich fliehen alle Freuden.**

Aus: Die schöne Müllerin, komisches Singspiel in 2 Aufzügen von Giov. Paesiello. Das ital. Lied beginnt: Nel·cor più mi sento. Giovanni Paesiello, geb. zu Tarent 1741, † zu Neapel 1816. Melodie mit deutschem Texte bei Fink Nr. 904.

663. **Mir auch war ein Leben aufgegangen,
welches reichbekränzte Tage bot.**

Vf. Christoph August Tiedge (Urania 1801), geb. zu Gardelegen 14. (nicht 13!) Decbr. 1752, † zu Dresden 8. März 1841. — Compon. von Friedrich Heinrich Himmel 1803. Op. 18, bei Fink Nr. 964.

664. **Mir blühet kein Frühling,
mir lacht keine Sonne.**

Vf. unbekannt. Findet sich schon in: Blumenkränze geselliger Freude (Liedersamml. Bremen, Carl Seyffert 1805) S. 61. 62. — Bekannte Melodie.

665. **Mir ist auf der Welt nichts lieber
als das Stübchen wo ich bin.**

Vf. unbekannt. — Mel. von P. v. Winter, 4stimmig bei Fink Nr. 188.

666. Mir ist doch nie so wohl zu Muth,
als wenn du bei mir bist. 1776.

Vf. Johann Martin Miller. Zuerst im Voss. Musenalmanach 1779. S. 50. Dann mit der Jahrszahl 1776 in: J. M. Miller's Gedichte (Ulm 1783) S. 385. 386. — Volksweise.

667. Mir ist so wohl in deiner Nähe. 1796.

Vf. G. W. Christoph Starke. Zuerst in Becker's Taschenb. zum gesell. Vergnügen für 1797. S. 202. 203, in der 3. Aufl. S. 168. 169. — Der Componist der schönen Melodie ist noch nicht ermittelt.

668. Mir träumt', ich war ein Vögelein
und flog auf ihren Schoß. 1775.

Vf. Hölty. Zuerst im Voss. Musenalmanach 1776. S. 230. 231, dann in: Gedichte von Hölty. Besorgt durch Stolberg u. Voss (Hamburg 1783) S. 105. 106 mit der Jahrsz. 1775. Fehlt in der von Voss besorgten Ausgabe: Hamb. Bohn 1804. — Mel. von Joh. André: Lieder 1. Th. (Offenbach 1790) S. 5.

669. Mit dem Pfeil, dem Bogen,
durch Gebirg und Thal. 1803.

Vf. Schiller. — Mel. von Anselm Weber 1804, geb. zu Mannheim 18. April 1766, † zu Berlin 23. März 1821 als Capellmeister. Text und Mel. in meinem Volksgesangbuch Nr. 109; auch bei Fink Nr. 211.

670. Mit der Fiedel auf dem Rücken,
mit dem Käppel in der Hand. Vor 1821.

Vf. Wilhelm Müller. — Mel. von Bernhard Klein: Lieder u. Gesänge mit Begl. des Pf. (Berlin bei Christiani) S. 2.

671. Mit frohem Muth und heiterm Sinn
ziehn Preußen wir nach Frankreich hin. 1814.

Vf. unbekannt. Ein ursprünglich preussisches Lied (wonach der Text bei Fink Nr. 517), verschieden von den Volksliedern gleiches Anfangs. — Volksweise, s. meine Schles. Volkslieder Nr. 258.

672. Mit Hörnerschall und Lustgesang. 1794.

Vf. Gottfried August Bürger, geb. zu Wolmerswende im Halberstädt. 1. Jan. 1748, † zu Göttingen 8. Juni 1794. Zuerst gedruckt im Gött. Musenalmanach 1795. S. 6—8. — Mel. von Friedrich Wilhelm Berner 1821; nach la chasse de Dussek.

673. Mit jammervollem Blicke,
von tausend Sorgen schwer. 1781.

Vf. Schubart. Noch jetzt in flieg. Blättern, aber abgekürzt. — Volksweise.

674. Mit Mädchen sich vertragen,
mit Männern 'rumgeschlagen. 1775.

Vf. Göthe. Vgl. Viehoff 1, 317—319. Die spätere Lesart (Göthe's W. in 40 Bänden, Bd. 1. S. 107) erst vom J. 1787—88. — Volksweise.

675. Mit Thränen spricht mein junges Weib
früh, wenn der Tag erwacht. 1766.

Vf. Daniel Schiebeler, geb. zu Hamburg 25. März 1741, † das. 19. Aug. 1771. Zuerst in: Unterhaltungen. Zweiten Bandes 6. Stück S. 477. 478. — Volksweise.

676. Möchte wissen, wenn ich bald begraben werde sein.

Vf. Moriz Gottlieb Saphir, geb. zu Lovas-Bereny bei Ofen 8. Februar 1795, † zu Baden bei Wien 5. Sept. 1858. — Mel. von Gottfried Preyer 1844, geb. zu Hausbrunn in Niederösterreich 15. März 1809. — Das Lied hat die Ueberschrift: Ob sie wol kommen wird.

677. Morgen, Kinder, wird's was geben,
morgen werden wir uns freu'n!

Vf. unbekannt. — Mel. von Carl Gottlieb Hering: Neue praktische Singschule für Kinder. 4. Bdchn. (Leipz. 1809. 4°) S. 32, und dreistimmig in dessen: Volksschulengesangbuch 2. Abth. (Lpz. 1824) S. 86. 87. — In Berlin singt man dies Lied nach einer beliebten Volksweise.

678. Morgen kommt der Weihnachtsmann. 1835.

Vf. H. v. F. — Mel. von Ernst Richter 1835 in: H. v. F. 50 Kinderlieder (Lpz. 1843) Nr. 50.

679. Morgen marschieren wir, abe! 1829.

Vf. H. v. F. — Mel. von Julius Stern (Op. 12), geb. 8. Aug. 1820 zu Breslau. Sehr beliebte Volksweise, s. mein Volksgesangbuch Nr. 140.

680. Morgen, morgen, nur nicht heute!
sprechen immer träge Leute.

Vf. Christian Felix Weisse: Kleine Lyrische Gedichte, 3. Bd. (Lpz. 1772) S. 103 ff. — Mel. von Carl Spazier 1793 in den Mel. zu Hartungs Liedersamml. (Berlin 1794) S. 21.

681. Morgen müssen wir verreisen,
und es muß geschieden sein. 1826.

Vf. H. v. F. — Mel. von Imanuel Sauermann. Text und Mel. in meinem Volksgesangb. Nr. 111. — Mel. von Friedrich Silcher 1837—39: Volkslieder 3. Heft Nr. 5 und Volkslieder für 4 Männerstimmen 6. Heft Nr. 12. Op. 31; dann in Erk, Sängerhain 1. Heft Nr. 56 u. Liederkranz 2. Heft Nr. 30.

682. Morgenroth! Morgenroth!
    leuchtest mir zu frühem Tod. 1824.

Vf. Wilhelm **Hauff**, geb. zu Stuttgart 29. Novbr. 1802, † das. 18. Nov. 1827. Steht zuerst in: Kriegs- u. Volks-Lieder (Stuttgart 1824) S. 84. Ist eine Umdichtung des immer noch nicht verdrängten Volksliedes:

        Gut gedacht, gut gedacht,
        aller Freud' ein End gemacht —

s. dessen Text und Mel. in: Silcher, Volkslieder für 4 Männerstimmen 2. Heft Nr. 8. 3 Strophen, und Erk, Volkslieder 1. Bd. 3. Heft Nr. 62. 6 Strophen. Anderer Text in: Ernst Meier, Schwäbische Volkslieder Nr. 50. 5 Strophen.

683. Müde bin ich, geh' zur Ruh.

Vf. Luise **Hensel**, geb. zu Linum in der Mark Brandenburg 30. März 1798. Zuerst in Diepenbrocks Blumenstrauss (Sulzbach 1829). — Mel. von Johann Georg **Witthauer** in: Erk, Kindergärtchen Nr. 36, ursprünglich im 6/8 Tact und zu: Nacht und Still' ist um mich her, gehörig.

684. Nach der Heimath möcht' ich wieder,
    in der Heimath möcht' ich sein!

Vf. Carl **Beils**. — Mel. von C. G. **Reissiger** Op. 50, dem Dichter „Herrn Carl Beils" gewidmet, bei Fink Nr. 431.

685. Nach Frankreich zogen zwei Grenadier. 1816.

Vf. Heinrich **Heine**. — Mel. von C. G. **Reissiger**.

686. Nach Kreuz und ausgestandnen Leiden.

Vf. Nicolaus **Sturm**, mit dem Klosternamen Marcellinus, geb. zu Rötz im Regenkreise 9. Juli 1760, † zu München 1786. Siehe: Lieder zum Theil in baierischer Mundart von P. Marcelin Sturm, ehemaligem Augustiner. In Musik gesetzt nach den eigenen Melodien des Verfassers von dem kön. Advokaten Giehrl in Neunburg vorm Walde. 1819. Nr. 15. — Vgl. Kretzschmer, Volkslieder 1. Th. Nr. 157. 2. Th. Nr. 347.

687. Nach Sevilla, nach Sevilla. 1801.

Vf. Clemens **Brentano**, geb. 9. Sept. 1778 zu Thal Ehrenbreitstein, † zu Aschaffenburg 28. Juli 1842. Zuerst in: Ponce de Leon. Lustspiel in fünf Aufzügen. Von Clemens Brentano (Hamb. 1804) S. 212. 213. — Mel. von Luise **Reichardt**, geb. zu Berlin 1778, † zu Hamburg 17. Nov. 1826. — Text und Mel. in meinem Volksgesangbuch Nr. 114.

688. Nacht und Still' ist um mich her. 1779.

Vf. Heinrich Christian Ludwig **Senf**, † 1793 als Landpfarrer in Sachsen. Zuerst im Götting. Musenalmanach 1780. S. 89. 90,

unterzeichnet: Filidor; dann in: Gedichte von Filidor. Mit Musik.
(Lpz. 1788) S. 17 mit Mel. von Sterkel. Durch Hoppenstedt's Lieder
für Volksschulen (1. Aufl. 1793) im nördlichen Deutschland sehr
verbreitet. Galt früher für ein Lied Stamford's: es steht auch in dessen Nachgelassenen Gedichten (Hannover 1808) S. 121. 122; der
Herausgeber, Marcard, bemerkt jedoch, dass gerade dies Lied in der
von St. selbst besorgten Samml., die der Vf. ins Reine schreiben
lassen und selbst geordnet habe, nicht vorkomme. — Mel. von Joh.
Georg Witthauer: Sammlung vermischter Clavier- und Singstücke.
1. Stück (Hamburg 1785). Die bekannteste Mel. die von Hans Georg
Nägeli 1815 in: Erk, Liederkranz 1. Heft Nr. 93. — Eine sehr
schöne Mel. von Christian Heinrich Rinck: Zwölf Schullieder für
zwei Sopran- u. eine Bassstimme (Mainz 1827) Nr. 4.

689. **Nachtigall, Nachtigall, wie sangst du so schön!** 1844.
Vf. H. v. F. — Volksweise in: Erk, Liederkranz 2. Heft
Nr. 22.

690. **Nachts um die zwölfte Stunde**
verläßt der Tambour sein Grab.
Vf. Joseph Christian Freih. von Zedlitz, geb. zu Johannisberg
in Schlesien 28. Febr. 1790. — Oft componiert.

691. **Namen nennen dich nicht.** 1785.
Vf. Wilhelm Ültzen, geb. 29. Sept. 1759 zu Celle, † zu Lan-
gelingen bei Celle 8. April 1808 als Pastor. Das Lied stand zuerst
im Gött. Musenalmanach vom J. 1786. S. 127. Wodurch hinlänglich
widerlegt wird, dass es weder von Klopstock noch von Jean Paul, am
allerwenigsten aber vom Medicinalrath Neumann in Trier verfasst ist.
Mehr darüber bei Erk, Volksl. 2. Bd. 4/5. Heft Nr. 83. — Die Volksmelodie ist gewiss ziemlich alt. Der Geh. Kriegsrath Kretzschmer er-
zählte mir im J. 1822 zu Berlin, er habe das Lied zu Halle einem
Freunde zu Liebe, der damals mit ihm dort studiert, in Musik gesetzt
und die Melodie habe so gefallen, dass sie bald allgemeine Verbreitung gefunden. Es besteht ein Einzeldruck mit Noten: Jean Paul
Lieblingslied mit Veränderungen für die Singstimme von Eunike
(Berlin bei F. S. Lischke, wol um 1830?). — Andreas Kretzschmer, pens. geh. Kriegsrath, † zu Anklam 5. März 1839. — Text
und Melodie in meinem Volksgesangb. Nr. 115, wie beide im Munde
des Volkes leben.

692. **Ne G'fang in Ehre.**
Vf. Johann Peter Hebel, geb. zu Basel 10. Mai 1760, † zu
Schwetzingen 22. Sept. 1826. Zuerst in: Allemannische Gedichte
(Carlsruhe 1803) S. 29. 30 mit Melodie von Karl Ludwig Müller,
Pfarrer in Friesenheim.

693. Nein, ich will's nicht länger leiden. 1831.

Vf. Friedrich Förster. Ueberschrift: Der kleine Hans. — Mel. von Friedrich Curschmann 1831. Op. 11.

694. Nicht bloß für diese Unterwelt
schlingt sich der Freundschaft Band. 1783.

Vf. vermuthlich Johann Timotheus Hermes, geb. zu Petznik bei Stargard in Hinterpommern 31. Mai 1738, † zu Breslau 24. Juli 1821 als Superintendent. — Mel. von Carl Gottlob König: Lieder mit Melodien für Klavier und Gesang (Lpz., Breitkopf 1788), danach in: Erk, Liederkranz 1. Heft Nr. 117 und bei Fink Nr. 109.

695. Nichts Schöners auf der ganzen Welt
als wie ein Harfenist. 1827.

Vf. Ferdinand Raimund: Die gefesselte Fantasie.

696. Nie kommen auf die Ruhgedanken. 1815.

Vf. Carl Göttling. — Mel. von Albert Methfessel in meinem Volksgesangbuch Nr. 117. Zuerst in Methfessel's Commers- u. Liederbuch 1818. Nr. 40.

697. Noch einmal, Heinrich (Robert), eh' wir scheiden,
komm an Elisa's klopfend Herz.

Vf. Friedrich Voigt, geb. zu Camenz 16. Mai 1770, † zu Artern a. d. Unstrut 5. Januar 1814 als Pfarrer. Zuerst in: Lieder für das Herz. Zur Beförderung eines edlen Genusses in der Einsamkeit von C. F. T. Voigt (Lpz. 1799) S. 72—74. — Bekannte Melodie, bei Fink Nr. 905.

698. Noch einmal muß ich vor dir stehn,
noch einmal in dein Auge sehn. 1819.

Vf. Johanna Schopenhauer: Gabriele 2. Th. 1821. S. 198. 199 mit einer Compos. von Dr. Kniewel in Danzig. — Bekannte Melodie.

699. Noch senkt mit bleiernem Gefieder
der Schlaf sich auf dein Haupt. 1803.

Vf. A. von Kotzebue: Fanchon, das Leyermädchen. Vaudeville in drey Acten von Bouilly. Aus dem Franz. übersetzt von A. v. Kotzebue, componirt vom Kapellm. Himmel. (Lpz. Kummer) S. 12.

700. Nord oder Süd! Wenn nur im warmen Busen. 1816.

Vf. Karl Lappe, geb. zu Wusterhausen bei Greifswald 24. April 1773, † zu Pütte bei Stralsund 28. October 1843 (nach Gödeke's Grundr. S. 1107). Steht wol zuerst in: Zeitung für die elegante Welt 1816. Nr. 106. Sp. 847. 848, dann in: Blätter von K. Lappe 1. Heft (Stralsund 1824) S. 14—17. — Die sehr beliebte Melodie ist von Karl Klage 28. Dec. 1831, geb. zu Berlin 21. Mai 1788,

† das. 12. Oct. 1850 als Musikdirector. — Mel. von Christian Schulz bei Fink Nr. 998. — Mel. von Beethoven Op. 113.

701. Nun, Halle, gute Nacht!
    das Schicksal ruft mich fort.

Vf. Christian Wilhelm Kindleben, in den von ihm herausg. Studentenliedern 1781. S. 119. 120. — Bekannte Melodie.

702. Nun leb wohl, du kleine Gasse!
    nun ade, du stilles Dach.

Vf. Albert Graf Schlippenbach. — Mel. von Friedrich Silcher 1853—1855: Volkslieder für vier Männerstimmen 11. Heft Nr. 4. Op. 65.

703. Nun so laßt uns denn hinaus marschieren! 1848.

Vf. H. v. F. — Mel. von Albert Methfessel in s. Commers-u. Liederb. 1851. Nr. 59.

704. Nun verlaß' ich diese Hütte,
    meiner Liebsten Aufenthalt. 1768.

Vf. Göthe. Zuerst in: Neue Lieder in Melodieen gesetzt von Bernhard Theodor Breitkopf (Lpz. 1770) Nr. 3; vgl. Viehoff 1, 52. 53. Breitkopf, geb. zu Leipzig 1749, † zu Petersburg 17. Nov. 1820 als russ. Staatsrath. — Mel. von Bernhard Klein Op. 15.

705. Nun zu guter Letzt
    geben wir dir jetzt. 1846.

Vf. H. v. F. — Mel. von Felix Mendelssohn - Bartholdy Op. 76. 'Letztes Lied für Männerchor, componirt Ende des Sommers 1847.'

706. Nur fröhliche Leute laßt, Brüder, mir heute. 1820.

Vf. Johann Karl Wilhelm Geisheim, College am Elisabethan zu Breslau, geb. das. 6. Sept. 1784, † 30. Jan. 1847. Ohne des Verf. Namen in Methfessel's Commers- u. Liederb. 1820, mit der Mel. von F. W. Berner, beides wiederholt in: Auswahl deutscher Lieder (Lpz., Serig 1827) S. 266—268. Zuerst mit des Verf. Namen in: Poesien der dichtenden Mitglieder des Breslauer Künstlervereins (Bresl. 1830) S. 28—30.

707. Nur gesehn von meiner Lampe Schimmer.

Vf. Sophie Albrecht, geb. zu Erfurt 1757, † zu Hamburg 16. Nov. 1840. — Mel. von Joseph Carl Ambrosch, geb. zu Krumau in Böhmen 1759, † zu Berlin 8. Sept. 1822. Die Mel. ist vom Volke verkürzt worden.

708. Nur wer die Sehnsucht kennt
    weiß, was ich leide! 1783—85.

Vf. Göthe: Wilh. Meisters Lehrjahre 2. Bd. 1795. S. 265. 266 mit Mel. von Reichardt. Vgl. Viehoff 1, 553—555; 3, 512. — Mel.

von L. van Beethoven 1810: Die Sehnsucht von Göthe mit vier Melodien Op. 38; von Conradin Kreutzer; von J. F. Reichardt (Göthe's Lieder, Oden ff. 1809. 2. Abth. S. 51).

709. O der schöne Maienmond! 1789.
Vf. J. H. Voss. — Mel. von J. A. P. Schulz: Lieder im Volkston 3. Th. 1790. S. 27; in den Melodien zum Mildh. Liederb. Nr. 127; Erk., Liederkranz 1. Heft Nr. 31. — Mel. von Friedrich Kuhlau.

710. O du Deutschland, ich muß marschieren. 1815
Vf. E. M. Arndt: Gedichte 2. Bd. (Frankf. 1818) S. 268. 269. Eine Nachbildung des bekannten Volksliedes, das ebenso beginnt und immer noch nicht verdrängt ist, obschon es Fink (Hausschatz S. 17) ein 'Spottlied' zu nennen beliebt. — Volksweise in meinen Schles. Volksliedern Nr. 255 und in Erk, Volksl. 1. Bd. 4. Heft Nr. 3. — Mel. von Friedrich Silcher 1830—34: Volkslieder für vier Männerstimmen 4. Heft Nr. 4. Op. 18..

711. O gib, vom weichen Pfühle,
träumend, ein halb Gehör! 1803.
Vf. Göthe. Nach dem italien. Volksliede: Tu sei quel dolce fuoco, l'anima mia sei tu! Vgl. Viehoff 2, 490—494. — Mel. von J. F. Reichardt in: Gesänge mit Begl. der Chitarra eingerichtet von Wilh. Ehlers (Tüb. 1804) S. 39.

712. O hört des armen Mannes Bitte
und reicht ihm einen Bissen Brot! 1833.
Vf. Ferdinand Raimund: Der Verschwender, Musik von Conradin Kreutzer.

713. O laßt mich ruhn an dieser lieben Stelle! 1819.
Vf. Johanna Schopenhauer, geb. zu Danzig im Juli 1770, † zu Jena 17. April*) 1838. Zuerst in ihrem Roman: Gabriele 1. Th. (Lpz., Brockhaus) S. 177—179. — Bekannte Melodie.

714. O legt mich nicht ins dunkle Grab! 1812.
Vf. Ludwig Uhland. — Mel. von Conradin Kreutzer.

715. O lieber guter Frühling, komm! 1828.
Text u. Mel. von H. v. F. in: Erk, Volkslieder für Männerstimmen 1. Heft Nr. 53.

716. O lieber, heil'ger frommer Christ! 1810.
Vf. Arndt. — Mel. von Gottlob Siegert 1821, geb. zu Ernsdorf bei Reichenbach in Schlesien 6. Mai 1789. Text u. Mel. in Erk, Kindergärtchen Nr. 102.

---

*) Nach dem Conv.-Lex. irrthümlich den 18. April.

717. O liebliche Laute, du süße Vertraute!

Vf. Basil. — Comp. von Scheibler, wahrscheinlich Johann Heinrich Scheibler, geb. zu Montjoie 11. Nov. 1777, † zu Crefeld 20. Nov. 1837.

718. O selig wer liebt!

Vf. Friederike Brun: Gedichte von Fr. Brun, geb. Münter. Herausg. durch Fr. Matthisson (Zürich 1795) S. 23—25. Darin auch die Mel. von J. A. P. Schulz, wiederholt bei Fink Nr. 863.

719. O Tannenbaum, o Tannenbaum,
wie treu find deine Blätter!

Vf. August Zarnack: Volkslieder 2. Th. 1820. Nr. 51. 4 Strophen. Umdichtung des ebenso anfangenden Volksliedes, mit drei Melodien bei Erk, Liederhort Nr. 155; ein altes Lied, vgl. meine Schles. Volkslieder Nr. 52.

720. O Thäler weit, o Höhen,
o schöner grüner Wald! 1810.

Vf. Jos. von Eichendorff. Zuerst in: Aus dem Leben eines Taugenichts und das Marmorbild. Zwei Novellen nebst einem Anhange von Liedern und Romanzen von Jos. v. Eichendorff (Berlin 1826) S. 239. 240. — Mel. von Mendelssohn-Bartholdy Op. 59. — Auch eine jetzt viel gesungene Melodie von Ludw. Erk (1843): Volksklänge Nr. 40 und deutscher Liederschatz Nr. 14. Ludwig Erk, geb. zu Wetzlar 6. Januar 1807.

721. O Tübingen, du theure Stadt!
bin deiner Weisheit voll und satt!

Vf. Justinus Kerner. — Mel. von Friedrich Silcher in: Allgemeines Deutsches Commersbuch (Lahr 1858) S. 240. 241.

722. O wär' ich doch des Mondes Licht,
dann könnt' ich sie begrüßen.

Vf. Caroline Caspari, geb. zu Berlin 16. November 1808, Gesanglehrerin. Ueber der Composition von F. Kücken Op. 18. ist die Dichterin also angegeben: „Caroline C......"

723. O was in taufend Liebespracht
das Mädel, das ich meine, lacht! 1776.

Vf. Bürger. Zuerst im Gött. Musenalmanach 1777. S. 184—187; dann umgearbeitet daselbst 1792. S. 215—218. — Melodie von Friedrich Wilhelm Weiss im Gött. Musenalmanach 1777. S. 184. — Mel. von J. A. P. Schulz: Lieder im Volkston 3. Th. 1790. S. 12, in den Melodien zum Mildh. Liederb. Nr. 361.

724. O wie bist du mir so theuer,
du Geschenk von Maja's Sohn!

Ein beliebtes Guitarrenlied. Ich hörte es bereits 1816 singen. In einer Sammlung von der Hand eines Mädchens stand die für viele verständlichere Lesart: Du Geschenk von Majors Sohn. — Volksweise von Friedrich Pallas in: Junghans, Melodien zum allgem. Taschenliederbuch Nr. 58.

725. O wie herrlich, o wie labend ift auf einen heißen Tag. 1786.
Aus der komischen Oper: Doctor und Apotheker, Text von G. Stephanie, Musik von Ditters v. Dittersdorf. — Gottlieb Stephanie der Jüngere, geb. zu Wien 19. Febr. 1741, † das. 23. Januar 1800. — Carl Ditters von Dittersdorf, geb. 2. Nov. 1739 zu Wien, † zu Rothlhotta bei Neuhaus in Böhmen 31. Oct. 1799.

726. O wie ift es kalt geworden und fo traurig, öb' und leer! 1835.
Vf. H. v. F. — Mel. von demselben 1822. Text und Melodie in meinem Volksgesangb. Nr. 124 u. Erk, Liederkranz 1. Heft Nr. 20.

727. O wie lieblich ift's im Kreis trauter Biederleute.
Vf. Daniel Jäger, geb. zu Mühlhausen in Thüringen 2. Juni 1762, † zu Lindenau bei Leipzig 26. Oct. 1802. — Mel. von Franz Anton Hoffmeister in Erk, Liederkranz 2. Heft Nr. 37. Noch jetzt ein beliebtes Freimaurerlied.

728. O wie luftig läßt fich jetzt marfchieren in der frifchen kühlen Maienzeit! 1851.
Vf. H. v. F. — Volksweise in: Erk, Liederkranz 1. Heft Nr. 126.

729. O wie fchön und heiter Alles um mich her! Auf der Wefen Leiter keines freudenleer!
Aus J. F. Reichardt's Singspiel: Liebe nur beglückt; auch in dessen: Lieder und Oden. 3. Th. (Berlin 1781) S. 45, woselbst auch die Melodie.

730. Ob ich dich liebe? Frage die Sterne!
Vf. Carl Herlosssohn. — Melodie von Franz Abt 1842. Op. 39.

731. Ob fie meiner wol gedenkt, nun von ihr ich losgerissen? 1836.
Vf. Johann Nepomuk Vogl. — Mel. von Heinrich Proch Op. 22. — Mel. von C. G. Reissiger Op. 100.

732. Oben glänzt des Himmels Bläue. 1795.
Vf. J. H. Voss. Zuerst im Voss. Musenalmanach 1798. S. 42. 43, mit der bekannten Mel. von J. F. Reichardt. Das Lied mit der Jahrszahl 1795 in: Voss, Sämmtliche Gedichte. 5. Th. (Königsb. 1802) S. 262—264.

733. Ohne Lieb' und ohne Wein,
      was wär' unfer Leben? 1761.

Vf. Christian Felix Weisse. Aus: Die verwandelten Weiber oder Der Teufel ist los. Eine komische Oper in drey Aufzügen von C. F. Weisse. Verbesserte Ausg. (Lpz. 1776) S. 22. 23. — Melodie von Johann Adam Hiller, geb. zu Wendisch-Ossig 25. Dec. 1728, † zu Leipzig 16. Juni 1804. Text und Mel. bei Erk, Volksl. 1. Bd. 5. Heft Nr. 38; bei Fink Nr. 163.

734. Pinke pank! mit Hochgefang
      will ich mein Handwerk preifen.

Vf. Friedrich Wilhelm Eichholz, geb. zu Halberstadt 18. Febr. 1720, † das. 15. Mai 1800. Zuerst wahrscheinlich in den ohne seinen Namen erschienenen Handwerksliedern (Lpz. u. Dessau 1783). — Mel. von J. L. Böhner in den Melodien zum Mildh. Lb. Nr. 684.

735. Plauderinnen, regt euch ftracks! 1787.

Vf. J. H. Voss. — Mel. von J. A. P. Schulz: Lieder im Volkston 3. Theil 1790. S. 39.

736. Preifend mit viel fchönen Reden
      ihrer Länder Werth und Zahl. 1818.

Vf. Justinus Kerner. Zuerst im Morgenblatt 1818. Nr. 124. S. 493. — Mel. gewöhnlich: In des Waldes finstern Gründen.

737. Preifet die Reben, hoch preifet den Rhein! Im Dec. 1829.

Vf. Johann Joseph Reiff, geb. zu Cobern an der Mosel 11. Dec. 1793. Das Lied wurde am 5. Januar 1830 beim Stiftungsfeste der Coblenzer Casinogesellschaft gedruckt vertheilt und gesungen und erschien dann 1831 bei Simrock in Bonn. — Melodie von Johann Michael Zwing, geb. zu Thal Ehrenbreitstein 9. Juni 1783, † zu Coblenz 12. December 1829. — Text und Mel. in: Gustav Braun, Liederbuch für Studenten (Berlin 1843) Nr. 83. — Es gibt auch eine sehr schöne Mel. von Carl Freih. von Perfall in München, die auch gedruckt und ziemlich verbreitet ist.

738. Prinz Eugenius der edle Ritter. 1717.

Textanfang und Melodie in einer Handschrift unter dem Titel: Musikalische Rüstkammer auf der Harfe 1719, wiederholt mit vollst. Texte in: Lieder und Weisen vergangener Jahrhunderte. Worte und Töne den Originalen entlehnt von C. F. Becker (2. Aufl. Leipzig 1853.) 1. Abth. S. 54—56. — Der Sage nach von einem brandenburgischen Soldaten gedichtet, der unter dem Fürsten von Dessau im Heere Eugens diente. Vgl. Ein Hundert Deutsche Historische Volkslieder, herausg. von F. L. von Soltau, 2. Ausg. S. 527—530. — Text und Mel. in: Erk, Liederhort Nr. 181 und in: Silcher, Volkslieder für vier Männerstimmen 1. Heft Nr. 11.

739. Raritäte fein fu fehn.

Vf. unbekannt. Steht in: Gesangbuch für Ressourcen (Berlin .1797) Anhang S. 8—11; auch mit Textverschiedenheiten als Fl. Bl. 1798. Ist älter: in: Allgemein gesellschaftliches Liederbuch (Hamburg, auf Kosten dreyer Freunde 1790) Nr. 39 findet sich bereits eine Parodie gleiches Anfangs 'Unser aufgeklärtes Jahrhundert im Raritätenkasten', 14 Strophen.

740. Rasch von feiner Lagerstatt,
die ihn sanft gewieget hat. 1826.

Vf. Ludwig Schwarz, geb. zu Breslau 22. Juni 1770, † zu Trachenberg in Schlesien 4. April 1846. Zuerst in: Schlesischer Musenalmanach 1827. Herausg. von Theodor Brand S. 58. 59, dazu als Beiblatt die vierstimmige Composition von F. W. Berner, bei Fink Nr. 485, wo aber der zur 9..Str. gehörige Moll-Satz fehlt.

741. Reich mit des Orients Schätzen beladen.

Vf. unbekannt. — Comp. von Louis Huth Op. 5.

742. Rheinwein nur aus Römerbechern. 1815.

Vf. Karl Göttling. — Mel. von Albert Methfessel: Commers- und Liederbuch 1820.

743. Rose, du sollst dem Tranke der Rebe. 1825.

Vf. H. v. F. — Mel. von Ernst Richter (1834. Op. 16), geb. zu Thiergarten bei Ohlau 15. Nov. 1805, Musiklehrer am Seminar zu Steinau in Schlesien.

744. Rose, wie bist du reizend und mild. 1818.

Aus der Oper: Zemire und Azor, Musik von Louis Spohr, bei Fink, Hausschatz Nr. 786.

745. Rosen auf den Weg gestreut! 1776.

Vf. Hölty. Zuerst im Voss. Musenalmanach für 1778. S. 171. 172. — Mel. von J. F. Reichardt in: Oden und Lieder von Klopstock, Stolberg u. s. w. (Berlin 1779) S. 16. — Text und Mel. in meinem Volksgesangb. Nr. 127: Fink Nr. 115.

746. Rosen pflücke, Rosen blühn,
morgen ist nicht heut. 1764.

Vf. Gleim. — Mel. von Carl Spazier 1793 in seinen Melodieen zu Hartungs Liedersammlung (Berl. 1794.) S. 10. Eine bessere Melodie in: Lieder für Freunde der gesell. Freude (Lpz. 1788) Nr. 20.

747. Ruhig ist der Todesschlummer. 1781.

Vf. Emilie Harms, geb. von Oppel, geb. zu Gotha 1757, † zu Schwerin 27. Juli 1830. Zuerst im Gött. Musenalmanach 1782, S. 135. 136, Aemilia unterzeichnet. — Mel. von Christian Gotthilf

Tag (geb. zu Bayerfeld in Sachsen 1735, † zu Niederzwönitz 19. Juli 1811) in den Melodien zum Mildh. Liederbuch Nr. 793; von Türk bei Fink Nr. 981. Die ins Volk übergegangene Mel. von Georg Heinrich Warneke steht in s. Liedern mit Melodien fürs Clavier (Gött. 1783) S. 26. Warneke, geb. zu Goslar 7. April 1747, † ...... — In: Abraham Voss, Deutschlands Dichterinnen (Düsseldorf 1847) S. 136 ist das Lied irrthümlich Dorothea Charlotte Elisabeth Spangenberg (geb. zu Göttingen 10. Febr. 1755, † das. 18. Juni 1808) zugeschrieben.

748. 's war Einer, dem's zu Herzen ging. 1822.

Vf. Adelbert von Chamisso, geb. zu Boncourt in der Champagne 27. Januar 1781, † zu Berlin 21. August 1838. — Volksweise (gemeinschaftlich gemacht von mir, Chamisso u. Ludwig Berger) in meinem Volksgesangb. Nr. 144. — Vierst. von Zelter.

749. 's wird besser gehn, 's wird besser gehn. 1829.

Aus der Oper: Der Templer und die Jüdin, Text von Wilhelm August Wohlbrück, Musik von Heinrich Marschner 1829.

750. Sagt es, Bewohner der göttlichen Welt,
ob's euch im Leben nicht herrlich gefällt?

Vf. unbekannt. Zuerst wol in: Neues Liederbuch für die Jugend. Eine Auswahl von 250 Liedern und Gesängen (Stuttgart, J. F. Steinkopf 1809) Nr. 5. — Bekannte Melodie.

751. Sagt mir an, was schmunzelt ihr? 1776.

Vf. Voss. — Mel. von J. A. P. Schulz: Gesänge am Clavier (Berlin 1779) S. 42, daraus in: C. F. Becker, Lieder und Weisen 2. Abth. S. 57.

752. Sagt, wo sind die Veilchen hin,
die auf jenem Rasen?

Vf. Karl August Svabe, Secretär bei dem Hofmarschallamt in Dresden, im J. 1789 72 Jahr alt. Text im Journal von und für Deutschland 1792. 1—6. Stück S. 182, daselbst auch einige Lebensnachrichten. Text und Volksweise in: Erk, Volkslieder 2. Bd. 3. Heft Nr. 15. Das Lied hat 6 Str. mit Chor und entstand um 1750.

753. Sagt, wo sind die Veilchen hin,
die so freudig glänzten? 1782.

Vf. Johann Georg Jacobi, geb. zu Düsseldorf 2. Sept. 1740, † zu Freiburg im Breisgau 4. Januar 1814. Zuerst im Voss. Musenalmanach für 1783. S. 22—24. Jacobi's Lied ist nur eine Umdichtung des vorigen Liedes, das damals schon 20 Jahre im Munde des Volkes lebte. — Die Schulz'sche Melodie des Jacobi'schen Textes schon im Voss. Musenalman. 1783, dann mit kleinen Verbesserungen in: Schulz, Lieder im Volkston 2. Th. (Berlin 1785) S. 30; Melo-

8 *

dien zum Mhdh. Liederb. Nr. 424 und, jedoch schlecht verändert,
Fink's Hausschatz Nr. 299.

754. Sah ein Knab' ein Röslein stehn. 1773.

Vf. Wolfgang von Göthe, geb. zu Frankfurt am Main 28. Aug.
1749, † zu Weimar 22. März 1832. Zuerst in: 'Von Deutscher Art
und Kunst (Hamburg 1773)' S. 57. — Mel. von J. F. Reichardt
1793. S. mein Volksgesangb. Nr. 128 und Erk, Liederkranz 1. Heft
Nr. 104. — Mel. von Heinrich Werner, vor 1829, geb. zu Kirch-
ohmfeld im Reg.-Bezirk Erfurt 2. Oct. 1800, † zu Braunschweig
3. Mai 1833, in Erk, Liederkranz 2. Heft Nr. 34.

755. Sanct Paulus war ein Medicus.

Stammt wol aus dem Ende des 17. Jahrh. Ich kann es erst später nachweisen: es findet sich in einem Stammbuche der Weimarischen Bibliothek (Stammb. Nr. 135). Der Besitzer desselben, Johann
Erhart studierte in den Jahren 1721—24 in Jena, Altorf und Tübingen. S. 9 hat ihm ein Student in Jena am 22. März 1722 den Sanct
Paulus eingeschrieben. Daneben S. 8 stehen von knabenhafter Hand
dieselben Worte nachlässig wiederholt mit der Jahrszahl 1690, die
aber weder auf das Buch noch das Lied Beziehung haben kann ').
Um 1770—90 war das Lied auf Universitäten noch sehr beliebt. Es
wird auf einem Commerse gesungen in dem Lustspiel von Joh. Mich.
Hofmann: Der verfürte und wieder gebesserte Student (Frkf. 1770)
S. 35 und steht auch in Kindleben's Studentenliedern 1781. S. 37.
In neuerer Zeit ist es durch die treffliche Zelter'sche Composition
auch in anderen Kreisen sehr beliebt worden. Zelter's Compos. ist
vom J. 1816, s. Briefwechsel zwischen Göthe und Zelter 2, 229.

756. Sassa! geschmauset!
   wer wollte rappelköpfig sein?

Altes Studentenlied. Bereits in: Akademisches Lustwäldlein
durch Herkules Raufseisen (Altdorf bey Nürnb. 1794) Nr. 34, jedoch
ohne diese jetzt übliche Anfangsstrophe. — Bekannte Weise.

757. Schalle, du Freiheitssang! 1817.

Vf. Karl Follen, geb. zu Giessen 3. Sept. 1795, † auf einem
in Brand gerathenen Dampfschiffe 13. Jan. 1841. Zuerst in: Kurze
und wahrhaftige Beschreibung des grossen Burschenfestes auf der
Wartburg bei Eisenach am 18ten und 19ten des Siegesmonds 1817
[von Karl Hoffmeister] (Gedruckt in diesem Jahr.) S. 63. 64. Beginnt: Brause, du Freiheitssang! Mit der Mel. in: Deutsche Bur-

---

*) Danach zu berichtigen die Angabe in der Geschichte des Jenaischen
Studentenlebens durch die Brüder Keil S. 219, wodurch ich zuerst aufmerksam wurde.

schenlieder (Jena, Cröker 1817) Nr. 2. Dann etwas verändert in seines Bruders Adolf 'Freye Stimmen frischer Jugend' (Jena 1819) S. 1. 2.

758. Scheermesser, Messer schleif!
fi fi fi fi fi fi fi fi, Scheermesser schleif! 1778.
Vf. unbekannt. Zuerst in: Die Schreibtafel. Siebente Lieferung. Mannheim 1779. S. 60—62. 6 Strophen. Unter der Ueberschrift die Jahrsz. 1778. Vielleicht von Kazner gedichtet, der als Mitarbeiter gegolten hat.

759. Schier dreißig Jahre bist du alt. 1827.
Vf. Karl von Holtei, geb. 24. Januar 1797 zu Breslau. Das Lied gehört zu Holtei's Lenore, vaterl. Schauspiel mit Gesang, zum erstenmal aufgeführt auf dem Königsstädtischen Theater zu Berlin, 12. Juni 1828. Der 3. Act der Lenore mit dem Mantelliede entstand im Winter 1827. Das Mantellied selbst, von Max Eberwein der alten Volksweise angepasst, wurde schon vor der Aufführung in Weimar viel gesungen. — Die Melodie ist die bekannte des Volksliedes: Es waren einmal drei Reiter gefangen, s. mein Volksgesangbuch Nr. 67; Erk, Volkslieder 1. Bd. 1. Heft Nr. 51; trotzdem hat Fink Nr. 541 die Mel. noch besonders dazu gegeben, nachdem er unter Nr. 540 die ursprüngliche hat.

760. Schlacht, du brichst an! :|: 1813.
Vf. Theodor Körner. — Mel. Feinde, rings um! — Mel. von C. M. v. Weber Op. 42: Körner's Leyer und Schwerdt 2. Heft (1814) Nr. 5.

761. Schlaf, Herzenssöhnchen! mein Liebling bist du! 1811.
Vf. Franz Carl Hiemer. — Mel. von C. M. von Weber. Text und Mel. zuerst in: Fünf Gesaenge mit Begleitung der Guittare von Carl Marie von Weber Op. 13. (Augsburg, Gombart) Nr. 2. Vgl. Zeitung für die eleg. Welt 1811. Nr. 113. Später mit Clavierbegl. als Beil. Nr. 3. in der Zeitg. f. d. eleg. Welt 1812.

762. Schlaf, Kindchen, schlaf!
da draußen ist ein Schaf.
In: Kleine Kinderbibliothek von Joachim Heinrich Campe 1. Bdchen (Hamb. 1779) S. 2. 3, unterzeichnet C. (Campe). Campe, geb. zu Deensen bei Holzminden 1746, † zu Braunschweig 22. Oct. 1818. — Mel. von J. F. Reichardt 1781: Wiegenlieder für gute deutsche Mütter (Lpz. 1798) Nr. 11, in den Melodien zum Mildh. Lb. Nr. 285, fälschlich dem G. P. Weimar zugeschrieben.

763. Schlaf, süßer Knabe, süß und mild! 1771.
Vf. Matthias Claudius: Asmus omnia 1. 2. Th. 1775. S. 67. Zuerst in der von Claudius herausg. Zeitung: Der Wandsbecker Bothe

1771. Nr. 28. — Melodie von J. A. P. Schulz: Lieder im Volkston 2. Th. 1785. S. 6; von Reichardt in: Wiegenlieder für gute deutsche Mütter von J. F. Reichardt Nr. 9. — Die angeblich Mozart'sche Mel. ist mitgetheilt in der musikalischen Zeitschrift: Caecilia 25. Bd. (Mainz 1846) S. 128 rechts.

764. Schlafe, mein Prinzchen! es ruhn
Schäfchen und Vögelchen nun.

Die bekannte Melodie in: Sammlung beliebter Lieder und Gesänge von J. Carl Schrödter (Jena) S. 4. 5. Das Lied ist hier 'Gotter' unterzeichnet, doch finde ich es nicht in seinen gesammelten Gedichten (Gotha 1787). — Mel. von Mozart, gedr. in Mozart's Leben von Nissen, Anhang S. 20.

765. Schleichend folgt die Traurigkeit
auf dem Fuß der Freude.

Vf. unbekannt. Noch in fliegenden Blättern. Schon in: Bildungsjournal für Frauenzimmer 4. Stück, April 1788 (Zittau u. Lpz.) als Musikbeil.; auch in: Fantasien und Gedichte. Eine Auswahl der besten Dichter Deutschlands (Breslau 1796) S. 53. 54., 6 Str. — Bekannte Volksweise.

766. Schleswig-Holstein, meerumschlungen. 1844.

Vf. Carl Friedrich Strass, geb. zu Berlin 18. Januar 1803, und M. F. Chemnitz. Dies Lied in seiner jetzigen Gestalt ist Nr. 2. in: Gedichte von Karl Friedrich Heinrich Strass. Neue vielfach verbesserte und vermehrte Ausgabe. (Berlin, Allgemeine deutsche Verlags-Anstalt 1852), und von einer langen Anmerkung begleitet, deren Anfang also lautet: 'Mit diesem Liede hat es eine eigne Bewandtniss. Der Unterzeichnete ist zwar dessen erster Urheber, aber nicht dessen Verfasser in der gegenwärtigen Gestalt. Die Sache ist diese. Im Jahre 1842 sollte der Unterzeichnete einem Liederfeste in Schleswig beiwohnen. Kränklichkeit zwang ihn aber nach Marienbad zu gehen; um jedoch seine Theilnahme zu bezeigen, sandte er drei Lieder, unter welchen eins war, das, vom Musikdirector Bellmann componiert, bei dem Gesang-Feste lebhaften Beifall fand. Dieses Lied, dessen ursprünglichen Text der Unterzeichnete nicht mehr aufzufinden vermag, wurde vom Herrn Advocaten Chemnitz zu Schleswig nach den Local- und Zeitverhältnissen umgearbeitet und ist später so glücklich gewesen, zum Volksliede zu werden. Obiger Text ist grösstentheils Eigenthum des Herrn Chemnitz.' — Mel. von Carl Gottlieb Bellmann in Schleswig, geb. zu Muskau in der Oberlausitz 6. September 1772.

767. Schlummre, Bübchen, schlummr' im Schoß
deiner Mutter sorgenlos.

Vf. Agnes Gräfin zu Stolberg. Zuerst im Vossischen Musenalmanach 1789. S. 197. unterz. 'Psyche', mit Mel. von J. A. P. Schulz, wiederholt in dessen: Lieder im Volkston 3. Th. 1790. S. 6. — — Mel. von J. F. Reichardt: Wiegenlieder für gute deutsche Mütter (Lpz. 1798) Nr. 2. — Agnes Gräfin zu Stolberg, geb. von Witzleben, geb. 9. Oct. 1761, † 15. Nov. 1788.

768. Schön ist das Leben bei frohen Reizen,
   schön ist die Jugend, sie kommt nicht mehr.

Vf. unbekannt. — Volksweise in Erk, Volkslieder 1. Bd. 6. Heft Nr. 20. — Componist wahrscheinlich Aug. Eberh. Müller, von dem eine 'Arie: Schön ist das Leben' in einem Buchhändler-Cataloge von 1797 angekündigt wird.

769. Schön ist die Natur!
   Bach und Hain und Flur.

Vf. Gottlob Wilhelm Burmann: Kleine Lieder für kleine Mädchen und Jünglinge (Berlin 1777) S. 31. — Mel. in Erk, Kindergärtchen Nr. 43.

770. Schön ist's unterm freien Himmel. 1795.

Vf. Franz Karl Hiemer, geb. 1767 im Würtemberg., † zu Stuttgart 15. Nov. 1822 als Oberrechnungskammer-Secretär. Das Lied steht schon in dem 'Taschenbuch für Freunde des Gesanges, 2. Bdch'. (Stuttg. 1796.)' S. 131. Es wurde in und bald nach den Freiheitskriegen viel gesungen. — Die Mel. ist von Christian Gottlob Eidenbenz, geb. 1762, † zu Stuttgart 20. Aug. 1799 als Hofmusicus. — Text und Mel. in meinem Volksgesangb. Nr. 129; Erk, Volkslieder 2. Bd. 1. Heft Nr. 48 und Fink Nr. 550.

771. Schön sind Rosen und Jasmin. 1770.

Vf. Christian Felix Weisse: Die Jagd. Eine komische Oper, in drey Aufzügen. 2. Aufl. (Lpz. 1771) S. 190. 191; comp. von Johann Adam Hiller. — Mel. von J. A. P. Schulz: Gesänge am Clavier 1779. S. 44. und Lieder im Volkston 2. Th. 1785. S. 22.

772. Schön Suschen kannt' ich lange Zeit. 1776.

Vf. Bürger. — Mel. von J. A. P. Schulz: Lieder im Volkston 1. Th. 1785. S. 5, in den Melodien zum Mildh. Liederb. Nr. 344; Fink Nr. 187.

773. Schön Suschen war ein Bürgerkind,
   kaum sechzehn Sommer alt.

Vf. unbekannt. — Mel. von Vincenz Righini, erschien bei Concha in Berlin um 1810.

774. Schön wie Florens Grazien,
   wie die Rose.

Vf. unbekannt. Ein noch nach dem Anf. dieses Jahrhunderts viel gesungenes Lied. — Volksweise.

775. Schöne Mädels, luſt'ge Knaben. 1799.

In Becker's Taschenbuch zum geſell. Vergnügen 1800. S. 273—
275 unterzeichnet: Seyfried. Nicht Heinrich Wilhelm Seyfried (geb.
zu Frankfurt a. M. 28. Juli 1755, † zu Berlin 20. April 1800), sondern nach Gödeke's Grundriss S. 1108: Anton Seyfried, Officier
in München. — Mel. von C. G. Werner daselbst auf der Beilage.

776. Schöne Minka, ich muß ſcheiden. 1808.

Vf. Christoph August Tiedge. Zuerst in Becker's Taschenbuch
zum geſell. Vergnügen 1809. S. 281. 282. Später von Tiedge völlig umgedichtet, siehe Tiedge's Werke von Eberhard 4. Bdch. S. 113
—116, dagegen in der 4. Aufl. (Leipzig 1841) 3. Bdch. S. 17 und
18 wieder die erste Lesart. Vgl. Erk, Volkslieder 2. Bd. 1. Heft Nr. 51.
Tiedge dichtete es nach einem kleinrussischen Volksliede. Fink in
seinem Hausschatz liefert unter Nr. 157 aus der 'Sammlung russischer Volkslieder, in Musik (d. h. in Noten) gesetzt von Ivan Pratsch'
die ursprüngliche Weise nebst Begleitung und den ursprünglichen
Text in deutscher Uebersetzung. Vgl. J. G. Kohl in: Magazin für die
Literatur des Auslandes 1839. Nr. 64. Das Lied wurde in seiner
nationalisierten Melodie viel gesungen in den sogenannten deutschen
Freiheitskriegen (es steht schon in: Liederbuch der Hanseatischen
Legion gewidmet [von J. D. Runge] Hamburg 1813. Nr. 104) und
ist auch noch jetzt ein sehr beliebtes Lied.

777. Schon fängt es an zu dämmern,
   der Mond als Hirt erwacht.

Vf. Emanuel Geibel: Gedichte (Berlin 1840) S. 192—194. —
Mel. von Ferdinand Möhring, geb. zu Altruppin 18. Januar 1816,
Musikdirector zu Neuruppin.

778. Schon haben viel Dichter, die lange verblichen.

Vf. August Langbein: Gedichte (Lpz. 1788) S. 282. 283. —
Volksweise. Andere Melodien: Mel. zum Mildh. Liederb. Nr. 281;
und in Fink's Hausschatz Nr. 88.

779. Schon naht die bange Stunde;
   sei ſtandhaft jetzt, mein Herz!

Vf. Wirths. S. Hessische Poetische Blumenlese mit Musik.
1. Jahrg. Herausg. von H. A. Fr. v. Eschstruth (Marb. 1783) S. 81.
82. — Volksweise.

780. Schwermuthsvoll und dumpfig hallt Geläute. 1774.

Vf. Ludwig Hölty. Zuerst im Gött. Musenalmanach 1775. S. 5 ff.
— Mel. von J. A. P. Schulz: Gesänge am Clavier 1779. S. 52 und
Lieder im Volkston 2. Th. 1785. S. 24.

781. Schwesterlein, Schwesterlein,
wann gehn wir nach Haus?

Vf. Wilhelm von Zuccalmaglio (pseud. Wilh. von Waldbrühl), geb. zu Waldbrühl im Bergischen 1805. Als Volkslied eingeschwärzt. Text u. Mel. zuerst in: Kretzschmer, Volkslieder 1. Th. Nr. 68, dann bei Fink Nr. 79 und in: Erk, Volkslieder für Männnerstimmen 1. Heft Nr. 26.

782. Seht den Himmel, wie heiter! 1781.

Vf. J. H. Voss. — Melodie von J. A. P. Schulz: Lieder im Volkston 1. Th. 1782. S. 7; vorher schon im Voss. Musenalmanach 1782. Notenbeilage. — Text und Mel. in: Erk, Liederkranz 1. Heft Nr. 30.

783. Seht mir doch mein schönes Kind! 1778.

Vf. Bürger. Zuerst im Gött. Musenalmanach 1780. S. 78. 79, unterz. „D. M. Bürger geb. Leonhart", vom Dichter wol nur aus Artigkeit seiner Frau zugeschrieben. — Mel. von J. A. P. Schulz: Lieder im Volkston 3. Th. (Berlin 1790) S. 8, danach in: Melodien zum Mildh. Liederb. Nr. 283.

784. Seht, wie er im Glase blinkt
dieser Saft der Reben!

Vf. unbekannt. Schon in: Auswahl guter Trinklieder (Halle, Hendel 1791) Nr. 60. — Bekannte Weise.

785. Sei gegrüßt in deiner Schöne,
holder Stern der stillen Nacht!

Vf. Ch. F. Falkmann: Poetische Versuche (Göttingen 1816) S. 144. 145. Christian Ferdinand Falkmann, geb. zu Schötmar im Lipp. 2. Juli 1782, † zu Detmold 11. Februar 1844. Das Lied wurde bisher dem Spremberger Justizcommissarius Lebrecht Nöller (geb. zu Weissenfels 7. März 1773) zugeschrieben. In einem Hefte: Zwölf deutsche Lieder für's Forte-Piano in Musik gesetzt von Carl Friedrich Ebers (Hamburg, J. A. Böhme [1809]) ist statt dessen Möller genannt. Ebers, geb. zu Cassel 25. März 1770, † zu Berlin 9. Sept. 1836 als Musiklehrer. — Mel. von Karl Bornhardt. — Mel. von Friedrich Wilhelm Berner in: Erk, Männergesänge 2. Heft Nr. 14.

786. Seid mir gegrüßt, ihr deutschen Frauen! 1840.

Vf. H. v. F. — Russische Volksweise in meinem Volksgesangbuch Nr. 130.

787. Seid mir heilig, anmuthsvolle Tage.

Vf. (nach dem Mildh. Liederb. 1822. S. 533) C. G. Götze. — Mel. von J. F. Reichardt in den Melodien zum Mildh. Lb. 1799. Nr. 222, n. A. Nr. 302.

788. Seit Vater Noah in Becher goß. 1796.

Vf. Jens Baggesen, geb. zu Korsör 15. Febr. 1764, † zu Hamburg 3. Oct. 1826. Zuerst im Voss. Musenalmanach 1797. S. 192 —196. — Ein sehr beliebtes Studentenlied nach der Volksweise: Ein niedliches Mädchen, ein junges Blut, in: Erk, Volkslieder 2. Bd. 2. Heft Nr. 8. — Text u. Mel. in: Auswahl deutscher Lieder (Lpz., Serig 1827) S. 270. 271.

789. Selbst die glücklichste der Ehen. 1776.

Vf. Friedrich Wilhelm Gotter, geb. 3. Septbr. 1746 zu Gotha, † das. 18. März 1797 als Legationsrath. — Mel. von Georg Benda, zuerst in Reichard's Theater-Kalender 1776 Beilage; dann in den Melodien zum Mildh. Lb. Nr. 397.

790. Selig alle, die im Herrn entschliefen. 1775.

Vf. Hölty. — Eine schöne Composition von Ch. H. Rinck in: Erk, Gesänge ernsten Inhalts, Heft 1.

791. Selig die Todten! sie ruhen und rasten. 1806.

Vf. August Mahlmann. — Mel. von August Harder, geb. zu Schönersstädt bei Leissnig 1774, † zu Leipzig den 29. (nicht 22!) Octbr. 1813, siehe Zeitung für die elegante Welt 1813. Nr. 220. Spalte 1760. Die Mel. zuerst im Becker'schen Taschenbuch 1807, danach in den Melodien zum Mildh. Liederbuch Nr. 794, bei Fink Nr. 976. Eine vorzügliche Compos. ist die von August Blüher, geb. zu Neudietendorf bei Gotha 25. Oct. 1785, † in Görlitz 25. Mai 1839; s. Erk, Liederkranz 3. Heft Nr. 53.

792. Setz dich, liebe Emeline!

Aus der Oper: Die Schweizerfamilie von Joseph Weigl 1809, geb. zu Eisenstadt in Ungarn 28. März 1766, † zu Wien 3. Febr. 1846.

793. Setzt euch, Brüder, in die Runde!

Vf. Chr. Friedrich Strakerjan, † zu Oldenburg 20. Jan. 1848. Text und Mel. in: Melodien der besten Commerslieder ff. von Wilhelm Schneider (Halle 1801) Nr. 8.

794. Sicheln schallen, Aehren fallen. 1775.

Vf. Hölty. — Mel. von Ludwig Berger: Neun deutsche Lieder mit Begl. des Pf. Op. 17. (Berlin bei F. Laue) S. 14. — Mel. von Carl Gottlieb Hering: Volksschulengesangbuch 2. Abth. (Lpz. 1824) S. 104. 105.

795. Sie ging zum Sonntagstanze.

Vf. Tiedge: Werke. Herausgegeben von A. G. Eberhard. N. A. (Halle 1827) 6. Bdchn. S. 32—34. — Das Lied hat sich im Munde des Volks nach und nach sehr umgestaltet. Vgl. Erk, Volksl. 1. Bd. 3. Heft Nr. 71, woselbst auch die Volksweise.

796. Sie kommt die bange Stunde,
      wo ich dich lassen muß.

Vf. unbekannt. — Mel. in: Lieder zum Singen am Clavier, comp. von Ludwig Rau (Hamb. 1794) Nr. 2.

797. Sie sollen ihn nicht haben,
      den freien deutschen Rhein. 1840.

Vf. Nicolaus Becker, geb. zu Bonn 1809, † zu Geilenkirchen 28. August 1845 Zuerst gedruckt im Rhein. Jahrb. 1841. S. 305. Wurde zuerst gesungen mit der Mel. von Conradin Kreutzer im Kölner Theater zum Geburtstage des Königs, 15. Octbr. 1840. Bei den damaligen politischen Verhältnissen und der daraus, hervorgehenden gereizten Stimmung gegen Frankreich fand dies unbedeutende Lied einen raschen und allgemeinen Beifall durch ganz Deutschland, zumal in Preussen. Wer nur einigermassen Compositionstalent in sich fühlte, glaubte das Lied componieren zu müssen, und so ist es denn wirklich todt componiert worden. Mehr darüber und seinen Verfasser, den man den grössten lebenden deutschen Dichter zu nennen beliebte, in der Kölnischen Zeitung von 1840 und im Nekrolog der Deutschen 1845. S. 714—722 von Wilhelm von Waldbrühl (v. Zuccalmaglio).

798. Sieh, da bist du wieder,
      guter, lieber Mond!

Vf. und Comp. Beschort. Angezeigt in Reichardt's Musikal. Almanach 1796: 'Lied an den Mond, von Beschort. Hamburg, Günther und Böhme.'

799. Sieh diese heil'ge Waldkapell!
      sie ist geweiht an selber Stell'. 1808.

Vf. A. W. Schlegel. Zuerst in: Zeitung für Einsiedler (von A. v. Arnim) 1808. Sp. 281. August Wilhelm von Schlegel, geb. zu Hannover 8. Sept. 1767, † zu Bonn 12. Mai 1845. — Mel.: Sohn, da hast du meinen Speer!

800. Sind wir nicht zur Herrlichkeit geboren?

Vf. Wollheim. — Mel. Brüder, zu den festlichen Gelagen. Text und Mel. in: Liederbuch für Studenten. Herausg. von Gustav Braun (Berlin 1843) Nr. 43.

801. Sind wir vereint zur guten Stunde,
      wir starker deutscher Männerchor. 1814.

Vf. E. M. Arndt. Lieblingslied der Burschenschaften, weshalb es auch wie alles darauf Bezügliche missliebig wurde; in Methfessel's Commers- u. Liederb. 3. Aufl. 1823 fehlt es. — Mel. zuerst in: Deutsche Burschenlieder mit 4stimmig gesetzten Weisen 1. Samml. (Jena, Cröker 1817) Nr. 1; dann in: Deutsche Lieder für Jung und Alt (1818) Nr. 99. und bei Methfessel 1848. — In:

Liederweisen zum teutschen Liederbuch für Hochschulen wird unter Nr. 91 'Hanitsch, weil. Bursch in Jena' als Componist der Mel. genannt. Die Angabe bestätigt sich: Georg Friedrich Hanitsch, Cantor zu Eisenberg, geb. zu Grossensee im Grossh. Weimar 1. April 1790, verfasste, wie er selbst schreibt (an Hrn. Wilh. Künstler in Naumburg a. d. S.), die Melodie 'für den 12. Juni 1815, wo auf der Tanne (in Jena) von 113 Musensöhnen der erste Burschenschaftscommers gehalten wurde.'

802. Singe, wem Gesang gegeben. 1812.

Vf. Uhland. — Mel. von Conradin Kreutzer. — Vierstimmig von Christian Schulz, bei Fink Nr. 638.

803. Sitzen wir in heit'rem Bunde. 1832.

Vf. und Comp. Carl von Holtei. Zuerst in: Lorbeerbaum und Bettelstab, Schauspiel von C. v. Holtei. Musik von Julius Rietz [obige Mel. aber von Holtei!] Clavierauszug (Berlin, Trautwein). Vgl. Erk, Volksklänge 2. Lief. Nr. 28.

804. So alleine wandelst du?
schon ist Mitternacht vorüber. 1791.

Vf. unbekannt. Zuerst in: Deutsche Monatsschrift 1791. 3. Bd. S. 9. 10 mit S. unterzeichnet. Text und Mel. in Erk, Volkslieder 1. Bd. 1. Heft Nr. 39, bei Fink Nr. 182.

805. So hab' ich nun die Stadt verlassen. 1811.

Vf. Uhland. Zuerst in: Deutscher Dichterwald von Justinus Kerner, F. de la Motte Fouqué u. a. (Tübingen 1813) S. 32. — Mel. von Conradin Kreutzer 1818: Vierstimmige Gesänge für Männerstimmen (Mainz, Schott) Nr. 94, bei Fink Nr. 828. Conradin Kreutzer, geb. in einer Mühle bei Mösskirch in Baden 22. Nov. 1783, † zu Riga 14. Dec. 1849. — Mel. von Friedrich Silcher.

806. So hab' ich wirklich dich verloren? 1771?

Vf. Göthe. Vgl. Vieholf 1, 128 ff. Nach Düntzer (Göthe's lyr. Gedichte S. 82) kaum vor 1789. — Melodie von J. F. Reichardt: Göthe's lyrische Gedichte 1793. S. 8 u. Göthe's Lieder, Oden ff. 1. Abth. 1809. S. 32.

807. So herzig wie die Schwaben
gibt's halt nichts weit und breit. 1788.

Vf. Schubart. — Mel. in: Schelmenlieder 3. Aufl. (Ulm, Heerbrandt u. Thämel) 2. Lese Nr. 13.

808. So herzig wie mein Liesel
gibt's halt nichts auf der Welt. 1782.

Vf. Schubart. — Mel. von H. W. Freytag in den Melodien zum Mildh. Liederb. 1799. Nr. 253, n. A. Nr. 357.

809. So laßt mich scheinen, bis ich werde. 1796?

Vf. Göthe. Vgl. Vieholf 1, 555—558. — Mel. von Zelter in Schiller's Musenalmanach 1797.

810. So leb denn wohl, du stilles Haus! 1828.

Vf. Ferdinand Raimund, geb. zu Wien 1. Juni 1790, † zu Pottenstein 5. Sept. 1836. In: Der Alpenkönig und der Menschenfeind. — Mel. von Wenzel Müller. Volksweise in Erk, Liederkranz 1. Heft Nr. 127.

811. So Mancher möcht' ihr Blümchen sein.

Vf. unbekannt. — Mel. von Albert Methfessel.

812. So Mancher steigt herum,
     der Hochmuth bringt ihn um. 1826.

Vf. Ferdinand Raimund in: Der Bauer als Millionär, Musik von Joseph Drechsler.

813. So singen wir, so trinken wir
     uns froh hinein ins neue Jahr. 1826.

Vf. H. v. F. — Mel. von Immanuel Sauermann, geb. zu Peilau bei Reichenbach in Schlesien 25. April 1805, † zu Liegnitz 1. April 1843 als Cantor. Zuerst im Liederbuch für deutsche Künstler (Berlin 1833) Nr. 14.

814. So viel Flocken als da flimmern
     auf dem schneebedeckten Feld. 1829.

Vf. H. v. F. — Mel. von Franz Abt. Wird als Volkslied viel gesungen im Elsass und in Süddeutschland.

815. Sohn, da hast du meinen Speer! 1774.

Vf. Friedrich Leopold Graf zu Stolberg. Zuerst in der von Claudius herausg. Zeitung: Der Wandsbecker Bothe 1774. Nr. 77 vom 14. Mai. — Volksweise in Erk, Liederkranz 1. Heft Nr. 134.

816. Sohn der Ruhe, sinke nieder!

Vf. Ignaz Friedrich Castelli. — Mel. von C. M. v. Weber Op. 68.

817. Sonst spielt' ich mit Scepter, mit Krone und Stern. 1837.

Vf. Albert Lortzing, geb. zu Berlin 23. Oct. 1803, † daselbst 20. Januar 1851. Aus seiner Oper: Czaar und Zimmermann, die zuerst 22. Dec. 1837 in Leipzig gegeben wurde.

818. Spazieren wollt' ich reiten
     der Liebsten vor die Thür.

Ein altes Lied: Venusblümlein von Ambrosius Metzger (Nürnberg 1610), danach im Wunderhorn 2. Ausg. 3. Bd. S. 66. — Volksweise von Friedrich Kücken 1839. Op. 14.

819. Stand uf, stand uf, min Hirtebueb. 1823.

Vf. H. v. F. — Mel. von Franz Abt Op. 80.

820. Steh' ich im Feld, mein ist die Welt. 1809.

Vf. Johann Peter Hebel: Sämmtl. Werke. 2. Bd. (Karlsruhe 1834) S. 172—174. — Mel. von Friedrich Silcher 1827—29: Volkslieder 2. Heft Nr. 5 und Volkslieder für 4 Männerstimmen 3. Heft Nr. 5. Op. 14.

821. Steh' ich in finstrer Mitternacht. 1824.

Vf. Wilhelm Hauff. — Zuerst in: Kriegs- und Volks-Lieder (Stuttgart 1824) S. 26, unterz. 'W. Hauff.' Das Lied wird allgemein gesungen nach der dort angegebenen Melodie: Ich hab' ein kleines Hüttchen nur, s. Erk, Volksl. 2. Bd. 3. Heft Nr. 47.

822. Stehe fest, o Vaterland! 1815.

Vf. Carl Göttling, geb. zu Jena 19. Januar 1793, Prof. das. — Mel. von Albert Methfessel, zuerst in s. Commers- und Liederb. 1818. Nr. 63, mein Volksgesangb. Nr. 142. Mehr noch gesungen die Mel. von Hans Georg Nägeli in: Ravenstein, Liederkranz für die Turngemeinden Nr. 98. und in der Liedersamml. des schwäbischen Sängerbundes Nr. 39.

823. Stille Nacht! heilige Nacht!
Alles schläft, einsam wacht.

Vf. unbekannt. Stammt aus neuerer Zeit und hat durch seine schöne Volksweise grosse Verbreitung gefunden.

824. Stiller Kirchhof, Ziel der Leiden.

Vf. unbekannt. — Mel. von Carl Spazier (Melodieen zu Hartungs Liedersamml., Berlin 1794). Volksweise bei Fink Nr. 955.

825. Stimmt an den frohen Rundgesang! 1788.

Vf. Samuel Gottlieb Bürde, geb. zu Breslau 7. Dec. 1753, † zu Berlin 28. April 1831. Zuerst im Voss. Musenalmanach 1789. S. 159 —161. Melodie von Carl Spazier 1793, geb. zu Berlin 20. April 1761, † zu Leipzig 19. Jan. 1805. Vgl. Erk, Liederkranz 1. Heft Nr. 5. Wird auch gesungen nach Schubart's Melodie: Auf, auf, ihr Brüder, und seid stark!

826. Stimmt an mit hellem hohen Klang! 1772.

Vf. Matthias Claudius. Einem längern Gedichte, womit Matthias Claudius seinen Asmus omnia sua secum portans im J. 1775 eröffnete, entlehnt und zu einem selbständigen Liede umgearbeitet, bei Claudius 14, hier 5 Strophen. — Das ursprüngliche Lied beginnt: Es war erst frühe Dämmerung, und steht zuerst in der von Claudius herausg. polit. Zeitung: Der Wandsbecker Bothe 1773. Nr. 1. — Eine vielgesungene Mel. von Carl Spazier: Melodien zu

Hartungs Liedersamml. (Berlin 1794) Nr. 87; in den Liederweisen zum Lb. für Hochschulen (Stuttg. 1823) Nr. 25 fälschlich Reichardt überschrieben, und in Auswahl (Lpz., Serig 1825) ohne Namen! — Mel. von Albert Methfessel, zuerst in s. Commers- u. Liederb. 1818. Nr. 58, bei Fink Nr. 359. — Vierstimmig von J. Ph. Schmidt 1811 in Erk, Volkslieder für Männerstimmen 1. Heft Nr. 1. Johann Philipp Schmidt, geb. zu Königsberg in Pr. 8. Sept. 1779, † zu Berlin 9. Mai 1853.

827. Stoßt an! Jena soll leben!

Vf. August von Binzer. Zuerst in Methfessel's Commers- und Liederb. 1818. Nr. 7. — Volksweise.

828. Süße, heilige Natur. 1775.

Vf. Friedrich Leopold Graf zu Stolberg, geb. zu Bramstedt im Holst. 7. Nov. 1750, † zu Sondermühlen bei Osnabrück 5. Dec. 1819. Zuerst in Schubart's Deutscher Chronik für das Jahr 1775, St. 92 vom 16. Nov., dann im Deutschen Museum 1. Bd. Jänner bis Junius 1776. S. 192. — Melodie von J. A. P. Schulz: Lieder im Volkston 1. Th. (Berlin 1782) S. 1. Text und Mel. bei Fink Nr. 294. — Mel. von Joh. André: Neue Samml. von Liedern 1. Th. (Berlin 1783) S. 25. Später in dessen: Lieder 1. Th. (Offenbach 1790) S. 10 in doppelter Bearbeitung: einstimmig mit Clavierbegleitung und dreistimmig.

829. Süße, liebliche Vertraute, meines Kummers Trösterin. 1820.

Vf. Luise Brachmann, geb. zu Rochlitz 9. Febr. 1777, † zu Halle a. d. S. 17. Sept. 1822. Zuerst im Becker'schen Taschenbuch 1821. S. 134 ff. 'An die Laute.' — Mel. von Albert Methfessel: Liederkranz 2. Heft Nr. 13, bei Junghans Nr. 108.

830. Tage der Wonne, kommt ihr so bald? 1802.

Vf. Göthe. Vgl. Viehoff 2, 460. 461. — Mel. von Zelter 1802, s. Briefwechsel zwischen Göthe u. Zelter 1, 21.

831. Thoms saß am hallenden See. 1796.

Vf. Johannes Falk, geb. zu Danzig 28. Octbr. 1768, † zu Weimar 14. Febr. 1826. Zuerst im Vossischen Musenalmanach 1797. S. 55. 56. Später in: Neuste Sammlung meiner Satiren, Gedichte und Erzählungen von J. D. Falk (Berlin 1804) S. 79. 80. Die Zelter'sche Melodie v. J. 1801 bei Fink Nr. 804.

832. Thränen hab' ich viele, viele vergossen. 1842.

Vf. H. v. F. — Volksweise: mein Volksgesangbuch Nr. 145, Erk, Liederkranz 1. Heft Nr. 155.

**833. Traurig sehen wir uns an,
achten nicht des Weines. 1773.**

Vf. Johann Martin Miller. Zuerst im Voss. Musenalmanach
1776. S. 18. 19: 'Abschiedslied an Esmarch.' Daselbst auch die
Mel. von Friedrich Wilhelm Weiss 1775, geb. zu Göttingen 3. Mai
1744, † ...... Text u. Mel. in meinem Volksgesangb. Nr. 147.

834. Traute Heimath meiner Lieben. 1780—86.

Vf. von Salis-Seewis. Zuerst im Vossischen Musenalmanach
1788. S. 201—203 in 14 Strophen, später abgekürzt. — Mel. von
Friedrich Burchard Beneken: Melodien zu den Liedern für Volksschulen (von Hoppenstedt) 2. Aufl. 3. Abth. (Hannover 1800) S. 17.
in Erk, Liederkranz 1. Heft Nr. 53. — Mel. von Righini: Zwölf
deutsche Lieder Op. 9. (1803), bei Fink Nr. 422.

**835. Treibe, treibe, Schifflein, schnelle
durch die leicht bewegte Fluth!**

Vf. Adolf Licht. — Mel. von Kücken 1834.

836. Treu geliebt und still geschwiegen.

Vf. unbekannt. In: Deutsches Liederbuch zum geselligen Vergnügen (Stuttgart, Mezler 1791) S. 131, im Reg. Zehelein Vf. und
Mayr Comp. — Justus Friedrich Zehelein, geb. zu Baireuth
21. April 1760, † zu Neustadt am Culm 13. Mai 1802. — Mel. von
Lindpaintner, bei Fink Nr. 869.

837. Treu und herzinniglich, Robin Adair.

Nach einem irländischen Volksliede. Um 1827 bekannt geworden. Text u. Mel. wol zuerst in Silcher, Volkslieder für 4 Männerstimmen 4. Heft Nr. 10, dann in Erk, Volkslieder f. Männerstimmen
1. Heft Nr. 21. Vierstimmig bearbeitet für gemischten Chor von
Erk: Sangesblüthen (Berlin 1854) Nr. 14. Die Mel. in The ancient
Music of Ireland by Edw. Bunting. (Dublin 1840) Nr. 123. Schon
1702 von Lyons variiert, und von Boieldieu in seine Dame blanche
eingelegt.

838. Treue Liebe bis zum Grabe. 1839.

Vf. H. v. F. — Mit einer Mel. von Johann André 1779 in
meinem Volksgesangb. S. 176; von Bernhard Klein 1817 in Erk,
Liederkranz 1. Heft Nr. 150.

839. Treulieb ist nimmer weit.

Vf. Ludwig Tieck: Franz Sternbald's Wanderungen 2. Th.
(Berlin 1798) S. 58. (u. S. 273) — Mel. von J. F. Reichardt:
Musikalisches Weihnachts-Geschenk bestehend in VI Liedern von
Himmel, Reichardt u. Righini (Oranienburg 1804) S. 12.

840. Trink, betrübter, todtenblasser. 1765.

Vf. Gleim (Sämmtliche Werke 1. Bd. S. 248.) — Mel. von Albert Methfessel in seinem Commers- u. Liederb. 1818. Nr. 35.

841. Trink, Kamerad! trink, Kamerad! 1829.

Vf. H. v. F. — Vierst. von Franz Abt Op. 44, in Täglichsbeck's Liederhalle 2. Abth. 2. Bd. S. 104; von A. Zöllner in Ernst und Scherz von Julius Otto Nr. 5.

Trinkt, trinkt, trinkt,
    weil in eurer Flasche
    noch ein Tröpfchen blinkt.
Siehe: Auf u. trinkt, Brüder trinkt!

842. Tyroler sind aftn so lustig und froh. 1795.

Aus der Operette: Der Tyroler Wastel. Comp. von Jacob Haibel, geb. zu Graz 1761, † in Diacowan in Slawonien 1826, wo er seit 1805 Chorregent war; s. Mozart von Otto Jahn 3. Th. S. 141.

843. Ueb' immer Treu' und Redlichkeit. 1775.

Vf. Ludwig Hölty, geb. zu Mariensee bei Hannover 21. Dec. 1748, † zu Hannover 1. Sept. 1776. Zuerst im Vossischen Musenalmanach 1779. S. 117—120. — Mel. aus Mozart's Zauberflöte 1791. zu: Ein Mädchen oder Weibchen. Diese Melodie mit Hölty'schem Texte zuerst in: Freymaurer-Lieder mit Melodien. Herausg. von Böheim. 1. Thl. 2. Aufl. (Berlin 1795) Nr. 1. — Sie war in den Logen sehr beliebt und auch anderswo, und wurde sogar zu kirchlichen Zwecken verwendet: das Glockenspiel in der Potsdamer Garnisonkirche über der Gruft Friedrichs d. Gr. spielt noch jetzt eine Stunde um die andere abwechselnd: Was Gott thut das ist wohlgethan und Ueb' immer Treu' und Redlichkeit. — Text u. Mel. bei Erk, Liederkranz 1. Heft Nr. 18.

844. Ueber allen Wipfeln ist Ruh. 7. Sept. 1783.

Vf. Göthe. Vgl. Viehoff 2, 31—34; 3, 518. 519. Mel. von J. C. Held: Zehn vierst. Lieder für Sopran, Alt, Tenor u. Bass (Baireuth 1830), s. Leipz. Musik. Zeitung 1830 Spalte 642. — Mel. von Xaver Schnyder von Wartensee, geb. zu Luzern 1786. in Erk, Lieder für Männerstimmen 2. Heft Nr. 19, v. J. 1829. — Mel. von Franz Schubert Op. 96. — Die sehr schöne, höchst einfache Composition von Bernhard Klein: Drey Gesänge für zwey Soprane, Tenor und Bass (Lpz. Breitkopf und Härtel) Nr. 3, um 1823; dieselbe vierst. von F. Silcher in: Tübinger Liedertafel 1. Heft Nr. 10. — Auch eine vielgesungene 4stimm. Mel. von Friedrich Kuhlau.

845. Ueber die Berge mit Ungestüm. 1810.

In A. v. Kotzebue's Lustspiel: Der arme Minnesinger, s. s. Almanach dramat. Spiele 9. Jahrg. (1811.) S. 146. — Mel. von Carl Maria v. Weber Op. 25. 1811.

846. Ueber die Beschwerden dieses Lebens.

Ursprünglich französisch: Contre les chagrins de la vie in der Opéra: 'La Pipe de Tabac' par Pigault-Lebrun, musique de Gaveaux. S. Chants et Chansons populaires de la France par H. L. Delloye (Paris 1843.) III. Série. Uebersetzt: 'Der kleine Matrose. Ein Singspiel in einem Aufzuge. Die Musik ist vom Prof. Gaveaux (Hannover 1799).' Die Uebersetzung ist vom Theaterdichter Carl Alexander Herklots, geb. zu Dulzen in Ostpreussen 19. Jan. 1759, † zu Berlin 23. März 1830. — Text und Melodie bei Fink Nr. 48.

Ueberall bin ich zu Hause,
     überall bin ich bekannt.
     Siehe: Froh bin ich und überall zu Hause.

847. Ufm Bergli bin i gesässe. 1811.

Vf. Göthe. — Mel. von Jos. Gersbach: Singvögelein 1828. Nr. 15. — Volksweise in Erk, Volkslieder 3. Bd. 1. Heft Nr. 19.

848. Und als der Großvater die Großmutter nahm,
     da war der Großvater ein Bräutigam. 19. Decbr. 1794.

Vf. Klamer Schmidt. S. Neuester Berlinischer Musen-Almanach für 1802. Herausgeg. von F. G. Walter S. 99. 100. — Volksweise.

849. Und die Sonne, sie machte den weiten Ritt
     um die Welt. 1809.

Vf. E. M. Arndt: Gedichte (Greifswald 1811) S. 308. 309. — Mel. Es ritten drei Reiter zum Thore hinaus.

850. Und ob die Wolke sie verhülle,
     die Sonne bleibt am Himmelszelt. 1817.

Aus C. M. v. Weber's Oper: Der Freischütz 1817—1820, gedichtet von Friedrich Kind.

851. Und so finden wir uns wieder. 1802.

Vf. Schiller. — Mel. von J. F. Reichardt: Schiller's lyrische Gedichte 1. Heft 1810. S. 38, bei Fink Nr. 649; von Zelter 1805 das. Nr. 765, s. Briefwechsel zwischen Göthe u. Zelter 1, 161.

852. Und wüßten's die Blumen die kleinen. 1822—23.

Vf. Heinrich Heine. — Mel. von Mendelssohn Op. 9.

853. Uns lockt die Morgenröthe
     in Busch und Wald.

Vf. Friedrich v. Hagedorn. Zuerst in: (Hagedorn) Sammlung Neuer Lieder und Oden. 2. Th. 1744. Nr. 10. — Mel. von Carl Friedrich Rungenhagen: Lieder im Volkston 1822. Nr. 3.

854. Unser Pförtchen ist geschlossen. 1812.

Vf. August Langbein. — Mel. von Albert Methfessel.

855. Unfer füßefter Beruf
      ift das Glück der Liebe. 1771.

Vf. Friedrich Wilhelm Gotter. Zuerst im Gött. Musenalmanach
1771. S. 9. 10. Mel. von Johann David Scheidler († zu Gotha
20. Oct. 1802): Kleine Klavier- und Singstücke. Zwote Samml.
(Gotha 1787) S. 8.

856. Unfre Berge lugen über's ganze Land.

Vf. unbekannt. Ein in der Schweiz viel gesungenes Lied. Steht
mit Mel. von F. Huber in: Lieder für Schweizerjünglinge. Herausg.
von dem Zofinger-Vereine (Bern, Jenni 1822) Nr. 5.

857. Unfre Freundschaft zu erneuen,
      bring' ich dieses Gläschen dir.

Vf. C. F. Bretzner. Aus der Operette: Das wüthende Heer
oder das Mädchen im Thurme. Componirt vom Herrn Kapellmeister
Schweizer in Gotha (Lpz. 1788) S. 4—6.

858. Unfre Väter find gefessen,
      auch vor vollen Gläfern hier. 1833.

Vf. H. v. F. — Mel. in meinem Volksgesangb. Nr. 149.

859. Unfre Wiesen grünen wieder. 1784.

Vf. J. G. von Salis. Zuerst im Voss. Musenalmanach 1787.
S. 92—94. Steht mit der Bezeichnung 1784 in: Gedichte von Johann Gaudenz von Salis-Seewis (Zürich 1835) S. 5. 6. — Mel. von
Friedrich Glück: Acht Lieder mit Begl. des Pf. Lpz. bei Breitkopf
u. Härtel S. 3.

860. Unter allen Wipfeln ift Ruh. 1817.

Vf. Johannes Falk, 3 Strophen, nach dem Göthe'schen Liede:
Ueber allen Wipfeln ist Ruh. Siehe: Johannes Falk's auserlesene
Werke 1. Bd. (Lpz. 1819) S. 354. — Comp. von Friedrich Kuhlau
in Erk, Volkslieder für Männerstimmen 1. Heft Nr. 8. Friedrich Kuhlau, geb. zu Uelzen 1786, † zu Kopenhagen 18. März 1832.

861. Unter den Akazien
      wandeln gern die Grazien. 1808.

Vf. Friedrich Heinrich Bothe, geb. zu Berlin 1771. Die Mel.
von Wilh. Bach (Sohn des Concertmeisters J. Ch. Friedmann Bach,
Enkel des Seb. Bach) geb. zu Bückeburg 1759 (nicht 1754 wie bei
Gerber). Lebte zuletzt als pensionierter Capellm. zu Berlin, † das.
25. Decbr. 1845. Text in: Emma, Rosaura's Schwester. Vom Vf.
der Rosaura. (Berl. 1808.) S. 399—402. 'Berliniade, oder Linden-
lied' überschrieben. — Auch niederwendisch, hin und wieder abweichend: Volksl. der Wenden von Haupt u. Schmaler 2. Th. S. 89.
90 mit Melodie.

862. Vater, also leb' ich wieder!
 seh' die Schöpfung, preise dich!

Vf. Caroline Rudolphi. — Mel. von J. F. Reichardt: Musikalisches Kunstmagazin. 1. Bd. (Berlin 1782) S. 122; in Erk, Liederkranz 3. Heft Nr. 9.

863. Vater, ich rufe dich! 1813.

Vf. Theodor Körner. — Mel. von F. H. Himmel 1813 in Methfessel's Commers- und Liederb. 1818. Nr. 66 und Erk, Sängerhain 2. Heft Nr. 11. — Mel. von C. M. v. Weber (Körner's Leyer u. Schwerdt 1. Heft 1814).

864. Vater Noah, Weinerfinder,
 dein Gedächtniß feiern wir.

Vf. Ludwig Friedrich Lenz, sächs. goth. Hofrath und Amtmann, geb. zu Altenburg 1717, † 3. Juli 1780 daselbst. Steht in: Gedichte verschiedenen Inhalts (Altenb. 1781) S. 212—214. Wahrscheinlich zuerst in des Vf.: Freymäurerlieder. Altenb. 1746. N. A. 1750. — die erste Sammlung dieser Art Lieder in deutscher Sprache! Später sehr verbreitet durch Freimaurer-Liederbücher: Neue Freymäurer-Lieder, mit bequemen Melodieen. Verfertiget u. herausg. von einem Mitgliede der Loge Zorobabel. (Kopenhagen, bey Franz Christian Mumme 1749) Nr. 9. — Mel. in: Lieder für Freunde geselliger Freude (Lpz. 1788) S. 44. — Mel. in Auswahl guter Trinklieder (Halle 1791) ist eigentlich die Volksweise zu: Was kann einen mehr ergötzen (Erk, Liederhort Nr. 67). — Mel. von Kalkbrenner 1785, bei Fink Nr. 704. Christian Kalkbrenner, geb. zu Cassel 22. Sept. 1755, † zu Paris 10. Aug. 1806.

865. Vaterlands Söhne! traute Genossen! Um 1819.

Vf. Adolf Follen, geb. zu Giessen 21. Jan. 1794, † zu Bern 1855. Zuerst in: Freye Stimmen frischer Jugend. Durch Adolf Ludwig Follen (Jena 1819) S. 92. 93 mit Follen's Mel.

866. Vergiß mein nicht, o Theure, die ich meine.

Vf. unbekannt. — Mel. bei Wilhelm Ehlers: Gesänge mit Begl. der Chitarra (Tüb. 1804) S. 52.

867. Vergiß mein nicht, wenn dir die Freude winket.

Vf. unbekannt. — Mel. von Carl Junghans, geb. zu Könitz im Fürstenth. Schw.-Rudolstadt 21. Januar 1810, Hoforganist zu Rudolstadt, zuerst in den von ihm herausgegebenen 'Melodien zum allgem. Taschenliederbuche (Rudolst. 1836)' Nr. 121.

868. Verstohlen geht der Mond auf!
 blau, blau Blümelein!

Vf. wahrscheinlich Wilhelm Zuccalmaglio. Als Volkslied eingeschwärzt durch 'Bardale. Sammlung auserlesener Volkslieder von

E. Baumstark u. W. v. Waldbrühl 1. Bd. (Braunschweig 1829)'
Nr. 9. Daraus übergegangen in Kretzschmer Volksl. 1. Thl. Nr. 36;
Erk, Volksl. 1. Bd. 1. Heft Nr. 1 und Fink Nr. 194.

**869. Verwünschter weiß ich nichts im Krieg
als nicht blessiert zu sein. 1814.**

Vf. Göthe. Vgl. Viehoff 3, 142—144. — Mel. von Zelter.
Eine andere von Fink in s. Hausschatz Nr. 593.

870. Viel Essen macht viel breiter. 1824.

Vf. Joseph Freih. von Eichendorff. — Mel. von G. Reichardt Op. 7. 1827.

871. Viel tausend Sterne prangen.

Vf. Christian August Gottlob Eberhard, geb. zu Belzig 1769,
† zu Dresden 13. Mai 1845. — Mel. von Leonhard von Call: Sechs
Gesänge für 4 Männerst. Op. 97. (Leipzig, Kühnel 1810).

**872. Viele Gäste wünsch' ich heut
mir zu meinem Tische! 1813.**

Vf. Göthe. Vgl. Viehoff 3, 127. 128. — Mel. von Zelter.

873. Vier Elemente, innig gesellt. 1803.

Vf. Schiller. — Mel. von Max Eberwein 1813, in Meth-
fessel's Commers- u. Lb. 1818. Nr. 34, danach bei Fink Nr. 714. —
Mel. von J. F. Reichardt: Neue Lieder geselliger Freude. 2. Heft
(Lpz. 1804) Nr. 16. und Schiller's lyrische Gedichte 1. Heft 1810.
S. 33; danach in den Melodien zum Mildh. Lb. Nr. 477.

**874. Vivat Bachus! Bachus lebe!
Bachus war ein braver Mann! 1781.**

Vf. Christoph Friedrich Bretzner: Belmont und Constanze,
oder: Die Entführung aus dem Serail. Eine Operette in drey Akten.
Lpz. 1781. — Comp. von Mozart.

875. Voll Caprice ist Alles hier auf Erden.

Vf. unbekannt. Durch Harfenmädchen, fliegende Blätter und
Liederbücher sehr verbreitet (bei Wilibald Walter, Volksl. Nr. 144).

876. Voll Zärtlichkeit will ich der Dirne sagen.

Vf. unbekannt. — Text und Mel. in Hinkel's Leipziger Commersbuch 1816; danach in Studentenlieder von Georg Scherer
Nr. 72. Die Mel. ital. Ursprungs.

877. Vom alten deutschen Meer umflossen. 1806.

Vf. Schmidt von Lübeck. Zuerst in Becker's Taschenbuch zum
gesell. Vergnügen 1814. S. 82. 83. Später in Schmidt's von Lübeck Liedern, 3. Aufl. (Altona 1847) S. 227. 228 mit der Ueberschrift: 'Deutscher Gruss an Deutsche. 1806.' Danach den Text zu
berichtigen in Fink's Hausschatz Nr. 358.

878. Vom hoh'n Olymp herab ward uns die Freude.

Vf. unbekannt. Steht schon in: Taschenbuch für Freunde des Gesangs 1. Bdch. (Stuttg. 1796) S. 92 und in: Melodieen der besten Commerslieder fürs Clavier bearbeitet von Wilhelm Schneider (Halle 1801) S. 11. — Erst im J. 1836 meldete sich dazu als Vf. der Regierungsrath Karl Georg Neumann (geb. zu Gera 1774, † zu Trier 1850). Er hat aber keinen weiteren Antheil daran als dass er eine schwache neunstrophige Umdichtung davon geliefert hat, gedruckt in: Rheinisches Odeon 1. Jahrg. (Coblenz 1836) S. 76—78. Noch viel weniger ist er Verf. des Ueltzenschen Liedes: Namen nennen dich nicht. Vgl. Erk, Volksl. 2. Bd. 1. Heft S. 40—43. — In ältern Liederbüchern wird Heinrich Christian S c h n o o r als Vf. der Mel. genannt, er ist aber wahrscheinlich auch Vf. des Textes; als solcher ist er unterzeichnet in H. L. von Gullann's Liedersammlung für gesellige Kreise (Rendsburg, Wendell 1824) S. 201. Die Schnoor'-schen Liederhefte sind mir nicht zugänglich. Dass Schnoor nicht allein componierte, sondern auch 'die Texte selbst dichtete', behauptet Gerber (Neues Lexikon der Tonkünstler 4. Th. 1814. Sp. 108) und verweist auf dessen 'Lieder, dem traulichen Zirkel gewidmet, fürs Klavier. Hamburg 1796. 3 Hefte.' Schnoor lebte 1796 in Hamburg und Altona und ging noch dasselbe Jahr als Kaufmannsdiener nach Gretsyl in Ostfriesland.   •

**879. Vom Schoße der Natur ließ Gott
        uns eine Rose steigen. 1796.**

Vf. Friedrich David G r ä t e r, geb. zu Schwäbisch-Hall 22. April 1768, † zu Schorndorf 2. August 1830. Zuerst gedruckt in Wieland, Der Neue Teutsche Merkur 1796. 2. Bd. S. 421—425, unterzeichnet Gr.... — Nach dem Dänischen des Herrn Guldberg: Nordia 1795. Januar S. 57. — Mel. von Friedrich Franz H u r k a.

**880. Von allen den Mädchen so blink und so blank
        gefällt mir am besten die Lore.**

Vf. unbekannt. Aus neuerer Zeit. — Mel. in Gustav Braun's Liederbuch für Studenten 1843. N. 146.

**881. Von allen Farben auf der Welt
        mir doch am meisten blau gefällt.**

Vf. Karl M ü c h l e r: Gedichte 1. Bd. S. 182—184 mit einer Melodie von H u r k a.

882. Von allen Ländern in der Welt. 1810.

Vf. S c h m i d t von Lübeck. Zuerst in Becker's Taschenbuch zum gesell. Vergnügen 1811. S. 63. 64. — Mel. von Albert M e t h - f e s s e l: Commers- und Liederbuch 1818. Nr. 49. — Mel. von Carl G r o o s 1817 in: Lieder für Jung und Alt 1818. Nr. 43.

883. Von allen Tönen in der Welt
    ist keiner der mir baß gefällt.

Vf. Wilhelm Müller. — Comp. von Conradin Kreutzer in: Vierstimm. Gesänge für Männerstimmen (Mainz, Schott) Nr. 68.

884. Von der Alpe tönt das Horn.

Text und Melodie von Heinrich Proch, geb. zu Wien 22. Juli 1809.

885. Von Lieb' entglüht zog in das Schlachtgefilde
    der Minnefänger keck und wohlgemuth. 1817.

Vf. Ludwig Henneberg, geb. zu Blankenburg am Harz 26. Dec. 1797. Nach dem frz. Liede: Brûlant d'amour et partant pour la guerre.

886. Wär' ich ein muntres Vögelein,
    ich säng' im goldnen Morgenschein. 1800.

Vf. E. C. Kleinschmidt. Zuerst in Mohn's Niederrheinischem Taschenbuch 1801. S. 173. 174. — Mel. von Zumsteeg in Arion (Lpz. Friedlein u. Hirsch) N. 26.

887. Wär' ich ein Vögelein,
    grüßt' ich im Morgenschein,
    Liebchen, dich schon.

Vf. J. C. Nänny, s. 'Gedichte von J. C. Nänny (Frankf. 1830)' S. 160. Johann Conrad Nänny, geb. zu Herisau (Appenzell) 24. Sept. 1783, † 24. Mai 1847; war seit 1819 Lehrer am Gymn. zu Kreuznach, seit 1837 geisteskrank. — Mel. in Kretzschmer, Volksl. 1. Th. Nr. 302; Erk, Volkslieder für Männerstimmen 2. Heft Nr. 9 mit versetzten Strophen.

888. Wahre Freundschaft soll nicht wanken.

Vf. unbekannt. Stammt aus der Mitte des 18. Jahrh., vgl. Weimar. Jahrbuch 2. Bd. S. 190.

889. Waldnacht! Jagdlust!
    leis' und ferner klingen Hörner. 1798.

Vf. Ludwig Tieck. — Mel. von August Bergt, geb. zu Öderan in Sachsen 17. Juni 1772, † zu Bautzen 10. Febr. 1837. Text und Mel. in Erk, Liederkranz 2. Heft Nr. 26.

890. Wann d'Hoffnung nicht wär!

In: Andere Tracht des Ohren vergnügenden Tafel-Confects, Augsburg 1737. Daraus in: Lieder u. Weisen vergangener Jahrhunderte. Worte und Töne den Originalen entlehnt von C. F. Becker (2. Aufl. Lpz. 1853.) 1. Abth. S. 57.

891. Wann ich einst das Ziel errungen habe. 1785.

Vf. Friedrich von Matthisson. Zuerst im Gött. Musenalmanach 1786. S. 218. — Mel. von J. A. P. Schulz in: Zweiter

Musikalischer Blumenstrauss (Berl. 1792); bei Fink Nr. 957 nebst einer zweiten volksthümlichen Singweise Nr. 958. — Mel. von J. F. A. Grosse: Erholungsstunden für Piano-Forte und Gesang (Oranienburg, R. Werckmeister) S. 20. — Sehr beliebt war auch früher und ist es auch noch jetzt die Compos. Schröder's v. J. 1789; vgl. F. L. Schröder, Beitrag zur Kunde des Menschen und des Künstlers von F. L. W. Meyer. 2. Th. 1. Abth. (Hamburg 1819) S. 47. Friedrich Ludwig Schröder, geb. zu Schwerin in der Nacht des 3. Nov. 1744, † zu Rellingen 3. Sept. 1816.

892. Wann's Mailüfterl wäht.

Vf. Anton Freiherr von Klesheim, geb. zu Peterwardein 9. Febr. 1815. — Mel. von J. Kreipl: 's Mailüfterl — für eine Singstimme (Wien, H. F. Müller).

893. War einst ein Riese Goliath. 1777.

Vf. Matthias Claudius: Asmus omnia 3. Th. 1777. S. 170— 174. — Die bekanntere Melodie in Erk, Liederkranz Nr. 132. — Mel. von J. A. P. Schulz: Lieder im Volkston 3. Th. 1790. S. 46, dann o. N. des Compon. in den Melodien zum Mildh. Liederbuch Nr. 775. — Mel. von Joh. André: Lieder und Gesänge beym Klavier 1. Heft (Berlin 1779) S. 6.

894. Ward ein Blümchen mir geschenket,
      hab's gepflanzt und hab's getränket. 1828.

Vf. H. v. F. — Mel. von Ernst Richter 1835: Unterrichtlich geordnete Sammlung von Sätzen, Liedern ff. (Breslau, Cranz 1836) 1. Abth. Nr. 49.

895. Warum blickt denn so verstohlen
      mich des Nachbars Töffel an?

Vf. unbekannt. — Volksweise.

896. Warum sind der Thränen
      unterm Mond so viel? 1780.

Vf. Christian Adolf Overbeck. Zuerst im Voss. Musenalmanach 1781. S. 77—79. — Die allgemein verbreitete, sehr beliebte Mel. von Schulz: Lieder im Volkston 1. Th. (Berlin 1782) S. 31; 2. Aufl. 1785. S. 31; danach wiederholt bei Erk, Volkslieder 2. Bd. 1. Heft Nr. 1 und C. F. Becker, Lieder und Weisen 1. Abth. S. 70. — Johann Abraham Peter Schulz, geb. zu Lüneburg 30. März 1747, † zu Schwedt 10. Juni 1800.

897. Was blasen die Trompeten? Husaren heraus! 1813.

Vf. E. M. Arndt. — Die Volksweise gehört ursprünglich zu einem Tirolerliede: Frisch auf, ihr Tiroler, wir müssen ins Feld, das bereits 1809 viel gesungen wurde. Zuerst mit dem Arndt'schen

Texte gedruckt in: Deutsche Burschenlieder (Jena, Cröker 1817) Nr. 3.

898. Was bruucht me · n · i der Schwyz? 1796.

Vf. Jost Bernhard Häffliger, † 1. Juni 1838 als Pfarrer und Dekan zu Hochdorf im Canton Luzern. Das Lied ist im Jahre 1796 verfasst und seit der Zeit ein Lieblingslied der deutschen Schweizer bis auf den heutigen Tag geblieben. Der ursprüngliche Text nebst Melodie steht in: Schweizerische Volkslieder nach der Luzernischen Mundart von J. B. Häffliger (Luzern bei Xaver Meyer 1813) S. 4—6. Danach zu berichtigen und zu ergänzen Erk, Volkslieder 2. Bd. 1. Heft Nr. 38.

899. Was frag' ich viel nach Geld und Gut. 1776.

Vf. Johann Martin Miller. Zuerst im Voss. Musenalmanach für 1777. S. 10. 11. Die Melodie, die damals zugleich miterschien, und noch jetzt im Munde des Volkes fortlebt, ist von Christian Gottlob Neefe, geb. 5. Februar 1748 zu Chemnitz, † zu Dessau 26. Jan. 1798 als Musikdirector. Text und Mel. in Erk, Volkslieder 2. Bd. 1. Heft Nr. 4 und Liederkranz 1. Heft Nr. 6 und bei Fink Nr. 2. — Mel. von Mozart in J. F. Reichardt, Neue Lieder geselliger Freude. 2. Heft (Lpz. 1804) Nr. 22.

900. Was glänzt dort vom Walde im Sonnenschein? 1813.

Vf. Theodor Körner, geb. zu Dresden 23. Sept. 1791, † bei Gadebusch 26. August 1813. Gedichtet zu Leipzig auf dem Schneckenberge 24. April 1813. — Mel. von C. M. v. Weber Op. 42: Körner's Leyer und Schwerdt 2. Heft (1814) Nr. 2.

901. Was gleicht wol auf Erden dem Jägervergnügen? 1817.

Aus C. M. von Weber's Oper: Der Freischütz 1817—1820 von Friedrich Kind, bei Fink Nr. 601.

902. Was grämst du dich?
Noch wenig trübe Stunden,
dann heilen deine Wunden. 1799.

Vf. August Mahlmann. Zuerst mit einer Mel. von Naumann in Becker's Taschenbuch zum gesell. Vergnügen 1800. S. 301. 302. — Oft componiert, am besten von Ch. H. Rinck.

903. Was hör' ich draußen vor dem Thor? 1782.

Vf. Göthe: Wilh. Meisters Lehrjahre 1. Bd. 1795. S. 327—329 mit Mel. von Reichardt. Vgl. Viehoff 1, 532—541. — Mel von J. F. Reichardt 1795 in meinem Volksgesangbuch Nr. 157. Vgl. Erk, Volkslieder 2. Bd. 2. Heft Nr. 15.

904. Was ich hatte, was ich habe,
es ist Alles Tand.

Vf. Ludwig Giesebrecht, geb. zu Mirow in Meklenb.-Strelitz 5. Juli 1792, Prof. am Gymn. in Stettin. — Mel. von Fink: Hausschatz Nr. 138.

905. Was ist das für ein durstig Jahr! 1816.

Vf. Ludwig Uhland. — Comp. von Conradin Kreutzer: Vierstimmige Gesänge für Männerstimmen (Mainz, Schott) Nr. 29 und 46. — Von Zelter in Methfessel's Commers- und Liederbuch 1831. Nr. 54.

906. Was ist das Herrlichste in unserm Sein? Um 1829.

Vf. Heinrich Grünig, geb. zu Breslau 17. März 1781, † das. 5. Dec. 1846. Zuerst in: Poesien der dichtenden Mitglieder des Bresl. Künstlervereins (Bresl. 1830) S. 109—111. — Mel. von Carl Friedrich Rungenhagen um 1831.

907. Was ist der Mensch? Halb Thier, halb Engel.

Vf. Joachim Lorenz Evers, geb. zu Altona 20. Sept. 1758, † das. 2. Nov. 1807. Das Lied mit „L. Evers" unterzeichnet steht bereits in: Vierhundert Lieder der geselligen und einsamen Fröhlichkeit gewidmet (Altona 1797) Nr. 369, und in: Allgemeines Liederbuch des deutschen Nationalgesanges 3. Th. (Altona, C. G. Pinkvoss 1798) S. 136—138; dann ebenfalls mit J. L. Evers unterzeichnet im Liederbuch für den hanseatischen Verein in Hamburg 1818. S. 300—302. Trotzdem wird diese Verfasserschaft angefochten von Hans Schröder in s. Lexikon der hamburgischen Schriftsteller 2. Bd. S. 151. Er schreibt das Lied Joachim Gerhard Eggers zu, geb. zu Hamburg 24. Januar 1777, † das. 17. Juli 1820, und bemerkt: „Merkwürdig ist, dass in E.'s gesammelten Gedichten dasjenige nicht mit enthalten ist, welches am bekanntesten und zum Volksliede geworden ist, nämlich das vortreffliche Gedicht, welches anfängt: Was ist der Mensch? Halb Thier, halb Engel." Es findet gewiss hier nur eine Namensverwechslung statt: Eggers lernte in seinem 15. Jahre (1792) das Schneiderhandwerk und erst zwei Jahr später, als er sich zuerst in eigenen Gedichten versuchte, müsste er dies „vortreffliche Gedicht" gemacht haben, denn damals war es gewiss schon bekannt! In der Selbstbiographie von Eggers, worauf Schröder verweist, steht übrigens auch nichts darüber. Lorenz Evers, der Altonaer Goldschmid, muss also vorläufig Vf. bleiben. — Volksweise.

Ein Gegenstück:

Was ist der Mensch? Nicht Thier, nicht Engel —

erschien später und ist zunächst gegen den Vf. gerichtet, der das ihm von seiner Frau zugebrachte Vermögen mit einer Schauspielerin

durchbrachte und dessen Lebensweise auch sonst nicht seinem Gedichte entsprach.

908. Was ist des Deutschen Vaterland? 1813.

Vf. Ernst Moritz Arndt, geb. zu Schoritz auf Rügen 26. Dec.
1769. Zuerst gedruckt in: Deutsche Wehrlieder für das Königl.-
Preuss. Frei-Corps. 1. Samml. Ostern 1813. (Mit einer Vorrede von
Friedrich Ludwig Jahn) und in: Lieder für Teutsche von E. M. Arndt.
Im Jahr der Freiheit 1813 (Leipzig, J. B. G. Fleischer 1813) S. 99
—101. — Mel. von Cotta in: Methfessel's Commers- und Liederbuch 1818. Nr. 48; mein Volksgesangbuch Nr. 158; Erk, Volkslieder für Männerstimmen 2. Heft Nr. 55. Johannes Cotta, geb. zu
Ruhla, Eisenachischen Antheils, 24. Mai 1794, Pfarrer zu Willerstedt
im Weimar. Die Melodie entstand zu Anfang des Jahrs 1815 zu Jena
und ward am 12. Juni desselben Jahrs (von der dortigen Burschenschaft) zum ersten Mal gesungen. Zuerst gedruckt in: Deutsche
Burschenlieder mit vierstimmig gesetzten Weisen 1. Samml. (Jena,
Cröker 1817) Nr. 3. — Später ist durch die Gesangvereine die
Composition von G. Reichardt 1825 Op. 7 bekannter geworden:
Fink Nr. 400. Gustav Reichardt, geb. bei Demmin in Vorpommern
13. Nov. 1797. — In neuerer Zeit fand das Lied manchen Wider-
sacher. Ein College Arndt's, Ferdinand Delbrück sprach sich öffent-
lich dagegen aus in einer kleinen Schrift: Das Volkslied: Was ist des
Deutschen Vaterland? Würdigung desselben. Nebst Zuschrift an E.
M. Arndt und Erwiderung von ihm. Bonn, Marcus 1846. — Das Lied
hat in seiner ursprünglichen Fassung 10 Strophen. Erst in neuerer
Zeit wird die 7te weggelassen:

> Was ist des Deutschen Vaterland?
> So nenne mir das grosse Land!
> Ist's, was der Fürsten Trug zerklaubt?
> Vom Kaiser und vom Reich geraubt?
> O nein, o nein, o nein!
> Sein Vaterland muss grösser sein.

Fehlt schon in Arndt's Gedichten, 'Der neuen Ausgabe zweite vermehrte Auflage' (Lpz., Weidmann), vgl. daselbst S. 205—207.

**909. Was ist des Lebens höchste Lust?
    die Liebe und der Wein.**

Vf. unbekannt. Studentenlied. — Bekannte Melodie. Mit einer
andern Anfangsstrophe in Auswahl (Leipz., Serig 1825) S. 182. 183.

**910. Was ist Lieb'? Ein Tag des Maien,
    der in goldnem Glanz erwacht. 1775.**

Vf. Johann Martin Miller: Siegwart. Eine Klostergeschichte.
— Mel. von Daniel Gottlob Türk: Lieder und Gedichte aus dem
Siegwart, in Musik gesetzet (Lpz. u. Halle 1780) S. 3.

911. Was kann schöner sein, was kann mehr erfreu'n? 1818.

Vf. August Zarnack, geb. zu Mehmke bei Salzwedel 21. Sept. 1777, † zu Potsdam 11. Juni 1827. Zuerst in: Zarnack, Deutsche Volkslieder für Volksschulen 1. Th. Nr. 32. Umdichtung des Küher-lieds der Emmethaler in (J. G. Kuhn) Sammlung von Schweizer-Kuhreihen (Bern 1812) S. 13: Was kann schöner sein, Was kann edler sein, Als die liebe Küherstamme. — Volksweise in Erk, Lie-derkranz 1. Heft Nr. 81.

912. Was klinget und singet die Straßen herauf? 1806.

Vf. Ludwig Uhland. Zuerst im Seckendorf'schen Musenalma-nach 1807. S. 167—169. — Volksweise in: Auswahl 1843. S. 326. — Comp. von Fink: Hausschatz Nr. 213.

913. Was macht denn der Prater?
Sag', blüht er noch schön? 1820.

Duett aus dem Singspiel: Aline, von Adolf Bäuerle, Musik von Wenzel Müller. Erschien 1826.

914. Was schimmert dort auf dem Berge so schön?

Vf. Carl Breidenstein. Zuerst im Frauentaschenbuch 1819 S. 156. — Compos. von Conradin Kreutzer: Vierstimmige Ge-sänge für Männerstimmen (Mainz, Schott) Nr. 64.

915. Was soll ich in der Fremde thun?

Vf. unbekannt. — Mel. von Peter von Lindpaintner Op. 71 in Erk, Volkslieder für Männerstimmen 2. Heft Nr. 31.

916. Was zieht mir das Herz so? 1802.

Vf. Göthe. Vgl. Viehoff 2, 173 ff. — Mel. von Luise Rei-chardt in Ehlers, Gesänge mit Begleit. der Chitarra 1804. S. 59. — Mel. von Bernhard Klein: VIII Gedichte von Göthe für eine Singstimme mit Begleit. des Pf. 2. Samml. (Leipz., Breitkopf und Härtel) Nr. 5.

917. Weg mit den Grillen und Sorgen! 1797.

Vf. August Mahlmann. Zuerst im Becker'schen Taschenb. zum geselligen Vergnügen 1798. S. 247. 248. — Mel. in Auswahl (Lpz. Serig) 1836. S. 191.

918. Weg von Lustgesang und Reigen. 1795.

Vf. Johann Georg Jacobi. Zuerst in: Taschenbuch von J. G. Jacobi und seinen Freunden für 1796 (Königsb. u. Lpz.) S. 44—48. — Mel. von Johann Georg Witthauer, geb. zu Neustadt an der Heide im Coburg'schen 19. Aug. 1750, † zu Lübeck 7. März 1802. — Mel. von Anton André.

919. Weine nicht, es ist vergebens!
alle Freuden dieses Lebens.

Vf. unbekannt. Aus dem Ende des 18. Jahrh. Text und Mel. in Erk, Volkslieder 2. Bd. 2. Heft Nr. 32.

920. Weint, ach weint, ihr süßen Herrchen!
Herr von Rosenroth ist todt.

Vf. unbekannt. Im Anf. dieses Jahrhunderts viel gesungen und noch im Munde des Volks, s. Wilibald Walter's Volkslieder Nr. 143.

921. Weint auch einst kein Liebchen
Thränen auf mein Grab. 1806.

Vf. Justinus Kerner. Zuerst ohne Namen des Verf. im Seckendorf'schen Musenalmanach 1807. S. 143. — Volksweise.

922. Weint mit mir, ihr nächtlich stillen Haine!
zürnet nicht, ihr morschen Todtenbeine!

Vf. unbekannt. Aus neuerer Zeit. — Volksweise.

923. Weit in nebelgrauer Ferne
liegt mir das vergangne Glück. 1796.

Vf. Schiller. Zuerst in Schiller's Musenalmanach 1798. S. 115. 116. — Melodie von J. F. Reichardt: Schiller's lyrische Gedichte 1. Heft 1810. S. 25. — Mel. von Rudersdorff in: Phoebus. Auswahl beliebter Opern-Arien und Gesänge von A. Caroli 1. Samml. (Hamb. bei Niemeyer) Nr. 36.

924. Welche Lust gewährt das Reisen! 1812.

Uebersetzt aus der Oper: Johann von Paris von Adrian François Boieldieu, geb. 16. Septbr. 1775, † auf seinem Landgute Jarcy bei Paris 9. Oct. 1834.

925. Wem Gott will rechte Gunst erweisen,
den schickt er in die weite Welt. 1822.

Vf. Joseph Freih. von Eichendorff: Aus dem Leben eines Taugenichts. Berlin 1826. S. 4. 5. — Mel. vierst. von Mendelssohn Op. 75 (nachgelassenes Werk); einstimmig von Theodor Fröhlich in Commersbüchern: beide Compos. viel und gern gesungen.

926. Wenn alle untreu werden,
so bleib' ich euch doch treu. 1814.

Vf. Max von Schenkendorf. — Mel. Auf, auf zum fröhlichen Jagen!

927. Wenn blühende Dirnen ins Auge mir sehen,
so ist es geschwind um ihr Herzchen geschehn. 1794.

Aus den Schwestern von Prag, Singspiel von Joachim Perinet, Musik von Wenzel Müller.

928. Wenn die Kinder schlafen ein,
wachen auf die Sterne.

Vf. Friedrich Güll: Kinderheimath (Stuttg. 1836) S. 166. — Melodie: Wenn die Nacht mit süsser Ruh.

929. Wenn die Nacht mit süßer Ruh. 1776.

Als Volkslied mitgetheilt mit Mel. in G. Büsching, Wöchentl. Nachrichten 1. Bd. S. 145. 146. — Zuerst im Gött. Musenalmanach vom J. 1777. S. 112 ff. Später in: H. W. von Stamford's nachgelassene Gedichte (Hannover 1808) S. 30. 31. Heinrich Wilhelm von Stamford, † 16. Mai 1807 zu Hamburg. — Das Volk hat an diesem Liede nur wenig verändert. — Volksweise vom Generallieutenant Friedrich Ludwig Aberdar Freih. von Seckendorf, † zu Stuttgart 7. Oct. 1826 im 63. Jahre — wie derselbe Hrn. F. Silcher im J. 1815 mittheilte; — in Erk, Volksl. 1. Bd. 4. Heft Nr. 7. Die Mel. des Freiherrn von Dalberg in den Melodien zum Mildh. Liederb. 1799. Nr. 244, n. A. Nr. 347. Johann Friedrich Hugo von Dalberg, geb. 17. Mai 1760 zu Herrnsheim, † zu Aschaffenburg 26. Juli 1812.

930. Wenn die Reben wieder blühen. 1797.

Vf. Göthe. Vgl. Viehoff 2, 322. — Mel. von J. F. Reichardt: Göthe's Lieder, Oden ff. 1. Abth. 1809. S. 10.

931. Wenn die Schwalben heimwärts ziehn.

Vf. Carl Herlossohn, geb. zu Prag 1. Sept. 1804, † zu Leipzig 10. Decbr. 1849. Das Lied ist erst durch die schöne Melodie von Franz Abt 1842. Op. 39, sehr verbreitet und beliebt worden, zuerst gedruckt in: Sieben Lieder aus dem Buche der Liebe von Herlossohn (Stuttg. bei Göpel). Franz Abt, geb. zu Eilenburg im preuss. Sachsen 22. Decbr. 1819.

932. Wenn die Welt dich hart bedrängt,
alle Sterne dir verschwinden. 1802.

Vf. August Mahlmann. Zuerst in Becker's Taschenb. zum gesell. Vergnügen 1803. S. 274. — Volksweise.

933. Wenn heut' ein Geist herniederstiege. Zum 18. Oct. 1816.

Vf. Uhland. — Mel.: Sind wir vereint zur guten Stunde.

934. Wenn hier nur kahler Boden wär! 1777.

Vf. Matthias Claudius: Asmus omnia 3. Th. 1777. S. 29—32 — Mel. von J. A. P. Schulz: Lieder im Volkston 1. Th. 1782. S. 24, 2. Aufl. 1785. S. 24; dann in den Melodien zum Mildh. Liederb. Nr. 64; Erk, Liederkranz 1. Heft Nr. 43.

935. Wenn ich die Blümlein schau,
wünsch' ich mir eine Frau.

Vf. Ignaz Friedrich Castelli: Poetische Kleinigkeiten. Drittes Bdchn. Wien 1819. S. 26—28. — Mel. von C. M. v. Weber.

936. Wenn ich doch so schön wär
wie die Mädchen auf dem Land! 1803.

Vf. Göthe. Zuerst im Taschenbuch auf das Jahr 1804. Herausgeg. von Wieland u. Göthe S. 143. 144. — Vgl. Vieholl 2, 482 —484. — Volksweise in Erk, Kindergärtchen Nr. 56.

937. Wenn ich ihn nur habe,
wenn er mein nur ist. Um 1800.

Vf. Friedrich von Hardenberg (Novalis). Zuerst im Musen-Almanach von A. W. Schlegel und Tieck 1802. S. 199. 200. — Mel. von Carl Breidenstein, geb. zu Steinau in Kurhessen 28. Feb. 1796. Zuerst von C. Breidenstein herausg. als: Motetto: Wenn ich ihn nur habe, Op. 1. (Lpz., Breitkopf u. Härtel); später in Erk, Liederkranz 3. Heft Nr. 74, bei Fink Nr. 939. — Mel. von Luise Reichardt, um 1811, Op. 4, bei Fink Nr. 938.

938. Wenn Jemand eine Reise thut. 1785.

Vf. Matthias Claudius. Zuerst im Voss. Musenalmanach 1786. S. 166—171. — Mel. von Zelter 1793. Text u. Mel. in Erk, Liederkranz 2. Heft Nr. 38 und Volkslieder 2. Bd. 2. Heft Nr. 1; auch bei Fink Nr. 26. — Mel. von Beethoven Op. 52. ·

939. Wenn in des Abends letztem Scheine
dir eine lächelnde Gestalt. 1793.

Vf. Friedrich von Matthisson. Zuerst im Voss. Musenalman. 1794. S. 86. 87. — Mel. von J. F. Reichardt: Deutsche Gesänge beim Clavier (Berlin 1794) S. 30. — Schöne Mel. von Friedrich Grosse: Unterhaltungen durch Gesang am Clavier (Oranienburg, Rud. Werckmeister um 1805) S. 4. — Mel. von J. F. X. Sterkel, vor 40—50 Jahren viel gesungen.

940. Wenn kühl der Morgen athmet. 1785.

Vf. J. H. Voss. Zuerst im Voss. Musenalmanach 1786. S. 20 —30. Daselbst zwei Melodien, die erste Volksmel., ganz dieselbe wie in den Melodien zum Mildh. Liederb. Nr. 581; vgl. Erk, Volkslieder 2. Bd. 2. Heft Nr. 8; die zweite, auch schön, von J. A. P. Schulz: Lieder im Volkston 3. Th. (Berlin 1790) S. 36.

941. Wenn man beim Wein sitzt, was ist das Beste?

Vf. August Kopisch. — Vierst. von W. Speyer in Täglichsbeck's Liederhalle 2. Abth. 1. Bd. S. 65—67. Wilhelm Speyer, geb. zu Frankfurt a. M. 21. Juni 1790.

942. Wenn man freien will,
fragt man in der Still.

Vf. unbekannt. — Volksweise.

943. Wenn man will zu Mädchen gehen,
   sei man froh und wohlgemuth. 1786.

Aus der komischen Oper: Doctor und Apotheker, Text von
Gottlieb Stephanie, Musik von Ditters v. Dittersdorf.

944. Wenn mein Pfeifchen dampft und glüht. 1799.

Vf. unbekannt. — Mel. in Methfessel's Commers- und Liederbuch 1818. Nr. 22; in Erk, Volksl. 1. Bd. 3. Heft Nr. 63, und noch
eine andere bei Fink, Hausschatz Nr. 52.

945. Wenn mir dein Auge strahlet. 1796.

Aus der Oper: Das unterbrochene Opferfest, Text von F. X.
Huber, Musik von P. von Winter 1796. Vgl. Leipz. musik. Ztg.
3. Jahrg. Sp 641. Peter von Winter, geb. zu Mannheim 1754, †
zu München 18. Oct. 1825. — Franz Xaver Huber, geb. zu Mun-
derfing im Innviertel 1760, † ......

946. Wenn's immer, wenn's immer, wenn's immer so wär'! 1790.

So singt der Chor, der Anfang lautet: Dem Gotte der Reben ver-
trau' ich mein Glück, Trinklied aus der Oper: Hokus Pokus von C. A.
Vulpius (Lpz. 1794. S. 49—51), Musik von Dittersdorf. Schon
früh wurden andere Texte untergelegt: Mildh. Lb. 1799. Nr. 346:
Wenn's immer ff. so wär, stets Frühling auf Erden, der Winter nicht
mehr; ferner schon 1793: Gesundheit, Herr Nachbar, mein Gläschen ist leer, und in neuerer Zeit noch ein Text in J. C. Wirth's
Taschenbuch 4. Aufl. S. 93.

947. Wenn wir durch die Straßen ziehen. Vor 1821.

Vf. Wilhelm Müller. — Melodie in: Studentenlieder von L.
Richter u. A. E. Marschner Nr. 17.

948. Wer ein Liebchen hat gefunden. 1781.

Aus der Oper: Belmonte und Constanze, oder die Entführung
aus dem Serail, Text nach Bretzner, Musik von Mozart, 13. Juli
1782 in Wien aufgeführt. — Christoph Friedrich Bretzner, geb.
zu Leipzig 10. Dec. 1748, † das. 31. Aug. 1807. Zuerst gedruckt
in: Belmonte und Constanze, oder die Entführung aus dem Serail.
Eine Operette in drey Akten von C. F. Bretzner. Componirt vom
Herrn Kapellmeister André in Berlin. (Leipzig, bei Carl Friedrich
Schneider 1781.) S. 4. 5.

949. Wer gleichet uns freudigen Fischern im Kahn? 1780.

Vf. Christian Adolf Overbeck. Zuerst im Voss. Musenalmanach
1781. S. 161—163. — Mel. von Friedrich Schneider, in Erk,
Schullieder 2. Heft 3. Aufl. 1837. Nr. 38.

950. Wer hat dich, du schöner Wald,
   aufgebaut so hoch da droben? 1810.

Vf. Joseph Freih. von Eichendorff. — Mel. von Mendelssohn Op. 50, um 1841, in Erk, Sängerhain 2. Heft Nr. 35.

951. Wer hat die schönsten Schäfchen? 1830.

Vf. H. v. F. — Mel. von Carl von Winterfeld 1831 in: H. v. F. 50 Kinderlieder (Lpz. 1843) Nr. 23.

952. Wer hörte wol jemals mich klagen?

Aus der Oper: Die Schweizerfamilie von Joseph Weigl 1809.

953. Wer ist der Ritter hochgeehrt,
    der hin gen Osten zieht? 1829.

Aus der Oper: Der Templer und die Jüdin, Text von Wilhelm August Wohlbrück, geb. (nach H. Marschner) zu Flensburg 1796, † zu Riga 1848. Musik von Marschner 1829, geb. zu Zittau 16. Aug. 1795.

954. Wer ist ein freier Mann? 1790.

Vf. Gottlieb Conrad Pfeffel. Zuerst im Voss. Musenalmanach 1792. S. 72—75, zugleich mit der Mel. von Christian Friedrich Gottlieb Schwencke (auch in den Melodien zum Mildh. Lb. Nr. 201 und bei Fink Nr. 737), geb. zu Wachenhausen am Harz 30. Aug. 1767, † zu Hamburg 28. Oct. 1822.

955. Wer ist ein Mann? der beten kann. 1813.

Vf. E. M. Arndt. Zuerst in: Katechismus für den teutschen Kriegs- und Wehrmann (von Arndt) 1813. S. 125. 126. — Mel. von Albert Methfessel in s. Commers- u. Liederb. 1818. Nr. 70. — Melodie von Hans Georg Nägeli 1816 in Erk, Männergesänge 1. Heft Nr. 1.

956. Wer möchte wol zu ganzen Tagen
    ein Raub der wilden Freude sein?

Vf. unbekannt. Finde ich zuerst in: Lieder im geselligen Kreise zu singen (Greifswald 1808) Nr. 38 mit dem Anfange: Wer möchte gerne ganze Tage. — Mel. von F. L. Seidel bei Fink Nr. 694.

957. Wer nie sein Brot mit Thränen aß. 1782.

Vf. Göthe: Wilh. Meisters Lehrjahre 1. Bd. 1795. S. 346 mit Mel. von Reichardt. Vgl. Viehoff 1, 542—544. — Mel. von J. F. Reichardt: Göthe's Lieder, Oden ff. 1809. 2. Abth. S. 54. — Mel. von Zelter 1816, s. Briefwechsel zwischen Göthe und Zelter 2, 311.

958. Wer niemals einen Rausch gehabt.

Aus dem Singspiel: Das neue Sonntagskind, Text von Joachim Perinet, geb. zu Wien 20. Oct. 1765, † daselbst 4. Febr. 1816; Musik von Wenzel Müller 1794, geb. zu Türnau in Mähren 26. Sept. 1767, † zu Baden bei Wien 1. (bei Schilling 3.?) August 1835. Mel. bei Fink Nr. 141.

959. Wer reitet so spät durch Nacht und Wind? 1781.

Vf. Göthe. Vgl. Viehoff 1, 449—457. Zuerst in: Die Fische-
rinn ein Singspiel. Auf dem natürlichen Schauplatz zu Tiefurth vorgestellt. 1782 — und in: (Bertram) Litteratur- und Theaterzeitung
1782. 3. Bd. S. 593. 594. — Comp. von J. F. Reichardt: Göthe's
lyrische Gedichte 1793. S. 27 und Göthe's Lieder, Oden ff. 1809.
3. Abth. S. 2, bei Fink Nr. 789. Die frühste Composition ist die
von Corona Schröter: Fünf und zwanzig Lieder. In Musik gesetzt
von C. Sch. (Weimar 1786) Nr. 17. Corona Schröter, geb. zu Guben 1748, † zu Ilmenau 23. August 1802. Mehr über sie in der
Minerva von Bran 1858. 2. Bd. 1. Heft S. 113—126.

960. Wer sagt mir an, wo Weinsberg liegt? 1774.

Vf. Bürger. — Melodie von Johann André: Lieder und Gesänge beym Klavier, 3. Heft (Berlin 1780) S. 78.

961. Wer sich der Einsamkeit ergibt,
    ach! der ist bald allein. 1782.

Vf. Göthe: Wilh. Meisters Lehrjahre 1. Bd. 1795. S. 348 mit
Mel. von Reichardt. Vgl. Viehoff 1, 544—548. — Mel. von J. F.
Reichardt: Göthe's Lieder, Oden ff. 2. Abth. 1809. S. 54.

962. Wer singet im Walde so heimlich allein? 1823.

Vf. H. v. F. Mit seiner Melodie zuerst gedruckt in: Liederbuch
für deutsche Künstler (Berlin 1833) S. 187. 188, die später durch
Silcher: Volkslieder für vier Männerstimmen 4. Heft Nr. 11 und
Volkslieder 2. Heft Nr. 3 umgearbeitet wurde. In der 4. Aufl. dieses
Heftes bemerkt er dazu: 'Eine rührende Melodie, welche wol aus
der neueren Zeit stammt. Doch vergleiche man die 12 letzten Tacte
des Originals z. B. 'im Liederbuch für deutsche Künstler' mit denen
der vorliegenden Melodie. Die Spielerei mit dem 'Ade!' sowie die
vielen a und h der Melodie sind dort unerträglich.' — Fink möchte
in einer Bemerkung seines Hausschatzes zu Nr. 842 Singweise und
Text dem Vf. streitig machen, beweist aber höchstens nur — was
auch H. nie in Abrede gestellt hat, dass die Singweise einer Volksweise nachgebildet ist. Vgl. Erk, Volkslieder 2. Bd. 1. Heft Nr. 22.

963. Wer will unter die Soldaten.

Vf. Friedrich Güll, geb. zu Ansbach 1. April 1812. Zuerst in
Güll's Kinderheimath in Bildern und Liedern (Stuttg. 1836) S. 126.
127, 4 Strophen; etwas verändert in 2. Aufl. (Stuttg. 1846) S. 30.
31. — Mel. von Friedrich Silcher, 1837—39: Volkslieder 7. Heft
Nr. 10; Volkslieder für vier Männerstimmen 6. Heft Nr. 6. Op. 31:
Text geändert. — Mel. von Friedrich Kücken 1855. Op. 61. Nr. 4;
5 Strophen, die letzte von Levin Schücking (geb. zu Clemens-
werth im Münster'schen 6. Sept. 1814) hinzu gedichtet. Die Mel.

ist in kurzer Zeit sehr beliebt geworden und hat sogar ihren Weg
ins Ausland gefunden.

964. Wer wollte sich mit Grillen plagen? 1776.

Vf. Hölty. Zuerst im Voss. Musenalmanach 1777. S. 37. 38.
mit Mel. von J. F. Reichardt, auch in: Lieder für Kinder (Hamb.
1781) S. 33; eine andere von demselben: Lieder geselliger Freude
1. Abth. 1796. Nr. 19, danach in den Melodien zum Mildh. Lb.
Nr. 420. — Volksweise.

965. Werde heiter mein Gemüthe! 1836.

Vf. H. v. F. — Mel. von Felix Mendelssohn Op. 71.

**966. Wie der Tag mir schleichet,
ohne dich vollbracht! 1781.**

Uebersetzung von J. J. Rousseau's Liede: Que le jour me dure
passé loin de toi! durch F. W. Gotter. Die Rousseau'sche Melodie
in drei Noten nebst Originaltext und Uebersetzung in Fink's Hausschatz Nr. 895. Beides, Originaltext und Melodie, zuerst in: Les
Consolations des Misères de ma Vie, ou Recueil d'Airs Romances et
Duos par Jean-Jaques Rousseau. A Paris 1781. fol. Nr. 73.

967. Wie groß ist des Allmächt'gen Güte. 1757.

Vf. Christian Fürchtegott Gellert, geb. zu Hainichen im Erzgebirge 4. Juli 1715, † zu Leipzig 13. Dec. 1769. — Volksweise.

968. Wie hängt die Nacht voll Welten! 1796.

Vf. August Mahlmann. Zuerst in Becker's Taschenbuch zum
gesell. Vergnügen 1797. S. 273—275. — Mel. von Ch. H. Rinck.
— Mel. von F. L. Seidel (um 1803).

969. Wie hehr im Glase blinket. 1787.

Vf. J. H. Voss. — Mel. von Carl Spazier: Einfache Clavierlieder 1. Heft (Berlin 1790) S. 10. 11. — Mel. von J. A. P. Schulz:
Lieder im Volkston 3. Th. 1790. S. 49. — Mel. von Zelter 1810,
s. Briefwechsel zwischen Göthe und Zelter 1, 387 und 1, 395. Eine
vierstimmige Comp. bei Fink Nr. 664.

**970. Wie herrlich ist's im Wald,
im grünen, grünen Wald!**

Vf. Wilhelm Marsano, geb. zu Prag 30. April 1797, aus seiner Oper: Rübezahl, Musik von Wilhelm Würfel 1825, in Erk,
Sängerhain 1. Heft Nr. 58. — Wilhelm Würfel, geb. zu Planian
in Böhmen, † zu Wien 22. April 1832.

971. Wie herrlich leuchtet mir die Natur! 1771.

Vf. Göthe. Zuerst in: (Jacobi) Iris 2. Bd. 1. St. Jenner S. 75:
'Mayfest', P. unterzeichnet. Vgl. Viehoff 1, 114. 115. — Mel. von
J. F. Reichardt: Oden und Lieder von Herder, Göthe und andern

3. Th. 1781. S. 2, danach in: Melodien zum Mildh. Liederbuch Nr. 336.

972. Wie i bi verwicha
zu mei'm Dirnbel g'schlicha.

Vf. unbekannt. — Mel. von C. G. Reissiger 1822, bekannt unter dem Namen: Dernière Pensée de Ch. M. de Weber. Der Text ist erst später untergelegt worden.

973. Wie könnt' ich dein vergessen!
ich weiß, was du mir bist. 1841.

Vf. H. v. F. — Mel. von Kücken: Ach wenn du wärst mein eigen.

974. Wie kommt's, daß du so traurig bist,
da alles froh erscheint? 1803.

Vf. Göthe. Vgl. Viehoff 2, 486—489. — Mel. von Wilhelm Ehlers: Gesänge mit Begleit. der Chitarra, Tübing. 1804. S. 56; von J. F. Reichardt: Göthe's Lieder, Oden rr. 1809. 1.Ablh. S. 32.

975. Wie lange soll die Brunnenzeit
der gnäd'gen Tante dauern? 1775.

Vf. J. H. Voss. — Mel. von J. A. P. Schulz: Lieder im Volkston 3. Th. 1790. S. 32.

976. Wie lieblich schallt durch Busch und Wald. 1817.

Vf. Christoph von Schmid. — Mel. von F. Silcher, um 1846, sehr beliebt. — Mel. von Friedrich Schneider 1827 in Erk, Liederkranz 1. Heft Nr. 47. — Ch. von Schmid, geb. zu Dünkelsbühl 15. Aug. 1768, † zu Augsburg 3. Sept. 1854.

977. Wie lieblich winkt sie mir,
die sanfte Morgenröthe. 1773.

Vf. Johann Timotheus Hermes: Sophiens Reise 6. Th. — Mel. vom Hofmusicus Ehrenberg in Dessau im Teutschen Merkur 1780. 2. Viertelj., Anhang zum April, bei Fink Nr. 940, wo jedoch das Gedicht fälschlich Weisse zugeschrieben wird.

978. Wie mir deine Freuden winken
nach der Knechtschaft, nach dem Streit! 1814.

Vf. Max von Schenkendorf. — Melodie von Bernhard Klein 1817 in: Lieder für Jung und Alt 1818. Nr. 44, danach in: Erk, Liederkranz 2. Heft Nr. 57; bei Fink Nr. 376. — Bernhard Klein, geb. zu Köln 6. März 1793, † zu Berlin 9. Sept. 1832.

979. Wie schön ist das ländliche Leben!
mein Hüttchen auf grünender Flur.

Vf. unbekannt. — Volksweise.

980. Wie schön ist's im Freien. 1788.

Vf. Johann Gaudenz Freih. von Salis. — Mel. von Ludwig Aemil Kunzen, zuerst in: Carl Spazier, Melodieen zu Hartungs Liedersammlung (Berlin 1794) Nr. 62, dann in Melodien zum Mildh. Lb. Nr. 493 und Erk, Liederkranz 1. Heft Nr. 39.

981. Wie selig, wer sein Liebchen hat! 1769.

Vf. Bürger. — Mel von J. F. Reichardt: Oden und Lieder 2. Th. (Berlin 1780) S. 42.

982. Wie sich doch die reichen Herr'n selbst das Leben so erschwer'n. 1833.

Vf. Ferdinand Raimund: Der Verschwender, Musik von Conradin Kreutzer.

983. Wie sie so sanft ruhn, alle die Seligen! 1779.

Vf. August Cornelius Stockmann, geb. 14. Mai 1751 zu Schweikertshain bei Waldheim, † zu Leipzig 6. Febr. 1821 als Professor. Steht zuerst im Leipz. Musenalmanach auf das J. 1780. S. 214. Acht Jahre später erschien die noch jetzt sehr beliebte und verbreitete Melodie des Pastor Beneken: Lieder und Gesänge für fühlende Seelen von F. B. Beneken (Hannover 1787). Friedrich Burchard Beneken, geb. 13. August 1760 im Kloster Wennigsen, † 22. Sept. 1822 als Pastor zu Wülfinghausen bei Hannover. (Er ist auch Componist der schönen Melodie: Rosen welken und verschwinden, in seinen 'Melodieen zu den Liedern für Volksschulen' [Hannover, Hahn 1809] Seite 12.) Text u. Mel. in: Erk, Volkslieder 2. Bd. 4/5. Heft Nr. 85; Melodien zum Mildh. Liederb. Nr. 795 und C. F. Becker, Lieder u. Weisen 1. Abth. S. 75.

984. Wie war ich doch so wonnereich! 1773.

Vf. Hölty. Im Wunderhorn 2. Th. S. 194. 'Mündlich,' und in der neuen Ausgabe ebenso! — Bekannte Mel.

985. Wie war so schön doch Wald und Feld! 1843.

Vf. H. v. F. — Volksweise in: Hundert Schullieder von H. v. F., herausg. von Ludwig Erk 1848. 3. Heft Nr. 30. — Mel. von Mendelssohn-Bartholdy Op. 63.

986. Wie wohl ist mir im Dunkeln! 1795.

Vf. Ludwig Theobul Kosegarten, geb. zu Grevesmühlen 1. Febr. 1758, † zu Greifswald 26. Oct. 1818. Zuerst in Schiller's Musenalmanach 1796. S. 174—176. — Mel. von Rudolf Zacharias Becker: Melodien zum Mildh. Liederb. 1799. Nr. 7. R. Z. Becker, geb. zu Erfurt 9. April 1752, † zu Gotha 28. März 1822. — Mel. von Carl Gottlieb Hering 1822 in: Erk, Gesänge für Männerstimmen 2. Heft Nr. 10.

987. Wieder ist es lange zehn —
soúst nie mehr spinnen gehn! 1819.

Vf. H. v. F. Mit einer schottischen Volksweise in meinem
Volksgesangb. Nr. 169.

988. Wiederum hat stille Nacht
unsern Kreis umgeben. Ver 1782.

Freimaurerlied. — Mel. von Johann Amadeus Naumann in:
Freymäurer-Lieder mit ganz neuen Melodien von den Herren Capell-
meistern Bach, Naumann u. Schulz (Kopenhagen u. Leipzig 1786)
S. 116. Bei Erk, Liederkranz 3. Heft Nr. 25.

989. Will sich Hektor ewig von mir wenden? 1780.

Vf. Schiller. — Die bekannte Volksweise in: H. A. von
Kamp, Melodien zu den Festliedern 1. Heft (Crefeld 1825) S. 7.

990. Willkommen im Grünen! 1787.

Vf. J. H. Voss: Musenalmanach 1788. S. 142—145 mit der
Schulz'schen Melodie. — Mel. von J. A. P. Schulz: Lieder im
Volkston 3. Th. 1790. S. 28, in den Melodien zum Mildh. Liederb.
Nr. 124 und bei Fink Nr. 696.

991. Willkommen, lieber Mondenschein!
so freundlich und so hold. 1778.

Vf. Johann Ludwig Am Bühl, geb. 13. Februar 1750 im Dorfe
Wattweil im Toggenburg, ✝ 22. April 1800 zu Altstätten im Ober-
rheinthal. Siehe: J. L. Am Bühl's Gedichte. Nach des Vf. eigener
Auswahl zum Drucke befördert (von Gregorius Grob). St. Gallen u.
Leipzig 1803. S. 57. Vgl. Erk, Volkslieder 2. Bd. 4/5. Heft Nr. 82;
die dort mitgetheilte Melodie ist von Auberlen: Lieder fürs Clavier
und Gesang. In Musik gesezt und herausg. von Samuel Gottlob
Auberlen (St. Gallen 1784. querfol.) S. 3.

992. Willkommen, o seliger Abend! 1801.

Vf. Fritz von Ludwig: Gedichte, Frankfurt a. d. O. bei Apitz
1801. S. 29. 30. Fritz von Ludwig, geb. 1755, war preuss.
Kriegsrath. In dem Unglücksjahre 1807 ging er nach Meklenburg
und fand eine freundliche Aufnahme in Remplin bei dem bekannten
Grafen Hahn, wo er durch Gelegenheitsgedichte die lustige Gesellschaft ergötzte. Als es seinem Gönner, dem Grafen schlecht ging,
ging es ihm noch schlechter, er zog sich nach Waren, einem Städtchen nicht weit von Remplin zurück, lebte dort von milden Gaben
und starb in bitterer Armuth den 17. Dec. 1811. Mit der Melodie
ist es sehr eigen ergangen: sie gehört ursprünglich zu dem von
W. G. Becker gedichteten Liede: 'Willkommen, o Abend, dem Mü-
den' und ist mit B. unterzeichnet, also von W. G. Becker, s. dessen
Taschenbuch zum gesell. Vergnügen, Leipz. 1799. In den Melodien

zum Mildh. Liederb. Nr. 113 ist jedoch dem F. F. Hurka die Melodie zugeschrieben. Text und Melodie in meinem Volksgesangbuch Nr. 170.

993. Willkommen, schöner Jüngling!
du Wonne der Natur. 1782.

Vf. Schiller. Zuerst in: (Schiller) Anthologie auf das Jahr 1782. Gedruckt in der Buchdruckerei zu Tobolsko. S. 123. 124, M. unterzeichnet. — Mel. von J. F. Reichardt: Schiller's lyrische Gedichte 1. Heft 1810. S. 24, bei Fink Nr. 287.

994. Willst du frei und lustig gehn. 1779.

Vf. Johann Georg Jacobi. Zuerst im Voss. Musenalmanach 1780. S. 46. 47. — Mel. von J. A. P. Schulz: Lieder im Volkston 1. Th. 1782. S. 3. Text und Melodie in: Erk, Liederkranz 1. Heft Nr. 7.

995. Willst du nicht das Lämmlein hüten? 1804.

Vf. Schiller. — Mel. von J. F. Reichardt: Schiller's lyrische Gedichte 2. Heft 1810. S. 2.

996. Winter, ade!
Scheiden thut weh. 1835.

Vf. H. v. F. — Volksweise.

997. Wir g'nießen die himmlischen Freuden,
drum thun wir das Irdische meiden.

Wol entstanden aus Marcellin Sturm's: Nach Kreuz und ausgestandenen Leiden. Text und Mel. nebst Nachweisungen in: Erk, Volkslieder 2. Bd. 3. Heft Nr. 9 'Der baiersche Himmel.'

998. Wir hatten gebauet
ein stattliches Haus. 1819.

Vf. August von Binzer, geb. zu Kiel 30. Mai 1793. Gesungen zu Jena bei Auflösung der Burschenschaft den 26. Nov. 1819. — Volksweise, in den Liederweisen zum Teutschen Liederbuch für Hochschulen (Stuttgart 1823) Nr. 86 als 'Weise eines thüringischen Waldliedes' angegeben.

999. Wir Kinder, wir schmecken
die Freude recht satt
(der Freuden recht viel). 1776.

Vf. Christian Adolf Overbeck. Zuerst im Voss. Musenalmanach 1777. S. 51—53. In: Frizchens Lieder von Overbeck 9 Strophen, in s. Samml. vermischter Gedichte (Lübeck u. Leipzig 1794) nur 7. — Mel. von Mozart 1791. Bei Fink Nr. 244 (der Text irrthümlich Daniel Jäger zugeschrieben). — Mel. von J. F. Reichardt: Lieder für Kinder 1. Th. (Hamburg 1781) S. 3. Andere Mel. von Franz Xaver Süssmayr, aus seiner Operette 'Der Spiegel aus Arkadien,' 1794. Text: Die Milch ist gesünder.

1000. Wir kommen uns in dir zu baden,
     Gesang, in dein krystallnes Haus. 1824.

Vf. Gustav Schwab. — Mit der Volksweise: Im Kreise froher kluger Zecher, in: Erk, Volksklänge Nr. 35. — Vierstimmig von Täglichsbeck, Op. 24, in s. Liederhalle 2. Abth. 2. Bd. S. 78—80. Thomas Täglichsbeck, geb. zu Ansbach 31. Dec. 1799. — Mel. von Friedrich Schneider in: G. W. Fink, Die teutsche Liedertafel Nr. 94.

1001. Wir pflügen und wir streuen
     den Samen auf das Land. 1782.

Vf. Matthias Claudius. — Mel. von J. A. P. Schulz in: Melodien für Volksschulen, 2. Aufl. (Hannover 1800) 3. Abth. Nr. 38, auch in: Erk, Liederkranz 2. Heft Nr. 17; die von Johann André: Lieder, in Musik gesetzt von J. André. 1. Th. (Offenbach 1790) S. 16, danach in: Erk, Liederkranz 1. Heft Nr. 19.

1002. Wir sind die Könige der Welt. 1794.

Vf. Gotthelf Wilhelm Christoph Starke, geb. zu Bernburg 9. Dec. 1762, † zu Ballenstedt 27. Oct. 1830 als Oberhofprediger. — Volksweise in: Erk, Volkslieder 1. Bd. 6. Heft Nr. 32, etwas geändert bei Fink Nr. 20. Nach: Melodien zu den Liedern des neuen Freimaurer-Gesangbuches. 1. Heft (Berlin 1835) Nr. 98 ist dieselbe von Carl Friedrich Ebers. — Mel. von Franz Seydelmann, zuerst im Becker'schen Taschenbuch zum gesell. Vergnügen 1796, danach in: J. F. Reichardt, Lieder geselliger Freude (Leipz. 1796) Nr. 45 und in den Melodien zum Mildh. Lb. Nr: 438.

1003. Wir sind nicht mehr am ersten Glas. 1812.

Vf. Uhland. — Mel. von Conradin Kreutzer: Vierstimmige Gesänge für Männerstimmen (Mainz, Schott) Nr. 8; bei Fink Nr. 731.

1004. Wir sind vergnügt und lassen's uns
     hienieden wol behagen.

Vf. unbekannt. — Volksweise in: Melodien zu den Liedern für Volksschulen (von Hoppenstedt) 2. Aufl. 3. Abth. (Hannover 1800) S. 14.

1005. Wir winden dir den Jungfernkranz. 1817.

Aus C. M. v. Weber's Oper: Der Freischütz 1817—1820, gedichtet von Friedrich Kind 1817, bei Fink Nr. 179. — Friedrich Kind, geb. zu Leipzig 4. März 1768, † zu Dresden 25. Juni 1843. — Carl Maria von Weber, geb. zu Eutin 18. Novbr. 1786, † zu London 5. Juli 1826. Vgl. Freischütz-Buch von Friedr. Kind. Leipz., Göschen 1843.

1006. Wo ich sei und wo mich hingewendet. 1802.

Vf. Schiller. — Die schöne, am meisten gesungene Mel.
von F. L. Seidel, zuerst in: Erste musikalische Beilage zum Freimüthigen 1805. Vgl. Guido Reinhold, vollständiges Melodienbuch
(Lpz. 1842) Nr. 298.

1007. Wo ist das Volk, das kühn von That
der Tyrannei den Kopf zertrat? 1818.

Vf. Johann Friedrich Leopold Duncker, erster Cabinetssecretär
des Königs von Preussen, Geh. Ober-Regierungsrath, † zu Berlin
24. August 1842. Das Lied wurde nach der Spontini'schen Composition zum erstenmal am 18. October 1818 im Berliner Opern-
hause gesungen und dann vom J. 1820 an 'zur Feier des Allerhöchsten
Geburtsfestes' jeden 3. August bis zum Tode des Königs Friedrich
Wilhelm III. wiederholt. Im J. 1819 veröffentlichte Spontini mit
seiner Composition noch 4 neue Strophen, welche er sich wahrscheinlich von Carl Alexander Herklots hatte hinzudichten lassen :
dieselben wurden aber nirgend sonstwo gedruckt noch sonstwie
verbreitet. Sie sind jetzt mitgetheilt nebst den ursprünglichen 5
Strophen in meinen Findlingen 1. Bd. Nr. 4. Der erste Text
(fälschlich Herklots zugeschrieben!) mit Spontini's Compos. in:
Deutsche Liederhalle von Täglichsbeck 1. Abth. 1. Bd. S. 10. 11. —
Gasparo Spontini, geb. zu Majolati (Majoletti, Miolatti) bei Jesi im
Kirchenstaate 24. Nov. (nach Fétis 17. Nov.) 1778, nach Berlioz
14. Nov. 1779, † daselbst 14. (nach Anderen 24.) Januar 1851.

1008. Wo ist des Sängers Vaterland? 1813.

Vf. Theodor Körner. — Mel. von Carl Maria v. Weber
(Körner's Leyer und Schwerdt 1. Heft 1814). — Mel. von Fried-
rich Silcher in den Liederweisen zum Teutschen Liederbuch für
Hochschulen (Stuttg. 1823) Nr. 16.

1009. Wo Kraft und Muth in deutscher Seele flammen. 1815.

Vf. Karl Hinkel. Zuerst in: Erste Saitenklänge. Von Carl
Hinkel. (Leipzig bei Carl Friedrich Franz 1816) S. 11. 12; dann
im Leipz. Commersbuch S. 152. Ursprünglich ein sächsisches
Studentenlied. Nach kurzer Zeit wurde der Text geändert und ein
Burschenschaftslied daraus, wie es noch jetzt mündlich und
gedruckt fortlebt. Es wird gesungen nach der Mel. der französischen
Romanze: Brûlant d'amour et partant pour la guerre. S. mein
Volksgesangb. Nr. 174 u. Fink Nr. 399.

1010. Wo mag denn wol mein Christian sein?
in Rußland oder Polen? 1812.

Vf. unbekannt. — Bekannte Volksweise. Vgl. das Lied: Mei-
kens, ach! beduret mi, in Erk, Volkslieder 3. Bd. Nr. 16.

1011. Wo man singet, laß dich ruhig nieder!

Vf. Johann Gottfried (nicht Gottlieb) Seume, geb. zu Poserna bei Weissenfels 29. Januar 1763, † zu Teplitz 13. Juni 1810. Zuerst in Zeitung für die elegante Welt 1804. Nr. 23. vom 23. Febr. Sp. 177—179; dann in: Gedichte von J. G. Seume. 2. Ausg. 1804. S. 246—269, 26 Strophen, wovon nur sehr wenige gesungen werden. — Bekannte Mel., bei Fink Nr. 730.

1012. Wo möcht' ich sein?
wo der perlende Wein im Becher glüht. Vor 1827.

Vf. Oscar Ludwig Bernhard Wolff, geb. zu Altona 26. Juli 1799, † zu Jena 16. Septbr. 1851. Zuerst in: Gedichte von dem deutschen Improvisator (d. i. O. L. B. Wolff. Gera 1827) S. 107—109. — Mel. von Albert Methfessel in s. Hamburger Liedertafel (1. Heft Hamb. bei Cranz) und in s. Commers- u. Liederb. 1831 Nr. 70. Verbreiteter ist jetzt die Mel. von Carl Zöllner.

1013. Wo zur frohen Feierstunde
lächelnd uns die Freude winkt.

Studentenlied; s. Melodien der besten Commerslieder fürs Clavier bearb. von J. G. W. Schneider (Halle 1801) Nr. 18.

1014. Wohl, wohl dem Manne für und für,
der bald ein Liebchen findet! 1783.

Vf. J. H. Voss (Luise 3. Idylle Vers 244—297). — Mel. von J. A. P. Schulz in: Lieder gesell. Freude. Herausg. von J. F. Reichardt. Lpz. 1797. 2. Abth. S. 20.

1015. Wol gibt es der Mädchen so viele
gar schön von Gesicht und Gestalt. 1787.

Vf. Wilhelm Gottlieb Becker. Zuerst im Gött. Musenalm. für 1788. S. 117. — Mel. von Anton André.

1016. Wolauf! es ruft der Sonnenschein
hinaus in Gottes Welt. 1797.

Vf. L. Tieck. — Mel. von Bernhard Wessely 1793 in Erk, Liederkr. 1. Heft Nr. 50. — Mel. von Jos. Gersbach: Wander-Vögelein 1822. Nr. 24.

1017. Wolauf, Kameraden, auf's Pferd, auf's Pferd. 1797.

Vf. Friedrich von Schiller, geb. zu Marbach am Neckar 10. Nov. 1759, † zu Weimar 9. Mai 1805. Das Lied stand zuerst in Schiller's Musenalm. für 1798. S. 137 ff. Schiller theilte es bereits den 7. April 1797 an Körner mit. Die jetzt übliche Weise (s. Erk, Volkslieder 2. Bd. 1. Heft Nr. 32) ist von Christian Jacob Zahn, geb. 12. Sept. 1765 zu Althengstett bei Calw, † zu Calw 8. Juli

1830. Vgl. Nekrolog der Deutschen 1830. Dort heisst es S. 559 : 'Auch die Producte seiner musikalischen Schöpferkraft werden im Nachtrage einzeln bezeichnet werden (S. 567. 568), doch können wir hier nicht unerwähnt lassen, dass während seines Aufenthalts in Tübingen die Mel. des sog. Reiterliedes aus Schiller's Wallenstein entstand, welche sich eines ungetheilten Beifalls zu erfreuen hatte, und den Ruhm geniesst, zur Volksmelodie geworden zu sein.' Die Mel., 'Zahn' überschrieben, findet sich zu einem andern Texte: Sei hoch uns gefeiert, der Teutschen Tag (Lpz. Schlacht) in: Liederweisen zum Teutschen Lb. für Hochschulen (Stuttg. 1823) Nr. 188.

1018. Wolauf noch getrunken den funkelnden Wein! 1816.

Vf. Justinus K e r n e r, geb. zu Ludwigsburg 18. Sept. (n i c h t 18. Febr.) 1786. — Volksweise in Erk, Volkslieder für Männerstimmen 2. Heft Nr. 56. hervorgegangen aus der Volksweise: Hoch droben aufm Berge da horstet der Aar. — Mel. von Albert M e t h - f e s s e l in s. Commers- u. Liederb. 1818. Nr. 15; vgl. Fink Nr. 488.

1019. Wonne schwebet, lächelt überall.

Vf. Friederike B r u n, geb. Münter: Gedichte, herausg. durch F. Matthisson (Zürich 1795) S. 33—36, mit einer Composition von J. A. P. S c h u l z ; dieselbe hat sich später Reichardt irrthümlich zugeschrieben (Lieder geselliger Freude 1. Abth. Nr. 20) und sie ging unter s e i n e m Namen über in die Melodien zum Mildh. Lb. Nr. 128.

1020. 3' Müllen an der Post, tausigsappermost!

Vf. Johann Peter H e b e l. Findet sich erst in der 5. Aufl. der Allemannischen Gedichte (Aarau, Sauerländer 1820) S. 261—263. — Bekannte Melodie.

1021. Zeiten schwinden, Jahre kreisen, und so wechseln Wieg' und Grab.

Vf. unbekannt. Text und Mel. in: Lieder zum Gebrauch der Logen 1. Samml. (Bresslau 1777) Nr. 48. — Mel. von Christian K a l k b r e n n e r bei Fink Nr. 714.

1022. Zu Augsburg steht ein hohes Haus.

Vf. Justinus K e r n e r. — Mel. von Friedrich S i l c h e r 1827— 29: Volkslieder für vier Männerstimmen 3. Heft Nr. 6. Op. 14.

1023. Zu des Lebens Freuden schuf uns die Natur. 1789.

Vf. Friedrich von K ö p k e n, geb. zu Magdeburg 9. Decbr. 1737, ✝ das. 4. Oct. 1811 als Hofrath und Curator des Johannisstifts. Das Lied steht zuerst im Gött. Musenalmanach 1790. S. 99. 100 , dann

in des Verf. 'Hymnus auf Gott nebst andern vermischten Gedichten'
(Magdeburg 1792.) S. 138. 139. Die durch das Mildh. Liederbuch
(Nr. 418) verbreitete Melodie ist von Friedrich Wilhelm Zachariä,
geb. zu Frankenhausen in Thür. 1. Mai 1726, † zu Braunschweig
30. Jan. 1777. Aus dieser Zachar. Mel. ist die Volksweise hervorgegangen, wie sie im Hannöverschen gesungen wird; sie steht in:
Melodien zu den Liedern für Volksschulen (von Hoppenstedt) 2. Aufl.
1800. 2. Abth. S. 5. — Melodie von Aug. Bergt 1801 in Erk,
Liederkranz 2. Heft Nr. 39.

1024. Zu Kindelsberg auf dem hohen Schloß.
steht eine alte Linde.

Vf. Jung Stilling. Zuerst in: Jung Stillings Jünglingsjahre
(Berlin 1778). Kein Volkslied, obschon als solches überall mitgetheilt, z. B. Büsching und v. d. Hagen Sammlung Nr. 73. — Mel.
von Jung Stilling, zuerst in: Die Jahreszeiten. Eine Vierteljahrsschrift von de la Motte-Fouqué u. a. 1811. Beil., dann in: Deutsche
Lieder für Jung u. Alt 1818. Nr. 12, bei Kretzschmer 1. Th. Nr. 44.

1025. Zu Mantua in Banden
der treue Hofer war. 1832.

Vf. Julius Mosen, geb. zu Marienei im Voigtlande 8. Juli 1803.
— Nach einer Volksweise in Erk, Sängerhain 2. Heft Nr. 10.

1026. Zu meiner Zeit, zu meiner Zeit
bestand noch Recht und Billigkeit.

Vf. Friedrich v. Hagedorn. Zuerst in: (Hagedorn) Sammlung
Neuer Lieder und Oden 2. Th. 1744. Nr. 3 mit einer Melodie. —
Mel. von Mozart 1787.

1027. Zu Rosse geschwind!
jetzt reit' ich von hier! 1846.

Vf. H. v. F. — Mel. von Maria Nathusius in: Vierzig Kinderlieder von H. v. F. Nach Original- und Volksweisen mit Clavierbegl.
(Lpz. bei W. Engelmann 1847) Nr. 18.

1028. Zum Reigen herbei
im fröhlichen Mai! 1835.

Vf. H. v. F. — Mel. von Ernst Richter 1835.

1029. Zum Wald, zum Wald da steht mein Sinn. 1801.

Vf. Ludwig Karl Eberhard Heinrich Friedrich von Wildungen.
geb. zu Kassel 24. April 1754, † zu Marburg 14. Juli 1822. Zuerst
in Wildungen's Taschenbuch für Forst- und Jagdfreunde 1802. (Marburg) S. 195. 196. — Bekannte Weise.

1030. Zwischen dem Alten,
zwischen dem Neuen. 1802.

Vf. Göthe. Vgl. Viehoff 2, 439—441. — Mel. von J. F.
Reichardt: Göthe's Lieder, Oden II. 1809. 1. Abth. S. 27, bei
Fink Nr. 290.

1031. Zwischen Frankreich und dem Böhmerwald. 1824.

Vf. H. v. F. Mit meiner Mel. in meinem Volksgesangb.
Nr. 178, vierst. in Erk, Volkslieder für Männerstimmen 1. Heft Nr. 6.
Ueber zwanzigmal componiert. Böhmische Harfenmädchen singen
es nach einer Volksweise, haben, aber den Text sehr verdorben,
z. B. 'Singe, sprach die Böhmerin,' siehe: Lieder der Harfenisten
auf der Messe. Ges. von Christoph Pietzsch (Lpz., Wilh. Schrey) S. 20.
— H. v. F., geb. zu Fallersleben bei Braunschweig 2. April 1798.
Es war ein alter Brauch im deutschen Volke, dass namentlich
Gelehrte, Dichter und Künstler ihrem Namen den Geburts- oder
Aufenthaltsort hinzufügten. So finden sich von Geiler von Kaisers-
berg bis zu Schmidt von Lübeck sehr viele Namen in der deutschen Litteratur, bei denen Niemandem bisher eingefallen ist, dass
diese Männer durch den Zusatz, den sie aus Liebe zu ihrer Heimath
oder zur Unterscheidung von vielen gleichnamigen Zeitgenossen
ihrem Namen beigefügt, sich haben zu Edelleuten machen wollen.
Das von ist dabei geschichtlich und grammatisch richtig. Darum
sagt Jacob Grimm im Deutschen Wörterbuche von J. u. W. Grimm
1. Bd. Sp. 821: 'Bei Land und Ort schwankt schon die ältere
Sprache, doch scheint für Land die Präp. aus, für den Ort von
angemessener, weil man in dem Land, aber an dem Orte wohnt.
Ich bin aus Hessen, von Hanau; aus dem Elsass gebürtig
(Göthe 25, 339), von Strassburg. — Vor den Namen einzelner
Städte und Burgen findet sich mit Recht von: von Troneje
Hagene, von Metzen Ortwin, Wolfram von Eschenbach ff.
woraus sich das allmälich sinnlos*) gewordene von in den Namen der
Edelleute entfaltete.'

---

*) Schon am 1. August 1848 sprach sich Jacob Grimm in der Frank-
furter Nationalversammlung darüber aus: 'Da ich doch einmal auf dieses
Wörtchen von zu sprechen gekommen bin, das in den letzten Jahrhun-
derten Manchem den Kopf verrückt hat, so sei es mir vergönnt, einen
Augenblick dabei zu verweilen. Es ist nichts als eine Präposition, d. h. in
der Grammatik ein Wort, das einen Casus regiert. Es muss also von diesem Worte ein Casus abgegangen haben, sonst würde es sinnlos sein.
Immer ist es mir erschienen, dass, was in der Sprache albern und sinnlos
scheint, es auch im Leben ist. Ein Heinrich von Kronberg, ein Heinrich
von Weissenstein, das hat Sinn; aber es klingt unsinnig: ein Herr
von Göthe, ein Herr von Schiller, ein Herr von Müller, denn Müller, Göthe
und Schiller sind niemals Orte gewesen.' Vgl. Weimarisches Jahrbuch 2,
482—485.

Aus ähnlichen Gründen wie tausende Deutsche vor mir habe ich mich der Präposition v o n bedient und bin nur dadurch vor Verwechselungen meines sehr häufigen Namens *) gesichert.

Wenn die K r e u z – Z e i t u n g d i e s v o n nicht gelten lassen will, so ist das nicht weiter auffällig, denn dies Blatt vertritt eine Partei, die nur soweit geschichtlich und gerecht ist als es sich mit ihren Interessen verträgt. Wenn aber die A l l g e m e i n e Zeitung sich berufen fühlt aus dem v o n meines Schriftstellernamens regelmässig e i n a u s zu machen, so ist das sehr kleinlich und albern, und sie gibt auch in d i e s e m Falle wie in so manchen anderen zu erkennen, dass sie strebt lieber g e m e i n als a l l g e m e i n zu sein.

---

*) Der Verfasser des Struwwelpeters z. B. heisst gerade wie ich: Heinrich Hoffmann. Im grossen Kataloge der Münchener Hofbibliothek fand ich eins s e i n e r Bücher unter m e i n e m Namen verzeichnet.

Fortsetzung.

1032. Ach Gott, das drückt das Herz mir ab,
       daß ich mein Schatz Valet gebn hab.

Vf. Otto Roquette: Gedichte. Des Liederbuchs 2. Aufl.
(Stuttg., Cotta 1859) S. 29. — Text im Munde des Volks sehr verändert, nebst Volksweise, 4st. von Erk: Volksklänge Nr. 59. —
O. Roquette, geb. zu Krotoschin im Grossh. Posen 19. April 1824.

1033. Ach, wie ist's möglich dann,
       daß ich dich lassen kann!

Neueres Volkslied. Text und Mel. in Erk's Liederhort Nr. 76.
Später sind zu der ersten Strophe zwei hinzugedichtet, und diese
drei bilden den jetzt üblichen Text, wie er in Scherer's Volksliedern
1868 Nr. 40 mitgetheilt ist. Moritz Ernemann hat den neuen Text
componirt: Acht Lieder (Berlin, Christiani 1825); darin steht unter
dem Texte 'Mel. v. Chezy' als Dichterin, und wird es denn auch wol
sein. Den verbummelten Louis Böhner zum Componisten oder gar
zum Dichter des Liedes zu machen, ist eine gartenlaubige Schrulle.
Eine wie es scheint frühe Aufzeichnung der Volksweise giebt Berggreen, Tydske Folke-Sange og Melodier Nr. 103: vgl. dazu die Anm.
S. 191. Die Volksweise, wie sie in meinem Volksgesangbuche unter
Nr. 3 vorkommt, ist besser als alle übrigen, namentlich als die in
Erk's Germania Nr. 172 'Nach Ludwig Böhner'.

1034. Ach, wir armen Narren
       hoffen stets und harren. 1841.

Vf. H. v. F.: Unpol. Lieder 2. Th. S. 149. — Nach der Mel.
Wie i bi verwicha.

1035. Alle Vögel sind schon da. 1835.

Vf. H. v. F. — Volksweise.

1036. Als die Preußen marschierten vor Prag.

Volkslied aus dem 7jährigen Kriege. Text u. Mel. in Erk's
Germania Nr. 53.

1037. Am Brunnen vor dem Thore. 1822.

Vf. Wilhelm Müller. — Mel. von Franz Schubert.

1038. An den Rhein, an den Rhein, zieh nicht an den Rhein!

Vf. Karl Simrock, geb. zu Bonn 28. Aug. 1802. — Mel. von Adolf Wendt 1840 in W. Greef: Männerlieder 3. Heft Nr. 9. — Mel. von Pöthko bei Härtel Nr. 56. — Adolf Wendt, geb. zu Schwiebus 6. Januar 1806, † zu Neuwied 5. Febr. 1850 als Musiklehrer am Seminar.

**1039. Auf, ihr Brüder! laßt uns wallen
in den großen, heil'gen Dom. 1838.**

Vf. Heinrich Weismann, geb. zu Frankfurt a. M. 23. August 1808. Gedichtet auf die Mel. des Walhalaliedes und zuerst gesungen beim Frankfurter Sängerfest am 30. Juli 1838. — Mel. von Joseph Hartmann Stuntz, geb. zu Arlesheim in der Schweiz 23. Juli 1793, † zu München 18. Juni 1859 als Hofkapellmeister. — Text und Mel. in W. Greef: Männerlieder 2. Heft Nr. 2. Das Lied wurde bei Gelegenheit eines Ständchens, das man dem wiedergenesenen König Ludwig von Baiern 1856 in Darmstadt brachte, gesungen und dann als Gedicht Sr. Majestät an der Spitze der dortigen Zeitung abgedruckt.

1040. Bei der hellen Mittagssonne.

Bekanntes Freimaurerlied. Gute und beliebte Mel. von Gottlob Benedict Bierey, geb. zu Dresden 25. Juli 1772, † zu Breslau 5. Mai 1840. Monsieur Fétis hat die Erdkunde um einen Ort bereichert: in seiner *Biographie universelle des Musiciens* T. 1 (Paris 1860) p. 411 sagt er von Bierey: Il mourut à Asthma, près de Breslau, le 5. mai 1840.

**1041. Brüder, auf! die Welt zu befreien!
Ehre winkt! die Zeit ist groß. 1814.**

Vf. Goethe. Gedichtet zum 18. Oct. 1814 für die Berliner Singakademie. Zuerst in Journal des Niederrheins Bd. 1 (Aachen 1814) S. 459. — Mel. von Zelter.

**1042. Brüder jung und alt,
ledig und beweibt!**

Vf. F. Haug. Zuerst in Becker's Taschenb. 1820 S. 379. Skolie von 1 Strophe, wozu später, von anderer Hand, noch 5 hinzugekommen sind, wie in Bernhardi's Liederlexikon Nr. 191. — Mel. von H. Werner.

**1043. Brüder, nützt das freie Leben,
das nur wenig Jahre währt!**

Studentenlied in: Akademisches Lustwäldlein 1794 Nr. 1, ist jedoch älter, Kindleben hat es bereits 'verändert' in seinen Studentenliedern 1781. Nr 19 'In bekannter Melodie'.

1044. Brumm! brumm! was ist das? 1827.

Vf. H. v. F. — Comp. von Richard Wüerst. 4st., preisgekrönt von der Neuen Berliner Liedertafel. R. Wüerst, geb. zu Berlin 22. Febr. 1824.

1045. Das Käuzlein lass' ich trauern. 1825.

Vf. H. v. F. — Mel. von Stuntz in Ernst und Scherz von Julius Otto Nr. 24 mit der Ueberschrift: 'Text von Graf Wilhelm von Würtemberg'. G. Sch. giebt darüber Aufklärung, er schreibt mir: 'Ich fragte einst den † Kapellmeister Stuntz in München, warum er den Namen des Grafen W. v. W. über zwei Ihrer Lieder gesetzt. Er antwortete, er habe die Lieder von dem Grafen W. v. W., der damals viel in München verkehrte, zur Composition erhalten, und da kein Dichter genannt gewesen, so habe er den Grafen, der selbst in Versen dilettierte, für den Verfasser gehalten'. —

**1046. Den lieben langen Tag
hab' ich nur Schmerz und Plag.**

Vf. unbekannt. — Mel. von Philipp Düringer, geb. zu Mannheim 23. Juli 1807, im J. 1861 zum Director der Schausp. in Berlin ernannt; s. v. Ledebur S. 683.

**1047. Der Frühling ist gekommen,
es grünet Wald und Feld. 1843.**

Vf. H. v. F. — Mel. 1849 von L. Erk: Germania Nr. 113.

1048. Der Mensch hat nichts so eigen. 1640.

Vf. Simon Dach. — Mel. von Jos. Gersbach in Erk's Sängerhain 1. Heft Nr. 5.

1049. Der Säemann säet den Samen. 1771.

Vf. Matthias Claudius. Zuerst im Wandsbecker Bothen 1771 Nr. 176. — Mel. von J. A. P. Schulz: Lieder im Volkston 3. Th. 1790 S. 15.

1050. Die Bäume grünen überall. 1844.

H. v. F. — Mel. von Mendelssohn Op. 100, Nachlass Nr. 29. — Mel. von Julius Rietz (geb. in Berlin 28. Dec. 1812) in Payne's Album für Musik S. 2. 3.

1051. Die Sonne sank, der Abend naht. 1854.

Vf. H. v. F. — Volksw. in Erk's Germania Nr. 139.

1052. Die Trommel schlägt, zum Krieg hinaus. 1836.

Vf. H. v. F. 'Schwabenkrieg'. — Volksw. in meinem Volksgesangb. Nr. 45. — 4st. von Ernst Richter Op. 15.

1053. Dir möcht' ich diese Lieder weihen. 1814.

Vf. U h l a n d. — Mel. von Conradin K r e u t z e r Op. 24 in Greef: Männerlieder 6. Heft Nr. 1. — Mel. von E n z e l l i n g in Erk's Germania Nr. 1.

1054. Dort, wo der alte Rhein mit seinen Wellen.

Ein am Rhein viel gesungenes Lied, soll von einer Leipziger Dichterin sein, was auch bestätigt wird durch die Zeilen:

Dann würden freud'gere Bilder mich umgaukeln.

Als sie der Pleisse flaches Ufer biet' (bietet).

Als Componisten nannte man mir einen Musiker, der früher am Dome zu Trier angestellt war, Namens S c h m i d t. Mel. wie Text unbedeutend.

**1055. Drei muntre Burschen saßen
  gemüthlich bei dem Wein.**

Vf. Heinrich H o f f m a n n , geb. zu Frankfurt a. M. 13. Juni 1809. Verfasser des 'Struwwelpeter', nennt sich seit 1867 Hoffmann-Donner (seine Frau ist eine geb. Donner). — Comp. von Wilhelm S p e y e r (als Componist schreibt er Speier), Op. 33.

**1056. Ein Lied in Ehren:
  wer will's verwehren. 1803.**

Vf. Johann Peter H e b e l. — Mel. 1834 von Ludwig E r k: Germania Nr. 282.

**1057. Ein Reislein am Hut,
  den Stab in der Hand. 1825.**

Text und Mel. von Conrad R o t t e r, geb. zu Wünschelburg in der Grafsch. Glaz 23. Nov. 1801, † zu Breslau 25. Dec. 1851 als erster Oberlehrer am Matthiasgymnasium. — Mel. in F. S i l c h e r: Volkslieder für 4 Männerst. Heft 8 Nr. 9.

1058. Ein Schifflein ziehet leise. 1810.

Vf. U h l a n d. Zuerst in: Pantheon. Eine Zeitschr. für Wissensch. u. Kunst von Büsching u. Kannegiesser 3. Bdes. 1. Heft (Lpz. 1810) S. 108. — Mel. von J. G. F i n c k e in Erk's Germania, zuerst in: Deutsches Liederbuch von Schanz und Parucker (Lpz. 1848) S. 256.

1059. Ein Thaler nach dem andern. 1827.

Vf. H. v. F. — Mel. von B. E. P h i l i p p Op. 20. 4st.

1060. Ein Vogel ruft im Walde. 1844.

Vf. H. v. F. — Mel. von Maria N a t h u s i u s: Hundert Lieder Nr. 35.

1061. Es blickt so still der Mond mich an.

Vf. Karl Christian T e n n e r, geb. zu Grünstadt in Rheinbaiern 16. April 1791. Zuerst wol in: Elsäss. Neujahrsblätter 1845. —

Mel. von Albert Braun, evang. Pfarrer zu Mülhausen im Elsass, einzeln gedr. St. Gallen bei Scheitlin und Zollikofer für 4 Männerst.

1062. Es braust ein Ruf wie Donnerhall.

Das Lied ist unter dem Namen 'Die Wacht am Rhein' sehr bekannt, und stammt wol mit dem Becker'schen Liede: 'Sie sollen ihn nicht haben' aus derselben Zeit, dem J. 1840. Es wurde schon in den vierziger Jahren gesungen, ist aber erst recht verbreitet und beliebt geworden durch die treffliche Composition des Musikdirectors Wilhelm in Crefeld vom J. 1854 in Wilh. Greef's Männerliedern 9. Heft Nr. 2. Carl Wilhelm ist geb. zu Schmalkalden 15. Sept. 1815. — Der Vf. des Liedes ist bisher unbekannt geblieben.

1063. Es donnern die Höhen.

Aus Schiller's Tell. Mel. von Fr. Götzloff 'in Berlin', in der Zeit. für die eleg. Welt 1804. Musikbeil. Nr. 7 u. 8.

1064. Es hat mich zum Scherzen und Küssen.

Akademisches Lustwäldlein 1794 Nr. 14. — Bekannte Mel.

1065. Es ist ein Berg auf Erden. 1841.

Vf. Georg Herwegh. — Mel. Der alte Barbarossa.

1066. Es lebe der Wein!
der Wein, der Wein, der Wein.

Studentenlied: Akademisches Lustwäldlein 1794 Nr. 7.

1067. Es sei mein Herz und Blut geweiht. 1807.

Vf. Friedrich v. Schlegel. Mit Mel. im Commersbuch (Lahr 1859) S. 40. Zuerst gedr. im Morgenblatt 21. Juli 1807.

1068. Es zog aus Berlin ein tapferer Held. 1812.

Vf. E. M. Arndt: Gedichte (Berlin 1860) S. 215. 'Das Lied vom Schill.'

1069. Frisch auf zu neuem Leben. 1855.

Vf. H. v. F. — Mel. von Franz Liszt, geb. 22. Oct. 1811 zu Raiding in der Oedenburger Gespanschaft.

1070. Füllt noch einmal die Gläser voll
und stoßt recht herzlich an.

Zuerst in: Freymäurer-Lieder mit Melodien. Zwote Samml. Hamburg 1778 Nr. 73. Nach mündl. Ueberlief. verfasst von Matthias Claudius, wie es denn auch bereits unter seinem Namen vorkommt in: Allgemeines Liederbuch des deutschen Nationalgesanges 4. Th. (Altona, Pinkvoss 1798) S. 158 Nr. 85.

1071. Glücklich, wer auf Gott vertraut. 1854.

Vf. H. v. F. — Mel. 1854 in Erk's Germania Nr. 256 von Friedrich Eduard Wilsing. geb. zu Hörde bei Dortmund 21. Oct. 1809.

1072. Guten Abend, lieber Mondenschein.

Vf. Wilhelm Müller. Mel. von Kretzschmer. Beilage zum Freimüthigen 1821.

1073. Herrlich ist's im Grünen! 1791.

Vf. Friedrich von Matthisson. Zuerst im Voss. Musenalm. 1792 S. 182. — Mel. von J. A. P. Schulz.

1074. Hier auf diesen frohen Höhen.

Vf. August Fresenius. geb. zu Friedberg in der Wetterau 25. April 1789, † zu Homburg vor der Höhe 8. Dec. 1813 als Rector der Schule.

**1075. Hoch droben auf'm Berge
da horstet der Aar.**

'Tyroler-Lied aus dem Lustspiele: Die Bürger in Wien, mit Begl. des PF. oder der Guitarre. Berlin, Lischke.' Aus dieser Mel. heraus ist das Kerner'sche Wolauf, noch getrunken — geformt.

1076. Hoch vom Dachstein an, wo der Aar noch haust. 1844.

Das Lied hat viele Aenderungen und Umdichtungen erfahren. Es ist ursprünglich zehn Strophen lang, von denen aber nur die beiden ersten zu brauchen. Originaldruck: 'Der Steirer Land. „Hoch vom Dachstein." Gedichtet von Jacob Dirnböck, in Musik gesetzt von Ludwig Carl Seydler, Domorganist in Gratz. Gratz bei Franz Wiessner Buch- u. Musikalienhändler. Einzig rechtmässige Ausgabe durch den Componisten'. fol. Auf dem Titel noch die Anmerkung: 'Dieses Lied wurde auf Ansuchen für den Jubeltag des 25jährigen Bestehens 1844 der steierm. Landwirthschaftsgesellschaft componirt'.

1077. Hört, ihr Herrn, und laßt euch sagen.

Vf. unbekannt. — Mel. in J. G. Hientzsch, Auswahl der bessern deutschen Volkslieder 1. Heft 1821; danach in Erk, Volksl. 2. Bd. 1. Heft Nr. 13. — Abweichend in Text und Mel. in v. d. Hagen, Samml. Deutscher Volkslieder Nr. 16, danach bei Erk, Volksl. 2. Bd. 2. Heft Nr. 293. — Vergebens ist bis jetzt nach einem Vf. gesucht worden, s. Blätter für lit. Unterh. 1862 Nr. 34.

1078. Holde Nacht, dein dunkler Schleier decket.

Aus den Kriegsjahren 1813. 14. Text u. Mel. in Erk's Germania Nr. 42.

1079. Ja, du bist mein! 1849.

Vf. H. v. F. — Mel. von Heinrich Marschner Op. 135. — Sehr beliebt ist auch die Mel. von A. Heymann Op. 17.

1080. Ja, lustig bin ich, das ist wahr! 1825.

Vf. H. v. F. — Mel. von Leopold Lenz (Op. 38', geb. zu Passau 22. Juli 1804, † zu München 18. Juni 1862.

1081. Ich bin Husar geweſen,
ein preußiſcher Husar. 1841.

Vf. H. v. F. — Mel. von Ernſt Richter Op. 22. 4ſt.

1082. Ich empfinde faſt ein Grauen,
daß ich, Plato, für und für.

Vf. Martin Opitz. Zuerſt in der Ausg. ſeiner Poemata 1637. —
Mel. von C. M. v. Weber Op. 64.

1083. Ich geh' durch einen grasgrünen Wald
und höre die Vögelein ſingen. 1841.

Vf. (Str. 2 und 3) Hermann Kletke. Text und Volksw. in
Erk's Sängerhain 1. Heft Nr. 25. Das alte Volkslied mit Mel. in Erk's
Liederhort Nr. 97 S. 247.

1084. Ich liebe dich, ſprach oft mein thränend Auge.

Härtel's Liederlexikon Nr. 378 mit der Unterſchrift 'Müchler'.
Unter den mir zugänglichen Sammlungen dieſes Dichters finde ich
dies Lied nicht.

1085. Ich ziehe ſo fröhlich zum Thore hinaus. Vor 1827.

Vf. Wilhelm Müller. — Mel. nach Theodor Fröhlich in Erk's
Germania Nr. 192.

1086. Im Garten zu Schönbronnen. 1832.

Vf. Moriz Gottlieb Saphir: 'Des Hauses letzte Stunde', auf
den Tod des Herzogs von Reichstadt 22. Juli 1832. — Mel. von Carl
Almenräder, geb. zu Ronsdorf im Kr. Lennep 3. Oct. 1786,
† zu Bieberich 14. Sept. 1843.

1087. In dem goldnen Strahl
über Berg und Thal. 1815.

Vf. Johann Ludwig Deinhardstein, geb. zu Wien 21. Juni
1794, † das. 12. Juli 1859 als Regierungs-Rath. — Mel. von August
Harder in Erk's Sängerhain 1. Heft Nr. 28.

1088. In des Abends goldnem Strahl
ſchwebt die Freundſchaft nieder.

Vf. F. v. Köpken. — Mel. von Naumann. Beides in Becker's
Taſchenb. 1796 S. 248.

1089. In jedem Hauſ' ein Klimperkaſten,
in jedem Hauſe Stimm' und Hand. 1841.

Vf. H. v. F.: Unpolitiſche Lieder 2. Th. S. 123. Nach der
ruſſiſchen Volksmel. Seht ihr drei Roſſe vor dem Wagen, in der
Studentenwelt noch viel geſungen.

1090. Keine Sonne brachte den Tag. 1824.

Vf. H. v. F. — Sehr beliebte und verbreitete Comp. von Franz
Lachner Op. 94. 4ſt.

1091. Kling klang! kling klang!
so ist es recht.

Akademisches Lustwäldlein 1794 Nr. 30.

1092. Kommt, laßt uns ausspazieren,
zu hören durch den Wald.

Vf. Martin O p i t z, geb. zu Bunzlau am Bober 23. Dec. 1597, † zu Danzig 20. Aug. 1639. Das Lied steht zuerst in O.'s Poemata, Strassburg 1624, S. 92. — Volksweise in Erk's Liederkranz 1. Heft Nr. 37.

1093. Laßt den Philistern ihr verdammtes Klopfen.

Akademisches Lustwäldlein 1794 Nr. 15, sehr verändert im (Göttinger) Neuen Commersbuch 1848 Nr. 58. — Bekannte Melodie.

1094. Laßt mich ruhen, laßt mich träumen. 1854.

Vf. H. v. F. — Mel. von Eduard L a s s e n (Op. 4), geb. zu Kopenhagen 13. April 1830.

1095. Laßt uns die deutschen Ströme singen. 1819.

Vf. Karl B u c h n e r, geb. zu Darmstadt 12. Febr. 1800. Zuerst in: Trink- und Heldenlieder der Teutschen (Giessen 1820) S. 16. Das Lied wird fälschlich dem Max von Schenkendorf zugeschrieben.

1096. Lispe, Laute, lisple linde!

Vf. Karl Ludwig R e h, geb. zu Darmstadt 20. Febr. 1796. Mel. von Joh. Jos. P o l t: Der fröhliche Sänger (Wien 1826) Nr. 25.

1097. Mag auch die Liebe weinen. 1808.

Vf. Friedrich Adolf K r u m m a c h e r, geb. zu Tecklenburg 13. Juli 1768, † zu Bremen 4. April 1845. — Mel. von Friedrich S c h n e i d e r, in Erk's Germania Nr. 276.

1098. Mauskätzchen, wo bleibst du. 1847.

Vf. H. v. F. — Mel. von Franz L a c h n e r Op. 95 und 4st. Op. 110. — Maria N a t h u s i u s: Hundert Lieder Nr. 71.

1099. Mein Herz ist am Rheine,
im heimischen Land. 1845.

Vf. Wolfgang M ü l l e r, geb. zu Königswinter 5. März 1816. — Mel. von Diedrich E i c k h o f f 1847 in W. Greef's Männerliedern 10. Heft Nr. 6.

1100. Mit tausendfacher Schöne
begrüßt der Lenz die Flur.

Vf. Elisa von der R e c k e, geb. zu Schönburg in Kurland 20. Mai a. St. 1751*), † zu Dresden 13. April 1833. — Mel. von F. H. H i m m e l um 1802—4.

*) Nach dem Nekrolog der Deutschen 1833 S. 275 das sonst angegebene GJ. 1756 falsch.

1101. Morgen muß ich weg von hier.

Im Wunderhorn 3, 31 mit der Angabe 'mündlich', wol nach einem älteren Texte in Erk's Germania Nr. 169 (Druck um 1690). Dort die Volksweise und unter Nr. 169. a. die Silchersche. Vgl. Die d. Volksl. von Scherer 1868 S. 153 Anm. zu Nr. 11.

1102. Mueß i denn zum Städtle naus.

· Dichter von Str. 2 und 3 Heinrich Wagner (pseud. Wergan) 1824; s. Scherer's Volkslieder 1868 Anm. zu Nr. 8 S. 150.

1103. Nach diesen trüben Tagen,
wie ist so hell das Feld! 1825.

Vf. H. v. F. — Mel. von F. W. Berner in Erk's Germania Nr. 110.

1104. Nicht um mich, ihr theuern Streitgenossen, —
weint um ein entartetes Geschlecht! 1809.

Vf. Karl Müchler: Gedichte. Niedergelegt auf dem Altar des Vaterlandes (Berlin 1813) S. 127. Auch als Beil. II in Ferdinand von Schill. Eine Lebensbeschr. von Haken 2. Bdch. (1824) S. 216: Schills Geist an seine noch lebenden Waffenbrüder. — Volksweise, als einzelnes Notenbl. gedruckt im J. 1825.

1105. Noch ist Polen nicht verloren.

Zur Zeit der polnischen Revolution 1830—32 entstanden und dann viel gesungen in Deutschland, aber erst seit 1848 hie und da in Liederbüchern, z. B. in dem von Schanz u. Parucker (Lpz. Serig 1848) S. 364. — Volksweise.

1106. Noch nicht entblüht zur Rose,
lag der Natur im Schoße. 1797.

Vf. Jens Baggesen. Zuerst im Voss. Musenalmanach 1798 S. 31—34. — Mel. in: Reichardt Wiegenlieder für gute deutsche Mütter Nr. 19. Nach Righini bei Fink Nr. 826.

1107. Nun ade, du mein lieb Heimatland. 1850.

Vf. August Disselhoff, geb. zu Soest 25. Nov. 1829, jetzt Pfarrer zu Berlin. — Volksweise. Text u. Mel. in Erk's Germania Nr. 61.

1108. Nun schweigt die Höh', nun schweigt das Thal. 1831.

Vf. H. v. F. — Mel. von Friedrich Wilhelm Jähns Op. 20, geb. zu Berlin 2. Januar 1809.

1109. Nur ein Wandern ist das Leben. 1850.

Vf. H. v. F. — Nach der Mel. von Friedrich Burchard Beneken: Rosen welken und verschwinden. — Mel. von Bornhardt in Erk's Germania Nr. 266.

1110. O du fröhliche, o du selige,
   gnadenbringende Weihnachtszeit. 1816.

   Vf. Johannes Falk: Auserlesene Werke 1. Th. (Lpz. 1819)
S. 357. — Mel. O sanctissima.

1111. O Tannenbaum, o Tannenbaum. 1824.

   Vf. Ernst Anschütz, Umdichtung eines Volksliedes, 3 Str.
Mit einer Volksw. in Erk's Germania Nr. 101. — E. Anschütz,
geb. zu Goldlauter im Henneb. 28. Oct. 1780, † zu Leipzig 19. Dec.
1861 als Lehrer an der Bürgerschule.

1112. Ob wir rothe, gelbe Kragen,
   Hüte oder Helme tragen. 1845.

   Vf. Adalbert Harnisch: Gedichte (Oppeln, in Commission bei
Wilh. Clar 1859) S. 84—86, 7 Strophen, mit der Ueberschrift:
'Bürgerlied. Für den Elbinger Bürgerverein geschrieben. im Mai 1845'.
Das Lied wurde in den Bürgervereinen und auch sonstwo seitdem
viel gesungen. — A. Harnisch, geb. zu Breslau 18. Febr. 1815.
Ober-Postcommissarius zu Neisse.

1113. Rasch tritt der Tod den Menschen an. 1803.

   Chor aus Schiller's Wilhelm Tell. Anselm Weber's Composition in der Zeitung für die elegante Welt 1803 Nr. 92. 2. Aug.

1114. 'ß is a Freud, wenn ma sieht die Sonn aufgehn.

   Viel gesungenes Lied. Zuerst als: Steyrer-Jodler. Von Musik-
meister Hisel in Gratz. München bei Falter und Sohn. Einzelnes
Blatt in Querfolio. Der gewöhnliche Anfang (Str. 3): Wenn der
Schnee von der Alma wega geht.

1115. Sah ein Knab ein Röslein stehn. 1773.

   Das Lied steht auch in Herder's Volksliedern (Lpz. 1779), aber
ohne Angabe von Goethe's Namen. Das Inhaltsverzeichniss des 2. Th.
S. 307 hat nur die Bemerkung: 'Aus der mündlichen Sage'. Danach
scheint Herder Goethe's Antheil an diesem Liede sehr gering ange-
schlagen zu haben. Aus Paul v. d. Aelst Liederbuche vom J. 1602
hat Uhland in seinen Volksliedern Nr. 56 ein Liebeslied von sieben
Strophen mitgetheilt, in jeder mit Ausnahme der 1. und 2. lautet
die zweite und Schlusszeile: Röslein auf der Heiden.

1116. Schau die lieben goldnen Sterne
   dort am blauen Himmelszelt. 1819.

   Vf. Friedrich Hesekiel, geb. zu Rehsen bei Wörlitz 27. Oct.
1794, † zu Altenburg 14. April 1840 als Generalsuperintendent.
Zuerst in Becker's Taschenbuch zum geselligen Vergnügen 1821
S. 433 mit einer Mel. von Chr. Schulz.

1117. Schlafe, mein Prinzchen, schlaf ein!

Vf. unbekannt. — Einst sehr beliebte Mel. von Bernhard Wesse-ly, geb. zu Berlin 1. Sept. 1768. † zu Potsdam 11. Juli 1826. Vgl. v. Ledebur S. 637.

**1118. Schmäht mir nicht die Erde,
die uns freundlich hegt. 1795.**

Vf. Johann Friedrich Schink, geb. zu Magdeburg 29. April 1755, † zu Sagan 10. Febr. 1835 als herz. Sag. Bibliothekar. Zuerst in Becker's Taschenb. 1796 S. 231. — Mel. in den Melodien zu dem Mildh. Lb. Nr. 34 von Friedrich Methfessel, geb. zu Stadt-Ilm 27. August 1771. † das. .. Mai 1807.

1119. Schon die Abendglocken klangen.

Aus dem Nachtlager von Granada, Text von Carl Freih. von Braun, Musik von Conradin Kreutzer.

1120. Schon fängt es an zu dämmern.

Vf. Emanuel Geibel: Gedichte (Berlin 1840) S. 192—194. — Mel. von Ferd. Möhring, geb. zu Alt-Ruppin 18. Januar 1816. Mel. 4st. von Erk: Frische Lieder 2. Heft Nr. 12.

**1121. Siehst du dort die Wolken eilen?
ja mit ihnen zög' ich gern.**

Von den Harfenmädchen viel gesungen.

1122. Siehst du im Abend die Wolken ziehn? Um 1834.

Vf. Hermann Kletke, geb. zu Breslau 14. März 1813. — Mel. von Friedrich Glück um 1837. Text und Mel. in Erk's Germania Nr. 210.

1123. Stark ist des Todes rauhe Hand. 1779.

Vf. Johann Ferdinand Schlez: Vermischte, grösstentheils lyrische Gedichte (2. Aufl. Nürnb., Grattenauer 1793) S. 34. (S. 265: 'Ueber der vortrefflichen Composition, welche Herr von Dalberg von diesem Liede geliefert hat, wird Herder irrig als Verfasser desselben genannt'.)

**1124. Stimmt an das Lied der Lieder,
die Freiheit ist erwacht! 1848.**

Vf. Heinrich Weismann, gedichtet für das Vorparlament 29. März 1848, gesungen nach der Mel. von Heinrich Esser zu: Harr' aus in deinen Spielen.

1125. Turner, auf zum Streite. 1841.

Vf. Heinrich Weismann. — Mel. von Jos. Hartmann Stuntz, 4st. in Göpel's deutscher Liederhalle 2. Bd. 3. Abth. S. 64.

1126. Ueber Reisen kein Vergnügen. 1797.

Vf. Ludwig Tieck. — Mel. von Jos. Gersbach: Wander-vöglein 1822; 2 Aufl. 1833 Nr. 15.

1127. Unsre Herzen zu erfreu'n
gab uns Gott den edeln Wein. 1772.

Vf. Johann Martin Miller: Gedichte (Ulm, bey Joh. Konr. Wohler 1783) S. 51. 52.

1128. Unter blüh'nden Mandelbäumen. 1823.

Vf. Helmine v. Chezy, aus Weber's Euryanthe.

1129. Vergangen ist der lichte Tag. 1814.

Vf. Joseph von Eichendorff. — Mel. von Bernhard Klein Op. 16.

1130. Vom Bodensee bis an den Belt. 1854.

Vf. H. v. F. — Mel. von Hans Michel Schletterer, geb. zu Ansbach 29. Mai 1824.

1131. Walhalla, Walhalla, was soll denn das sein?
wird bairisches Bier da geschenkt oder Wein? 1842.

Vf. H. v. F.: Deutsche Lieder aus der Schweiz (Zürich und Winterthur 1842) S. 79. 80. — Volksweise: Als Adam, als Adam die Eva geseh'n. Wurde zu Lebzeiten König Ludwigs viel gesungen, besonders in Rheinbaiern.

1132. Wann in die Ferne
vom Felsen ich seh.

Vf. Philipp Müller, Pfarrer zu Staden in Oberhessen, geb. zu Kesselstadt bei Hanau 18. Juli 1791. Zuerst in: Teutsches Gesang-buch durch F. L. Weidig (1831) S. 7. Text u. Mel. in Erk's Sänger-hain 1. Heft Nr. 89.

1133. Was kann schöner sein, was kann edler sein,
als von Hirten abzustammen. 1803.

Vf. Johannes Falk: Auserlesene Werke 1. Th. (Lpz. 1819) S. 269. 270.

1134. Wenn der Frühling kommt
und von den Bergen schaut.

Vf. Johann Georg Keil, geb. zu Gotha 20. März 1781, † zu Leipzig 1. Juli 1857. — Mel. in Härtel's Liederlexikon Nr. 859.

1135. Wider alle Wunden
giebt's ein kräftig Kraut. 1811.

Vf. Gottfried Wilhelm Fink: Häusl. Andachten 2. Heft Nr. 2, nebst Mel.

1136. Wie Feld und Au
so blinkend im Thau. 1775.

Zuerst anonym in Jacobi's Iris 7. Bandes 1. St. 1776 S. 560,
dann im 4. Bande von Goethe's Schriften bei Himburg 1779, und 1784
in: Auserlesene Lieder von J. G. Jacobi S. 46, besorgt von J. G.
Schlosser. 1809 in J. G. Jacobi's sämmtl. Werken 3. Bd. S. 104.
1815 erst in der von Goethe selbst besorgten Ausgabe seiner Werke.
Also ein Doppelgänger. Vgl. Salomon Hirzel, Neues Verzeichniss
einer Goethe-Bibliothek. März 1862. S. 13. — Mel. von J. F.
Reichardt: Oden und Lieder von Herder u. s. w. 3. Th. (Berlin.
1781) S. 1 als Goeth. Lied. — 4st. von Mendelssohn Op. 50.

1137. Will ruhen unter den Bäumen hier. 1811.

Vf. Uhland. — Mel. von Conradin Kreutzer Op. 34. 1818.

1138. Willkommen, o silberner Mond! 1764.

Vf. Klopstock. Ueberschrift: Die frühen Gräber. Gluck's
vortreffliche Composition zuerst im Gött. Musenalmanach 1775 S. 16.

1139. Willst du mich haben, liebliche Kleine?

Nach Härtel's Liederlexikon Nr. 915 ist Vf. E. Konradi und
Componist M. Eberwein.

1140. Wißt ihr, was ein Philister heißt?

Vf. unbekannt. Erst durch die 'Auswahl' (Lpz., Serig. 1844
S. 143 ein hie und da beliebtes Studentenlied nach der Mel. von
August Neithardt, 4st. in Täglichsbeck's Deutscher Liederhalle
1. Bd. 2. Abth. S. 11.

1141. Ziehn die lieben goldnen Sterne
auf am Himmelsrand.

Im J. 1848 viel zur Drehorgel gesungen.

1142. Zu Steffen sprach im Traume.

Viel gesungene Romanze aus Umlauff's Oper: Das Irrlicht.
Erschien mit Clavierbegl. Hamb. 1800. Schöne Variationen darüber
von Mozart und Chr. H. Rinck. Ignaz Umlauff ist geb. zu Wien 1752
und † in den 90er Jahren des vorigen Jahrhunderts.

Nachträge.

5. Ach, ach, ich armes Klosterfräulein. 1806.

Vf. Justinus Kerner. Zuerst im Seckendorf'schen Musenalmanach für das Jahr 1807 Nr. 5 S. 141.

6. Ach, aus dieses Thales Gründen. 1801.

Vf. Schiller. Zuerst in Becker's Taschenb. 1803 S. 251.

**13. Ach, Schwester, die du sicher
dich auf den Aesten wiegst.**

Volksweise wol die Mel. in: Melodien zu den Liedern für Volksschulen (von Hoppenstedt,, 2. Aufl. (Hannover 1800) Nr. 116.

15. Ach, was soll der Mensch verlangen? Um 1777.

Zelter's Mel. 28. April 1812 zuerst in der Liedertafel gesungen.

21. Ach, wüßten's die Blumen, die kleinen.

Der ursprüngliche Anfang ist: Und wüssten's etc., s. 852.

22. Ade, du liebes Waldesgrün. 1836.

Mel. von Gustav Rebling, geb. zu Barby bei Magdeburg 10. Juli 1821.

26. Alles fühlt der Liebe Freuden.

In K. A. Graf Seckendorf's Gedichten (1806) 2. Bd. S. 86 wird die Zeile als Melodie genannt mit dem Zusatz 1788.

27. Alles liebt und paart sich wieder. 1781.

W. G. Becker ist geb. zu Ober-Callenberg, einem Dorfe bei Waldenburg im sächs. Erzgebirge, 6. Nov. (nicht 4.) 1753; s. Becker's Taschenb. 1815 S. 1 ff.

**28. Alles schläft, nur silbern schallet
Marianens Stimme noch. 1775.**

Bekannte Mel. in: Oden und Lieder aus der Geschichte des Siegwart. In Musik gesetzt von J. F. L. Sievers (Magdeb. 1779).

30. Alles still in süßer Ruh. 1827.

Carl v. Winterfeld, geb. 28. Januar 1784; s. v. Ledebur S. 648.

31. Als der Großvater die Großmutter nahm.

Vf. Langbein: Deutscher Liederkranz (Berlin 1820) S. 152. 153. — Mel. von Carl Gottlieb Hering: Jugendfreuden in Liedern. 2. Heft (Lpz. 1823) S. 28. 29.

32. Als der Sandwirth von Passeyer. 1813.

Erschien zuerst in der Schles. Zeitung 1813, nach Goedeke's Grundriss 3. Bd. S. 230.

37. Als Noah aus dem Kasten war,
da trat zu ihm der Herre dar. 1824.

C. G. Reissiger, † zu Dresden 7. Nov. 1859 als kön. sächs. Hofkapellmeister.

39. An Alexis send' ich dich.

Vf. Tiedge: Das Echo oder Alexis und Ida (Halle 1812) S. 106. 107.

53. Auf, Brüder, laßt uns lustig leben!

Ohne die 1. Strophe, mit der 2. beginnend in: Akademisches Lustwäldlein 1794 Nr. 45.

57. Auf Flügeln des Gesanges. 1822—23.

Mendelssohn's Comp. ist vom J. 1834.

61. Auf grünen Bergen wird geboren.

Mel. von Christian Schulz ist vom J. 1807.

62. Auf Hamburgs Wohlergehn.

In dem Liederbuch der Hanseat. Legion gewidmet (Hamb. 1813) wird S. 8 Röding als Vf. angegeben.

63. Auf, hascht am Rosensaume. 1791.

Zuerst im Taschenb. zum gesell. Vergnügen 1792 S. 168 mit Mel.

66. Auf! Matrosen, die Anker gelichtet. 1817.

August Pohlenz ist geb. 3. Juli 1790.

68. Auf Schlesiens Bergen,
da wächst ein Wein.

Vf. Aug. Kopisch: Gesammelte Werke 2. Bd. (Berlin 1856) S. 232 mit der Aufschrift: 'Satan und der schlesische Zecher, aus des Dichters Nachlass eingefügt'.

72. Auferstehn, ja auferstehn. 1757.

Mel. von Graun, geb. zu Wahrenbrück bei Liebenwerda 7. Mai 1701.

78. Bächlein, laß dein Rauschen sein.

Vf. Wilhelm Müller. Zuerst im Gesellschafter von Gubitz 1818, 30. Mai. Blatt 86 S. 341.

93. Blaue Nebel steigen. 1816.

Vf. Karl Jung, † zu Basel 11. Juni 1864 als Prof. an der Univ.

97. Bruder, auf dein Wohlergeh'n.

Joh. Heinrich Egli, geb. zu Seegräben im Canton Zürich 4. März 1742, † zu Zürich um's J. 1807.

103. Brüder, reicht die Hand zum Bunde.

Mozart's schöne Mel. gehört ursprünglich zu einem andern Freimaurerliede, welches mit der Musik als Anhang erschien zu: Mozart's letztes Meisterstück, eine Cantate, gegeben vor seinem Tode im Kreise vertrauter Freunde. Wien, Jos. Hraschansky 1792. fol. Es beginnt: Lasst uns mit verschlungnen Händen, Brüder, diese Arbeit enden. Vgl. Mozart von Otto Jahn 1. Aufl. 3. Th. S. 413, der übrigens über dies der Cantate angehängte Lied die Bemerkung macht: 'das allenfalls von Mozart sein könnte'. Der untergelegte Text gehört der neueren Zeit an.

117. Das Essen, nicht das Trinken
   bracht' uns um's Paradies. 1822.

Vf. Wilh. Müller. Zuerst mit Friedrich Schneider's 4st. Composition in Becker's Taschenbuch zum gesell. Vergnügen 1823 S. 328.

126. Das Leben ist ein Würfelspiel. 1797.

Text zum Schlangenfest von Sangora von K. F. Hensler 1797, wie auch in demselben Jahre zum Donauweibchen, s. Nr. 297.

127. Das Lied vom Wein ist leicht und klein.

Volksweise, zuerst in Methfessel's Commersbuch 1820 Nr. 47 S. 90.

129. Das Schiff streicht durch die Wellen.

Eine Uebersetzung des ursprünglichen Textes giebt K. Witte in seiner Abhandl. 'über das ital. Volkslied' in: Archiv der lit. Abtheil. des Breslauer Künstler-Vereins 1. Samml. (Breslau 1832) S. 196.

133. Das Wandern ist des Müllers Lust. 1818.

Carl Zöllner, † zu Leipzig 25. Sept. 1860.

140. Dein Silber schien durch Eichen grün. 1773.

Leonhard de Call ist geb. 30. Dec. 1779.

144. Denkst du daran, mein tapfrer Lagienka? 1826.

Joseph Denis Doche, geb. zu Paris 22. August 1766, † zu Soissons im Juli 1825.

147. Der alte Barbarossa. 1817.

Friedrich Rückert, nach dem Kirchenbuche geb. 16. Mai 1788 (nicht 1789); s. C. Beyer, F. Rückert S. 6, † zu Neuses bei

Coburg 31. Januar 1866. — Joseph Gersbach ist geb. zu Säckingen am Rhein oberhalb Basel.

152. Der Frühling ruft: heraus!
die Käfer fliegen aus. 1820.
Vf. Friedrich Förster, nach seiner eigenen Angabe geb. 1791, nicht 1793; † zu Berlin 8. Nov. 1868. — Carl Rex † zu Berlin ... Febr. 1866 als kön. Musikdirector.

153. Der Gott, der Eisen wachsen ließ.
Vf. E. M. Arndt: Gedichte (Berlin 1860) S. 212, mit der Jahrsz. 1812.

155. Der Holdseligen sonder Wank.
Weber's Mel. vom 7. März 1813, in Op. 30.

158. Der König, dem ich diene
als treuer, tapfrer Held.
Vf. Wilhelm Müller: Vermischte Schriften. Herausg. von Gustav Schwab, 2. Bdch. S. 3—6.

162. Der Lenz belebet die Natur.
Vf. Joachim Perinet.

164. Der liebe Sonntag kommt heran
mit freundlichem Geläute.
Vf. Carl Ludwig Giesecke (hiess urspr. Metzler), geb. zu Augsburg 1775, † zu Dublin 5. März 1833 als Prof. der Mineralogie; vgl. v. Wurzbach 5. Bd. S. 180. — Mel. in Becker's Taschenbuch 1793 Notenheil. S. 121.

165. Der Mai ist auf dem Wege. 1821.
Mel. in Erk's Germania Nr. 66 von Siegfried Schmiedt 1795.

167. Der Mond ist aufgegangen. 1778.
Eine sehr schöne Mel. von Karl Bornhardt findet sich in: Journal des deutschen Nationalgesanges 1. Jahrg. (Braunschweig, Spehr, um 1796) S. 32.

169. Der Nachtigall reizende Lieder.
Vf. Hagedorn. Schon gedruckt in dessen: Oden und Lieder in 5 Büchern (Hamburg 1747) S. 146.

170. Der Pabst lebt herrlich in der Welt.
Herr F. A. Cropp in Hamburg ist so glücklich gewesen, dies Lied in seiner ursprünglichen Gestalt aufzufinden. Es steht in: Hamburgischer Briefträger. Eine Wochenschrift für Freunde und Feinde von A. F. Bonaventurus. 5. Jahrg. 4. Quartal 6., sonst 42. Bogen. Hamburg, 29. August 1795 S. 657. 658, und lautet also:

Pabst und Sultan.

Der Pabst lebt herrlich auf der Welt:
Er pfleget sich vom Ablassgeld,
Und trinket alle Tage Wein;
Ich wünschte wohl der Pabst zu seyn!

Doch nein, ihn drücket schwere Pflicht;
Kein Weibchen küsst den armen Wicht;
Er schläft in seinem Bett' allein;
Ich wünschte nicht der Pabst zu seyn!

Der Sultan lebt in Saus und Braus
Und hat sogar ein grosses Haus
Voll wunderschöner Mägdelein;
Ich mögte wohl der Sultan seyn!

Doch nein, er ist ein armer Mann;
Denn, hält er seinen Alkoran.
So trinkt er nie ein Tröpfchen Wein;
Ich mögte nicht der Sultan seyn!

Allein, wünsch ich nicht dein Geschick
O Sultan, und des Pabstes Glück;
Mit Freuden aber geh' ich's ein:
Bald Sultan und bald Pabst zu seyn.

Komm, Liebchen, gieb mir einen Kuss,
Denn jetzt bin ich der Sultanus.
Nun aber schenk mir hurtig ein,
Damit ich wieder Pabst kann seyn.

Die jetzt viel gesungene Mel. gehört ursprünglich zu J. D. Symanski's
Lied: Den Mann, den halt' ich ehrenwerth, zuerst in der Serig'schen
Auswahl 1827 Nr. 171 S. 398.

173. Der Sänger hält im Feld die Fahnenwacht.

In einem kleinen Unterhaltungsblatte, wovon mir ein Bruchstück zu Handen kam, findet sich unter der Ueberschrift: 'Zur Kritik
der Gassenhauer' folgende ergötzliche Herzensergiessung:

Die Fahnenwacht von Michael Chrinarsetti.

„Der Sänger hält im Feld die Fahnenwacht,
In seinem Arme ruht das Schwert, das scharfe,
So steht er singend in der dunklen Nacht
Und spielt dazu mit blutger Hand die Harfe."

So fängt ein Lied an, das in Berlin und Leipzig jeder Kaufmannsdiener singt und jedes Harfenmädchen klimpert. So oft ich dieses Lied
hörte (und ich habe es — Gott sei's geklagt — unendlich oft hören müssen),
hat mich der Sänger gedauert, nämlich nicht der Sänger, der es sang, sondern der Sänger im Liede, der besungen wird. Was hat dieser unglückliche
Mann alles zu thun! Man lese nur die obigen vier Zeilen, und man wird
finden, dass ein Herkules dazu gehört, um das in 14 Tagen zu vollbringen,
was der arme Mensch auf einmal thun muss. Zuerst muss er die Fahnenwacht halten; wie er das macht, weiss ich nicht, aber es ist doch immer
eine Beschäftigung, besonders wenn man nichts weiter zu thun hat. Ferner:

in seinem Arme ruht das scharfe Schwert. Möglich, dass das Schwert über der langweiligen Fahnenwacht eingeschlafen ist — es ruhe sanft! Aber es ist scharf, und der Arm, in dem es ruht, muss sich vor Verwundung hüten. Der Sänger muss also das Schwert flach an den Leib drücken, denn sonst fällt es, trotzdem dass es ruht, herunter, und schneidet ihm zwei bis drei Zehen ab. Indem er also das scharfe Schwert flach an sich drückt, steht der Sänger 'er kann sich also nicht einmal setzen, in der dunklen Nacht und singt. Was er singt, kommt später: nämlich, dass er die Dame, die er liebt, n i c h t nennt (wir brauchen's auch gar nicht zu wissen!). Es ist nur zu hoffen, dass er nicht zu laut singt, denn sonst wacht am Ende das ruhende Schwert auf, und es ist, wie gesagt, scharf. Uebrigens beiläufig, das Schwert würde durchaus nicht s c h a r f sein, wenn der Sänger nicht später die Harfe spielte; dazu gehört durchaus ein s c h a r f e s Schwert, und man kann sagen: das Schwert ist nicht geschliffen, sondern — g e r e i m t. Aber nun kommt das Beste: Dieser unglückliche Mensch, dieser Sänger, der 1) die Fahnenwacht, 2) das Schwert zu halten, 3) zu stehen, 4 zu singen hat, soll nun auch noch Harfe spielen. Bekanntlich steht die Harfe nicht von selbst, sondern muss gehalten werden, und gewöhnlich spielt man sie auch mit beiden Händen. Wie soll unser Sänger nun, welcher steht (was beim Harfenspielen sehr unbequem sein muss), die Harfe halten? Mit der linken Hand drückt er, wie schon gesagt, das Schwert an den Leib; mit der rechten Hand spielt er — womit hält er die Harfe? Ich vermuthe, mit dem Kinn, das er fest auf die Harfe stützt, um ihr einigen Halt zu verleihen. So spielt er also, aber — neues Unglück: die rechte Hand, mit der er allein spielen kann, ist blutig, (er ist also doch wohl nicht ganz vorsichtig mit dem scharfen Schwerte umgegangen!)! Wie gefährlich kann dieses Manoeuvre für ihn werden! Abgesehen davon, dass die Saiten der Harfe von den darauf fallenden Blutstropfen jedenfalls rosten werden, kann auch leicht der Brand in die Wunde kommen, wenn er der Hand nicht Ruhe gönnt und keinen Verband umlegt. Armer Sänger! Ein Bild des Jammers, gleich einem Sägebocke stehst Du da, im Wundfieber, und singst von der Dame, die Du liebst und (Gott sei Dank!) n i c h t nennst, und willst, o armer Krüppel, für »Freiheit, Recht und Licht« kämpfen? Wahrlich, Du bedarfst des Trostes, der in dem Bewusstsein liegt, dass alle Kaufmannsdiener und Harfenmädchen von Leipzig und Berlin für Dich schwärmen!

X. J.

181. Der Wein, der Wein ist Goldes werth.

Aus dem Fest der Winzer, Oper von F. L. E. K u n z e n 1795, im Stich erschienen 1798. Steht auch in: Reichardt, Neue Lieder geselliger Freude 1. Heft (Lpz. 1799) Nr. 14.

182. Der Wein erfreut des Menschen Herz.

Z e l t e r's Mel. erschien schon Berlin 1795.

186. Des Jahres letzte Stunde. 1784.

Mel. von Anton A n d r é in Erk, Liederkranz. 3. Heft Nr. 28.

188. Des Morgens wann die Hähne krähen. 1822.

Ist gedichtet im Frühling 1822 und zuerst gedruckt in meiner 'Schöneberger Nachtigall' S. 5. Ueber diese Samml. Näheres in 'Mein Leben' 1. Bd. S. 327.

196. Die alten Deutschen waren. 1784.

Mel. von Siegfried S c h m i e d t, geb zu Suhl um 1756, † das. 1799. — Mel. in Becker's Taschenb. 1793. Notenbeil. S. 118.

202. Die heil'gen drei König' mit ihrem Stern. 1781.

Z e l t e r's Comp. wurde bereits 6. Nov. 1810 in der Berliner Liedertafel gesungen.

204. Die Hussiten zogen vor Naumburg. 1832.

Vf. Carl S e y f e r t h, gebürtig aus Langensalza, 1832 Referendarius zu Naumburg an der Saale, jetzt Regierungs- und Consistorial-Rath zu Posen. Das Lied sollte beim Naumburger Kirschenfeste zu einem grossen Gemälde nach Art der Mordgeschichten gesungen werden, zu jeder Strophe gehörte ein Bild. Die Philister nahmen das sehr übel, als sie vor dem Zelte der Referendarien das Gemälde entfaltet sahen. Am Abend bemächtigten sich einige desselben und verbrannten es. Trotzdem ging das Lied mit seiner bildlichen Darstellung nicht verloren. Es erschien ein Folioblatt: „Bänkelgesang zur 4. Secularfeier des Naumburger Kirsch- Kinder- und Hussitenfestes. Mel. Halle an der Saale Strande. Mit 6 Tableaux". Am Ende: „Zum Andenken für die Theilnehmer des Referendarien-Zeltes 1832. gelithographirt und gesteindruckt à Paris". Der ursprüngliche Anfang lautet:

> Hussens Leute kam'n von Camburg
> Durch Klein-Jena bis vor Naumburg.

(Mittheil des Hrn. Dr. Leonhard Reil zu Kösen, Juli 1859.)

218. Die Treue, die uns Brüder band. 1776.

Die jetzige Studentenmelodie ist eine ganz andere als die Naumann'sche.

228. Droben stehet die Kapelle. 1805.

Vf. U h l a n d. Zuerst im Leo v. Seckendorf'schen Musenalmanach für 1807 S. 156, unterzeichnet nur 'L. U.'.

229. Drunten im Unterland,
da ist's halt fein. 1835—36.

Vf. Gottlieb W e i g l e, geb. zu Ludwigsburg 12. Aug. 1814; † zu Mangalore in Ostindien 1855 als Missionar.

231. Du, du liegst mir im Herzen.

Carl P a x, † 28. Dec. 1867.

232. Du hast Diamanten und Perlen.

Giorgio S t i g h e l l i (eigentlich S t i g e l i), † auf seiner Villa Boschetta bei Monza 3. Juli 1868, 49 Jahre alt.

236. Du schönes Fischermädchen. 1824.

Vf. Heinrich Heine. Zuerst gedruckt im Gesellschafter von Gubitz 1824, 27. März 50. Blatt.

241. Ein armer Fischer bin ich zwar. 1780.

Ist irrthümlich unter die Gedichte Schubart's (Stuttg. 1842 S. 825—827) gerathen.

249. Ein Kaiser einst in der Türkei. 1820.

Ernst Theodor Wilhelm Hoffmann, † zu Berlin 25. Juni (nicht nach dem Conv.-Lex. 24. Juli) 1822 als Kammergerichts-Rath.

250. Ein Kirchlein steht im Blauen. 1824.

Vf. Wilhelm Kilzer, † zu Frankfurt a. M. 9. April 1864 als Lehrer an der Musterschule.

263. Ein Schütz bin ich in des Regenten Sold.

Carl Freih. v. Braun ist nach Scheyrer, Schriftsteller Oesterreichs S. 585 geb. zu Wien 20. Aug. 1788, † daselbst vor mehreren Jahren.

267. Ein Veilchen blüht im Thale. 1817.

Weber's Mel. vom J. 1817 in Op. 66. Zuerst als musikalische Beilage zum Freimüthigen 1820 Nr. 24 vom 3. Febr.

272. Eingehüllt in feierliches Dunkel.

'Lieblingslied der Königin Luise von Preussen' in: Sechs deutsche Lieder mit Begl. des Fp. In Musik gesetzt und zum Besten der im letzten Kriege Verkrüppelten herausg. von H. L. F. Hentschel. Berlin, beim Verf. (In der kön. Bibl. zu Berlin.) Das Lied stammt aus der traurigen Zeit von 1807—10. Franz Hentschel, der erst 1814 geboren ist, kann nicht der Herausgeber sein, wie Ledebur Lexikon S. 236) annehmen möchte.

275. Einsam wandelt dein Freund im Frühlingsgarten. 1788.

Beethoven's Comp. gehört schon in den Schluss der neunziger Jahre des vorigen Jahrhunderts; in seinem Briefe an Matthisson (facsimiliert und als Beil. zu Nr. 68 der Zeitung für die elegante Welt 1829) 'Wien 1800 am 4ten August' sagt er: 'Verehrungswürdigster! sie erhalten hier eine Komposition von mir, welche bereits schon einige Jahre im stich heraus ist, und von welcher sie vieleicht zu meiner Schande noch gar nichts wissen'. Vgl. W. v. Lenz, Beethoven 3. Th. S. 254.

276. Einst hat mir mein Leibarzt geboten.

Findet sich bereits in: Akademisches Lustwäldlein (Altdorf 1794) Nr. 5. Es ist ganz dasselbe Lied, welches unter Nr. 580 aufgeführt wird und zwar irrthümlich mit Schubarth (wol Schubart?) und dem Entstehungsjahr 1809.

296. Es gingen drei Jäger wol auf die Birsch. 1811.

> Vf. Uhland: Gedichte 1815 S. 266.

298. Es hat mich immer sehr verdrossen,
 wenn man mich nur die Kleine heißt. 1816.

> Vf. Castelli: Poetische Kleinigkeiten 1. Bdch. (Wien 1816)
> S. 212—216. Zueign. vom 1. März 1816. — In Berlin bei Schle-
> singer erschien: Lied aus dem Lustspiel: Staberle's Reiseabentheuer.
> Comp. und gesungen von Walther, kön. Bayerischem Hofschau-
> spieler.

300. Es heult der Sturm, es braust das Meer. 1810.

> Vf. Friedrich Lange, geb. zu Dossow (nicht Dessow) bei
> Wittstock 5. Januar 1786; † zu Potsdam 8. Oct. 1854 als Geh.
> Reg.-Rath a. D.

301. Es ist bestimmt in Gottes Rath.

> Mendelssohn's Mel. ist vom J. 1839.

313. Es muß das Herz an etwas hangen. 1807.

> Vf. Karl Müchler. Zuerst in der Zeitung für die elegante
> Welt 1807 (21. Juli) Sp. 926.

314. Es reden und träumen die Menschen viel. 1797.

> Die bessere Mel. von L. Berger Op. 9. Offenbach bei J.
> André 1809.

317. Es sang vor langen Jahren
 wol auch die Nachtigall.

> Entstanden 1803, gedruckt erst 1818: s. Brentano's
> Gesammelte Schriften 8. Bd. S. 40.

319. Es schlingt sich die Runde,
 es kreist der Pokal. 1818.

> Vf. Joseph Gerhard Zuccarini, geb. zu München 10. August
> 1797, † daselbst 18. Febr. 1848 als Professor. S. Nekrolog der
> Deutschen 1848, S. 187.

325. Es war ein junges Mädchen
 von reizender Gestalt. 1768.

> Vf. Johann Joachim Eschenburg: Lucas und Hannchen,
> eine Operette. Braunschweig, 1768. Auch gedr. in den Hamb.
> Unterhaltungen 4. Bd. 4. St. S. 827—869. Vgl. Jördens' Lexikon
> 6. Bd. S. 770. Beckmann war nur der Componist, von ihm ist
> aber nicht die Volksweise, s. Unterhalt. 10. Bd. 1. St. S. 442
> Lied und Musikbeil.

328. Es war ein König in Thule. 1774.

> Zelter ist nach seiner eigenen Angabe geb. zu Berlin (also
> nicht zu Petzow b. Potsdam); s v. Ledebur, Tonk.-Lexikon Berlins

S. 659. — Wilh. Schneider's Mel. erschien zuerst in Mann's musikalischem Taschenbuche auf das J. 1805. Vorr. Aug. 1803.

331. Es war einmal ein König,
der hatt' einen großen Floh.

Zelter's Mel. am 13. Juli 1843 zuerst in der Liedertafel gesungen.

333. Es wollt' einmal im Königreich
der König nicht erscheinen. 1820.

Zuerst gedruckt mit der Ueberschrift 'Demagogisch. Von Goethe' im Gesellschafter von Gubitz 1821, 17. Oct. 166. Blatt.

334. Es zieht ein stiller Engel
durch dieses Erdenland.

Vf. Spitta, † zu Burgdorf im Hannöv. 28. Sept. 1859 als Generalsuperintendent.

335. Es zogen drei Bursche wol über den Rhein. 1809.

Vf. Uhland. Zuerst in: Deutscher Dichterwald von J. Kerner (Tüb. 1813 S. 181, unterz. Volker.

343. Förster bin ich hier. 1826.

Franz Gläser, geb. zu Ober-Georgenthal in Böhmen 19. April 1798, † zu Kopenhagen 29. August 1861 als Hofkapellmeister.

349. Freude, schöner Götterfunken. 1785.

Ist von Zelter wol 4—5 mal componiert, zuerst 1. März 1792 für 4 Singstimmen. Als Schiller am 15. Juni 1804 die Berliner Singakademie besuchte, ward die z. Composition in seiner Gegenwart aufgeführt. Die Mel. erschien mit Clavierbegl. als Einzeldruck: Berlin bei Franke 1792.

353. Freunde, laßt uns nicht so thöricht sein!

Mel. von Åhlström: Skalde-Stycken satte i Musik (Stockholm 1794) Nr. 6.

365. Fröhlich und wohlgemuth. 1801.

Bornhardt's Geburtsjahr 1775 wurde mir von seinem Sohne mitgetheilt, er selbst hat in dem Matrikelbuche des Catharineums zu Braunschweig eigenhändig angegeben 'n. 19. Mart. 1774 Brunovici'.

370. Gegrüßt, du Land der Treue,
du deutsches Vaterland! 1844.

Vf. J. N. Vogl, † zu Wien 16. Nov. 1866 als Beamter bei den niederösterr. Landständen.

372. Genießt den Reiz des Lebens.

Johann Ludwig Böhner, † zu Gotha 28. März 1860. S. über ihn Illustr. Zeitung 21. April 1860 und Storch in der Gartenlaube 1860, S. 13 ff.

377. Gefundheit, Herr Nachbar!

Aus der Oper: Hokus Pokus von Dittersdorf, 1790 für Wien componiert.

379. Gieb mir die Blume, gieb mir den Kranz.

Volksweise, wahrscheinlich von Bornhardt, vgl. Nr. 562.

402. Hans war des alten Hansens Sohn. 1771.

Der Text zur Clarissa erschien Lpz., Hilscher 1771. 8°. und mit Musik von Christian Benjamin Uber Breslau, Meyer 1771. 4°. und die Mel. von Schulz 1782. — Nach v. Ledebur S. 534 ist der Text von A. von Bock (?). — Uber, geb. zu Breslau 20. Sept. 1746, † daselbst um 1812.

409. Heida! lustig! ich bin Hans.

Burmann's Geburtstag und -Jahr steht allerdings im Laubaner Kirchenbuche, s. J. D. Schulze, Suppl. zu Otto 1821 S. 498; er heisst aber dort, wie auch sein Vater hiess: Bormann. Wie er dazu kam, sich Burmann zu nennen, erzählt Jördens I, 273.

410. Heil dem Manne, der den grünen Hain. 1820. 21.

Vf. Heinrich Joseph Kiefer, geb. zu Cöln 2. Oct. 1798, lebt als Kammer-Präsident a. D. zu Wiesbaden. Er dichtete das Lied, während er auf der Forstakademie zu Aschaffenburg war, 1820. 21. Sein Vater Carl Joseph Maria componierte es.

411. Heil dir im Siegerkranz. 1790.

Die zweite Strophe:

> Nicht Ross' und Reisige
> Sichern die steile Höh',
> Wo Fürsten stehn;
> Liebe des Vaterlands,
> Liebe des freien Manns
> Gründet den Herrscherthron
> Wie Fels im Meer —

hat oft, von verschiedenen Seiten, Anfechtungen erlitten und ist bei manchen feierlichen Anlässen unterdrückt worden, wie es noch am 17. März 1863 an vielen Orten vorkam. Wenn sich auch nicht behaupten lässt, dass die höchsten Behörden das gebilligt oder gar befohlen hätten, so haben sie es doch geschehen lassen und niemals eine amtliche Missbilligung eines so eigenmächtigen Verfahrens ausgesprochen. Die Strophe wird sich trotz ihrer schlechten Reime behaupten, alles Weglassen und Umdichten wird nichts helfen, und wenn auch alle Reservisten, wie einst die Brieger, singen wollten:

> Nur Ross', nur Reisige
> Sichern die steile Höh',
> Wo Fürsten stehn.
> Liebe des Vaterlands,
> Liebe des Bürgermanns
> Thun es allein nicht mehr
> Ohne das Heer.

412. Heil unferm Bunde, Heil!
    dem deutſchen Bunde Heil!

Iſt nur eine Umarbeitung des Niemann'ſchen Heil Kaiser Joseph, Heil! s. Akademisches Liederbuch 1. Bdch. 1782 S. 115 (Findlinge I, 39. 40).

426. Heute Fröhlichkeit! morgen Herzeleid! 1821.

Mel. von Marie N a t h u s i u s auch in: Hundert Lieder in Melodicen von Marie Nathusius und mit Clavierbegleitung. Herausg. von Ludwig Erk und Philipp v. Nathusius (Halle, Mühlmann 1865) Nr. 31. — Andere Compositionen: Ludwig Berger Op. 27, F. W. Markull Op. 40 4st., Aug. Matthäi Op. 24.

430. Hier ſchlummern meine Kinder.

Ueber K o s p o t h vgl. v. Ledebur S. 294.

433. Hinaus, hinaus ins Freie,
    begrüßt den ſchönen Mai! 1810.

Vf. Johann August U h l i c h , Pastor zu Strauch bei Grossenhain, † 3. Nov. 1817.

434. Hinaus in die Ferne. 1813.

Albert M e t h f e s s e l , † zu Heckenbeck bei Gandersheim 23. März 1869.

449. Huſaren ſind gar wackre Truppen.

W e b e r ' s Comp. v. J. 1821; s. C. M. v. Weber. Ein Lebensbild 2. Bd. S. 371.

450. J de Flüehne iſt mys Lebe.

Ferd. H u b e r , † zu St. Gallen 9. Januar 1863.

451. J woaß a kloans Häuſerl am Roan. 1822.

Vf. Ignaz Franz C a s t e l l i , geb. zu Wien 6. Mai (nicht 6. März), † das. 5. Febr. 1862. — Mel. von Gustav H ö l z e l , Op. 76. H., geb. zu Pesth 2. Sept. 1813.

459. Ich bin der Doctor Eiſenbart.

Der Doctor Eisenbart schien bisher eine mythische Person zu sein; jetzt wissen wir Näheres über ihn. Sein Leichenstein steht an der Aegidius-Kirche zu Münden. Danach war Johann Andreas Eisenbart kön. Grossbrit. und churfürstlich Braunschweig-Lüneburgischer privilegierter Landarzt wie auch kön. preussischer Rath und Hofoculist von Magdeburg, geboren 1661, und im 66. Jahre 11. Nov. 1727 gestorben, und zwar, wie das Kirchenbuch bemerkt, auf der Durchreise im Gasthof zum Wilden Mann nach fünftägiger Krankheit. Er heisst in der Grabschrift der 'Hochedle Hocherfahrne weltberühmte'. Die erste Kunde ertheilte Ludwig Boclo: Der Begleiter auf dem Weser-Dampfschiffe von Münden nach Bremen (Göttingen 1844) S. 9. 10. Neuerdings hat Robert Geissler eine Abbildung des Grabsteins veröffentlicht in der Illustrirten Zeitung 11. Jan. 1862 (28. Bd. S. 30 Nr. 967). Meine Vermuthung, dass das Lied schon zu Anfange dieses Jahrh. bekannt war, bestätigt Boclo. S. 10 bemerkt er: 'Als der Verfasser in Marburg (1801—1805) studirte, und das allbekannte Lied: „Ich bin der Doctor Eisenbart, ein jeder heilt nach meiner Art etc.", im Kreise seiner Commilitonen oft sang, da konnte er freilich nicht ahnen, dass er nach 40 Jahren zu documentiren im Stande sein würde, dass jener parodirte Mann eine historische Person, und ein sehr achtungswerther Arzt gewesen, denn obige Grabschrift kann unmöglich eine Persiflage sein. Woher aber solche Verhöhnung eines würdigen Priesters des Aeskulap? Wahrscheinlich gebar sie der Neid der Collegen, wozu noch etwas Charlatanerie kam, damals freilich zum Handwerk gehörend. Ausser jenem Spottliede giebt es auch noch eine dramatische Posse, betitelt „Der Doctor Eisenbart", welche von herumziehenden Schauspielern noch jetzt hier und dort aufgeführt wird'. — Auch in der Schweiz ist der Dr. Eisenbart bekannt. In einem Fastnachtsspruche bei Tobler (Appenzeller Sprachschatz S. 177) heisst es:

I bi der Tokter Eisahnel,
I bi zue ala Sacha guel,
I hab en alts Weib curiert etc.

460. Ich bin der Here gar zu gut, ich wollt', ich wär' es nicht. Um 1780.

Vf. Tiedge: Leben und poet. Schriften Bd. 1 (Lpz. 1841) S. 104. Aus einem um 1780 gedichteten Singspiel: Die schöne Müllerin.

462. Ich bin der wohlbekannte Sänger. 1803.

Mel. von Ludwig Berger, Musikbeilage zu Nr. 261 der Berliner Zeitschrift: Der Freimüthige für Deutschland. Herausg. von K. Müchler und J. D. Symanski 1819.

465. Ich bin ein Preuße, kennt ihr meine Farben. 1830.

Heinr. August Neithardt, † zu Berlin 18. April 1861. Dass das Preussenlied von N. nicht eher componiert und gesungen sein kann als es verfasst ist, versteht sich von selbst, v. Ledebur's Anm. in s. Tonkünstler-Lexikon Berlin's S. 390 war also überflüssig.

470. Ich bin vom Berg der Hirtenknab. 1806.

Karl August Groos, † zu Coblenz 20. Nov. 1861.

471. Ich danke Gott und freue mich. 1777.

Zuerst in: Hamb. Address-Comtoir-Nachrichten St. 71, 11. Sept. 1777 S. 567. — Reichardt's Mel. schon in: Musikalischer Beytrag (zur Hamb. Neuen Zeitung) 4. St. 1778 S. 16.

474. Ich denke dein, wenn mir der Sonne Schimmer. 1795.

Beethoven's Mel. entstand 1800. Er schrieb sie ins Stammbuch der Gräfinnen Josephine Deym und Therese Brunswick; s. W.

Thayer's Chronologisches Verzeichniss der Werke Beethoven's (Berl. 1865) S. 38. — Johann Christian Kienlen, ✝ zu Dessau 7. December 1829 im 16. Jahre 3 T., aus Ulm gebürtig. (Kirchenbuch.)

475. Ich denke dein, wenn sich im Blüthenregen. 1792.
Zelter's Mel. ward von ihm 29. Nov. 1794 in E dur componiert, später in Es dur transponiert.

483. Ich hab' mein Sach auf Nichts gestellt.
Ludwig Spohr, ✝ zu Cassel 22. October 1859.

486. Ich habe geliebet; nun lieb' ich erst recht. 1813.
Mel. von Zelter zuerst im Gesellschafter 1817. Beilage zu Blatt 71 vom 30. April.

**488. Ich habe viel gelitten
in dieser schönen Welt.**
Vf. Adolf Freih. von Knigge nach Carl Julius Weber. Deutschland 3. Bd. S. 742: 'In dieser Kirche (des heil. Anscharius zu Bremen) ruhet auch Knigge, der das beliebte Buch: Ueber den Umgang schrieb, und doch so wenig mit den Menschen umzugehen wusste, dass er im 43. Jahre starb, erschöpft durch Leiden des Körpers und des Geistes, daher ihm auch das Volkslied gelang: Ich habe viel gelitten in dieser schönen Welt'. Näheres habe ich nicht ermitteln können. Dass Knigge auch Gedichte verfasste, steht fest: im J. 1785 gab er zwei Theile 'Gesammelter poetischer und pros. kleiner Schriften' heraus. Knigge, geb. zu Bredenbeck bei Hannover 16. Oct. 1752, ✝ zu Bremen 6. Mai 1796.

489. Ich hatt' einen Kameraden. 1809.
Vf. Uhland, ✝ zu Tübingen 13. Nov. 1862. Zuerst in: Poetischer Almanach für das Jahr 1812. Besorgt von Justinus Kerner (Heidelberg, Braun) S. 128, unterzeichnet: 'Volker'.

491. Ich höre gern beim Weine singen. 1747.
Früher sehr beliebte Mel. von Friedrich Gottlob Fleischer, geb. zu Cöthen 14. Januar 1722, ✝ zu Braunschweig 4. Apr. 1806.

501. Ich lobe mir das Burschenleben.
Kindleben's Lied hat nur die erste Strophe gemein mit dem Liede, welches heutiges Tages noch in der Studentenwelt gesungen und bereits vorkommt in: Akademisches Lustwäldlein 1794 Nr. 2 in drei Strophen, wozu dann in späterer Zeit noch andere zugedichtet sind: im (Göttinger) Neuen Commersbuch 1818 sind es 8 Strophen.

506. Ich sah ein Röschen am Wege stehn.
Weber's Mel. vom 1. April 1809 in Op. 15.

510. Ich schnitt' es gern in alle Rinden ein. 1820.

Mel. von Franz Schubert Op. 25, besonders in Oesterreich viel gesungen.

517. Ich wäre wol fröhlich so gerne,
doch kann ich recht fröhlich nicht sein. 1790.

Die Volksweise ist von Ludwig Berger und erschien bei N. Simrock in Bonn mit Guitarre- und Clavierbegleitung für 8 Kreuzer.

518. Ich war erst fechzehn Sommer alt. 1770.

Zuerst in den von Claudius damals redigierten Hamb. Address-Comtoir-Nachrichten 28. St. 5. April 1770 S. 222. Seine Rebecca, 26. Oct. 1754 geboren, war damals 16 Sommer alt.

519. Ich war Jüngling noch an Jahren.

Der Text der Méhul'schen Oper erschien Paris 1807 und ist von Alexandre Vinc. Pineux Duval, geb. zu Rennes 6. April 1767, † zu Paris 9. Januar 1842.

524 Ich weiß nicht, was soll es bedeuten. 1823.

Zuerst gedruckt im Gesellschafter von Gubitz 1824 26. März, 49. Blatt als erstes der 'Drei und dreissig Gedichte von H. Heine'. Silcher † zu Tübingen 26. Aug. 1860.

530. Ich wollte dir so gerne sagen,
wie lieb du mir im Herzen bist.

Mel. von Carl Girschner, geb. 1803, † zu Libourne im Depart. der Gironde im Sommer 1860. Vgl. v. Ledebur, Tonk.-Lex. Berlins S. 188. 687.

533. Ihr Brüder, wenn ich nicht mehr trinke. 1767.

Zuerst in: Versuche in Scherzhaften und Moralischen Gedichten, von einem Officier *** (Celle 1767) S. 92. 93. (Mitth. des Hrn. Obergerichtsassessors O. Hattendorff 1859.)

541. Im Frühlingsschatten fand ich sie.

Meta Klopstock theilt dies Lied als das 'Allerjüngste' ihres Mannes mit in einem Briefe an Giseke, Hamburg 24. Dec. 1753, s. Morgenblatt 1813 Nr. 141 (S. 563).

546. Im Januar führ'n die Männer uns.

Ob aus il Talismano 1779 von Salieri, der später mit ital. und deutschem Texte erschien? Antonio Salieri, geb. zu Legnano im Venet. 19. Aug. 1750, † zu Wien 7. Mai 1825.

547. Im Kreise froher, kluger Zecher.

Vor 1808 bekannt, findet sich wenigstens schon in: Neues Liederbuch für frohe Gesellschaften (Hamburg 1808) S. 91. Das Lied wurde in der Franzosenzeit viel gesungen. Nach dem Nekrolog der Deutschen 4,281 ist Vf. Christian Gottlob Otto, Prof. der Mathematik an der Fürstenschule zu Meissen, geb. zu Hohenstein in der Grafschaft Schönburg 18. Dec. 1763, † zu Meissen 20. April 1826.

556. In allen guten Stunden. 1775.

Zelter's Mel. zuerst 8. Aug. 1809 in der Liedertafel gesungen.

562. In des Waldes finstern Gründen.

Findet sich erst im 4. Th., der im März 1800 erschienen war, und zwar im 10. Buche (in der 4. Aufl. v. J. 1802 S. 30—32). Das Lied ist also vor 1800 wol nicht entstanden. — Die Mel., wahrscheinlich die jetzt übliche, wird angezeigt im Intelligenzblatt XII der Leipz. Musik. Zeitung 1805. Sie ist wahrscheinlich einzeln erschienen aus: Canzonetten u. Romanzen aus dem Roman Rinaldo Rinaldini mit Begl. der Guitarre und des Pianoforts von J. H. C. Bornhardt und J. P. C. Schulz (Lpz. bei H. Gräff). Nr. 28 In des Waldes finstern Gründen, und Nr. 20 Gieb mir die Blume.

563. In die Welt hinausgestoßen,
steht der Mensch verlassen da. 1808.

Vf. Aloys Schreiber: Gedichte. Ausg. letzter Hand (Tübingen, 1817) im 3. Buche.

565. In einem kühlen Grunde,
da geht ein Mühlenrad. 1809.

Friedrich Glück ist (nach seines Bruders Mittheilung) geb. zu Ober-Ensingen bei Nürtingen 27. Sept. 1793 und † als Pfarrer in Schornbach 1. Oct. 1840. — Die beiden Melodien Berger's, comp. 24. Febr. 1815, besitzt als Autographa Prof. R. Wagner.

566. In einem Thal bei armen Hirten. 1796.

Der 5. Th. von Grosheim's Samml. erschien erst 1800.

567. In einem Thale friedlich stille. 1821.

Vf. Harro Harring. Zuerst in Blüthen der Jugendfahrt. Von Harro Paul Harring, einem Nordfriesen (Copenhagen 1821) S. 102.103.

568. In Grün will ich mich kleiden. 1818.

Zuerst im Gesellschafter von Gubitz 1818 3. Juni 88. Blatt, S. 349.

574. Ist denn Lieben ein Verbrechen?

Text und Mel. in Härtel's Liederlexikon Nr. 428.

575. Ist ein Leben auf der Welt,
das vor Allem mir gefällt. 1842.

Mel. von Bernhard Eduard Philipp, geb. zu Raudnitz in Schlesien 10. Aug. 1803, † zu Oppeln 22. Januar 1850 als Chordirigent.

578. Jüngling, wenn ich dich von fern erblicke,
    wird vor Sehnsucht mir das Auge naß. 1786.

Vf. Gabriele v. Bacsányi, geb. v. Baumberg, geb. zu Wien
1775, † zu Linz 24. Juli 1839. Zuerst im Wiener Musenalmanach
auf das J. 1789 S. 52 mit der Ueberschrift: 'Das liebende Mädchen.
Nach dem Französischen. 1786'. Ueber die Dichterin s. v. Wurzbach, Biogr. Lexikon I, 112—114. — Die Mel. von F. H. Himmel
muss gleich anfangs sehr beliebt gewesen sein, sie erschien einzeln
als 'Favorit-Arie' bei J. A. Böhme in Hamburg.

579. Jüngling, willst du dich verbinden,
    so befrag erst recht dein Herz.

Vf. Gottlob Wilhelm Burmann: Auswahl einiger vermischter
Gedichte (Berlin und Lpz. 1783) S. 96—98, 'Väterliche Warnung'
überschrieben, und deshalb auch der Anfang 'Söhnchen'.

580. Jüngst hat mir mein Leibarzt geboten.

Siehe die Berichtigung unter 276.

593. Kleine Blumen, kleine Blätter. 1771.

Die Mel. von C. Blum (nach v. Ledebur geb. um 1786) ist v.
J. 1816 und erschien als Op. 11 bei Breitkopf und Härtel.

595. Komm, feins Liebchen,
    komm ans Fenster. 1792.

Kotzebue's Graf Benjowsky wurde schon 29. Juli 1792 in
Weimar aufgeführt.

601. Kommt ein Vogel geflogen,
    setzt sich nieder auf mein'n Fuß. 1820.

Vf. Adolf Bäuerle, (nach Wurzbach) geb. zu Wien 9. April
1786, † zu Basel in der Nacht vom 19. auf den 20. Sept. 1859.
Seine Oper Aline ist v. J. 1820.

612. Laßt uns, ihr Brüder, Weisheit erhöh'n!

Vf. Wolfgang Heribert v. Dalberg, geb. 1750, † zu Mannheim 27. Sept. 1806.

613. Laura betet! Engelharfen hallen. 1778.

Mel. von Zelter comp. im Juni 1794.

616. Lebe wohl, lebe wohl, mein Lieb! 1807.

Vf. Uhland. Zuerst in: Deutscher Dichterwald von J. Kerner
(Tüb. 1813) S. 27; daselbst auch Nr. 714 und Nr. 84.

617. Lebe wohl, o mütterliche Erde.

Christian Ehregott Weinlig, geb. zu Dresden 30. Sept. 1743,
† daselbst 13. Mai 1813 als Cantor und Musikdirector an der Kreuz-
schule.

620. Leife flehen meine Lieder
durch die Nacht zu Dir.

Vf. Ludwig Rellstab, † zu Berlin in der Nacht vom 27.—28. Nov. 1860. — In Oesterreich, namentlich Wien, sehr beliebt Franz Schubert's Composition: Schwanengesang. Letztes Werk, Nr. 4.

622. Leife raufcht es in den Bäumen.

Nach mündlicher Ueberlieferung Vf. Cäsar von Lengerke, geb. zu Hamburg 30. März 1803, † zu Elbing 3. Febr. 1855. Fehlt in der Gesammtausgabe seiner Gedichte. Danzig 1843. — Mel. von C. M. von Weber in Härtel's Liederlexikon Nr. 470.

623. Leife zieht durch mein Gemüth
liebliches Geläute. 1830.

Mendelssohn componierte das Lied in Italien 1830; s. dessen Briefe 1833—1847 S. 508.

626. Liebend gedenk' ich dein
beim hellen Sonnenschein.

Vf. und Comp. Carl Krebs, geb. zu Nürnberg 16. Januar 1804. — Bernsdorf, Universal-Lexikon der Tonkunst 2. Bd. S. 653: 'In die Zeit seines Wiener Aufenthalts (1824—27) fällt die Composition vieler Claviersachen, einer Sinfonie, der Oper „Sylva, oder die Macht des Gesanges" (1829 in Hamburg aufgeführt) und des Liedes „An Adelheid", welches später so populär geworden ist und an seine damalige Geliebte und nachherige Frau, Adelheid Cotta in Stuttgart, ursprünglich gerichtet war'. Krebs war 1827—50 Musikdirector des Hamb. Stadttheaters und ist seitdem Hofkapellmeister in Dresden.

631. Lobt den Herrn! die Morgenfonne. 1769.

Aus dem Oratorium: Der Tod Abels.

636. Mädel, fchau mir ins Gefícht.

Weber's Mel. v. J. 1807 in Op. 13.

643. Maienblümlein fo fchön.

Weber's Mel. vom 26. Juni 1811 in Op. 23

644. Mama, ach feh'n Sie doch den Knaben.

Nicht von E. Chr. v. Kleist, sondern von Joh. Samuel Patzke, und steht in des Letztern zwar anonym erschienenen, aber wie allgemein anerkannt von ihm herrührenden 'Liedern und Erzählungen' 2. Buch (Halle 1752) S. 37 ff.

651. Mein Herz ift im Hochland. 1835.

Die schottische und die deutsche Volksweise in Erk's Germania Nr. 83.

652. **Mein Lebenslauf ift Lieb' und Luft.**

Finde ich zuerst in der Zeitung für die elegante Welt 1808 Nr. 133 vom 11. Aug. Sp. 1061. 1062. Es ist unterzeichnet 'M.'

653. **Mein Lieb ift eine Alpnerin,**
     gebürtig aus Tyrol.

Vf. Eduard Maria Oettinger. Er hat dies Lied mit Weglassung der beiden ersten Strophen als 53. in sein 'Buch der Liebe' (3. Aufl. Lpz. 1846) aufgenommen, und sich in der Einleitung noch besonders darüber ausgesprochen.

673. **Mit jammervollem Blicke,**
     von taufend Sorgen fchwer. 1781.

Vf. Schubart. Mel. des Dichters in: Neue Blumenlese für Klavierliebhaber I. Th. (Speier, Rath Bossler 1784) S. 9.

677. **Morgen, Kinder, wird's was geben.**

Steht schon in: Lieder zur Bildung des Herzens. Herausg. von C. F. Splittegarb, 2. Aufl. (Berlin 1795) S. 317. Vielleicht auch schon in der 1. Aufl. 1786.

687. **Nach Sevilla, nach Sevilla. 1801.**

Vf. Clemens Brentano, geb. 8. Sept. (nicht 9.); s. Bd. 8 S. 2 seiner Gesammelten Schriften. — Luise Reichardt, geb. zu Berlin 11. April 1779; s. J. F. Reichardt von Schletterer S. 309. 310.

690. **Nachts um die zwölfte Stunde**
     verläßt der Tambour fein Grab.

Vf. Jos. Christian Freih. v. Zedlitz, † zu Wien 16. März 1862.

691. **Namen nennen dich nicht. 1785.**

A. Kretzschmer, geb. 1775. Der frühste Druck seiner Composition: Jean Paul's Lieblingslied. Berlin bei Concha, 2 Bl. 4⁰.

694. **Nicht blos für diese Unterwelt. 1783.**

Carl Gottlob König scheint bei Göckingk in Ellrich gewohnt zu haben und dessen Canzellist gewesen zu sein. Tiedge gedenkt seiner in einem Briefe vom Aug. 1783 (s. Tiedge's Leben von Falkenstein I. Bd. S. 122. 123) und nennt ihn hier wie auch später noch 'Kanzellist König', während sich dieser selbst auf dem Titel der von ihm herausg. Lieder 1788 nennt 'des Predigtamts Kandidat'.

700. **Nord oder Süd! 1816.**

Die Mel. von Christian Schulz zuerst als musik. Beilage Nr. 3 zur Zeitung für die eleg. Welt 1820. — Mel. von Beethoven Op. 113 v. J. 1817. Zuerst als Beil. zur Wiener Modezeitung 15. Febr. 1817.

707. Nur gesehn von meiner Lampe Schimmer. 1779.
Vf. Sophie Albrecht. Zuerst in: Gedichte und Schauspiele
von Sophie Albrecht (Erfurt, Albrecht u. C. 1781) S. 22. 23, mit
der Bemerkung 'Im Mai 1779'.

716. O lieber, heil'ger frommer Christ. 1810.
Gottlob Siegert, † zu Breslau 23. Juni 1868, kön. Musikdirector.

718. O selig, wer liebt!
Mel. von J. F. Reichardt; Lieder der Liebe und Einsamkeit
(1798) S. 1.

733. Ohne Lieb' und ohne Wein.
Ist erst v. J. 1766: in den Hamb. 'Unterhaltungen' 1766
S. 547 ist bemerkt, dass dies Lied eine von den neuen Arien der
'veränderten und verbesserten' kom. Oper: Der Teufel ist los, sei.

738. Prinz Eugenius der edle Ritter. 1717.
Kommt in fliegenden Blättern mit anderen Liedern seit der Mitte
des vorigen Jahrhunderts öfter vor, in Liederbüchern zuerst und
zwar mit der Melodie in: Deutsche Lieder für Jung und Alt (Berlin,
Reimer 1818) Nr. 78. Der Text der fl. Blätter ist sehr schlecht, vgl.
Prinz Eugenius der edle Ritter in den Kriegs- und Siegesliedern
seiner Zeit. Eine Festgabe von Jos. Maria Wagner (Wien 1865)
S. 21—23; 35—37.

741. Reich mit des Orients Schätzen beladen.
Mel. von Ludwig Huth. S. über ihn v. Ledebur, Tonk.-Lex.
Berlins S. 262, u. Bernsdorf, Univ.-Lex. der Tonk. Nachtrag S. 211.

744. Rose, wie bist du reizend und mild. 1818.
Der Text der Spohr'schen Oper: Zemire und Azor ist von
Ihlée nach Gretry's La belle et la bête bearbeitet, s. Spohr's Selbstbiographie 2. Bd. S. 61. — Joh. Jac. Ihlée, geb. zu Breina in Kurhessen 1762, † zu Frankfurt a. M. 11. Juli 1827 als Theaterdirec-
tor. S. Morgenbl. 1827 Nr. 247.

747. Ruhig ist der Todesschlummer. 1781.
Vf. nicht Emilie Harms, sondern Dorothee Charlotte Elisabeth
Spangenberg, geb. Wehrs; vgl. auch noch: v. Schindel, Die
deutschen Schriftstellerinnen 2, 333.

748. 's war einer, dem's zu Herzen ging. 1822.
Zelter's Mel. wurde am 17. Januar 1832 zuerst gesungen,
seine letzte Composition für die Liedertafel

755. Sanct Paulus war ein Medicus.
Zelter's Mel. wurde bereits am 19. Dec. 1815 gesungen. In
den Acten der Liedertafel ist 'Krüger, Prof. in Tübingen um 1740'
als Dichter angegeben.

766. Schleswig-Holstein, meerumschlungen. 1844.

Vf. Matthaeus Friedrich Chemnitz, geb. zu Barmstedt 10. Juni 1815, früher Advocat in Schleswig. — Carl Gottlieb Bellmann, † 24. December 1861. (Mittheil. aus dem Kirchenbuche durch Hrn. Rector Dr. H. Keck.) — C. F. Strass, † zu Berlin 30. Juni 1864.

775. Schöne Mädels, luft'ge Knaben. 1799.

Vf. ist auch Anton Seyfried nicht, sondern Jacob Seifried, derselbe, der im Becker'schen Taschenb. 1819 S. 382 als 50j. Sänger noch 'bei der Stange blieb' und weiter singt, 'etwas Stimme bleibt mir doch wol noch, und die mir zum Hausbedarfe hinreicht. meine gute Harfe, sie auch bleibt mir doch'. Der Vorname steht im Inhalts-verz. S. VI. — Mel. von F. F. Hurka: Lieder mit Begl. des Claviers 2. Lief. (Braunschw.) S. 13.

776. Schöne Minka, ich muß scheiden.

Die Samml. russischer Volkslieder, worin Th. 1 Nr. 8 die Mel. steht, erschien Petersburg 1806. 4°.

778. Schon haben viel Dichter, die lange verblichen.

Mel. von Siegfried Schmiedt: Auswahl aus Langbeins Gedichten 1790.

**781. Schwesterlein, Schwesterlein,
      wann gehn wir nach Haus?**

Vf. Wilhelm v. Zuccalmaglio. Nach einer Mittheilung des Hrn. Bürgermeisters Jäger in Waldbröel ist Antonius Wilhelmus Florentius W. Sohn von Jacobus Zuccalmaglio und Clara Josepha Deycks, geb. zu Waldbröel 12. April 1803, † zu Nachrodt 23. März 1869.

**785. Sei gegrüßt in deiner Schöne,
      holder Stern der stillen Nacht. 1798.**

Vf. Lebrecht Nöller: Gedichte (Dresden, C. G. Gärtner 1805) S. 64. 65 mit der Jahrsz. 1798. Steht schon früher mit Nöller's Namen in Vermehren's Musen-Almanach für das J. 1802 S. 115. 116. Falkmann ist also nicht der Vf.

792. Setz dich, liebe Emeline.

Text zur Schweizerfamilie von Castelli.

795. Sie ging zum Sonntagstanze. 1815.

Vf. Tiedge: Aennchen und Robert oder der singende Baum (Halle 1815) S. 39—42.

796. Sie kommt, die bange Stunde.

Mel. von Ludwig Rau, geb. zu Rentweinsdorf in Unterfranken 1752, † zu Hamburg 1809 oder 1810.

798. Sieh, du bist du wieder,
    guter, lieber Mond.

Jonas Friedrich Beschort, geb. zu Hanau 1767, † zu Berlin
5. Januar 1846 als kön. Schauspieler. — Beschort hat wahrscheinlich den folg. Text, vom April 1773, nur umgeändert und erweitert
und sich dann für den Vf. ausgegeben: Vf. Am Bühl: Gedichte
(St. Gallen 1803) S. 58:

> Sieh, da träum' ich wieder —
> Lächle, lieber Mond,
> In das Thal hernieder,
> Wo mein Mädchen wohnt.
>
> Aus der kleinen Hütte
> Blickt sie nun nach dir,
> Mit der Liebe Sitte
> Träumt sie auch von mir.
>
> Denket im Gebete,
> Vor dem Schöpfer, mein:
> Gute Nacht, Lisette,
> Ewig bin ich dein.

800. Sind wir nicht zur Herrlichkeit geboren? 1835.

Vf. Alexander Wollheim, Dr. med., geb. zu Breslau 16. März
1817, † das. 16. Sept. 1855.

802. Singe, wem Gesang gegeben. 1812.

Vf. Uhland. Zuerst in: Deutscher Dichterwald von Justinus
Kerner (Tübingen 1813) S. 3. 4.

816. Sohn der Ruhe, sinke nieder.

Weber's Mel. v. J. 1822 in Op. 68.

817. Sonst spielt' ich mit Scepter. 1837.

Lortzing nur Componist, den Text zu seiner Oper verfasste
Philipp Salomon Reger, geb. zu Strassburg 1804, † zu Berlin
23. Febr. 1857 als kön. Schauspieler.

820. Steh' ich im Feld, mein ist die Welt. 1809.

Vf. Hebel. Zuerst in: Poetischer Musenalmanach für das Jahr
1812. Besorgt von Justinus Kerner S. 129. 130, unterz. 'H.'

822. Stehe fest, o Vaterland! 1815.

Carl Göttling, † zu Jena 20. Januar 1869.

823. Stille Nacht! heilige Nacht!

Text und Mel. in Erk's Germania Nr. 264.

824. Stiller Kirchhof, Ziel der Leiden. 1786.

Vf. Gottlob Wilhelm Burmann: Liederbuch fürs Jahr 1787.
Freunden und Freundinnen des Klaviers und Gesanges zum Neu-
jahrsgeschenk übergeben vom Verfasser. Berlin 1787. Querfolio.

Bl. 12. — Nach dem Vorbericht Berlin, im Dec. 1786 und der Zueign. ist B. Vf. und Componist der Lieder. — Die Mel. (F-moll, ³/₄-Takt) ist nicht die bekannte Volksweise, die wol erst einige Jahre später entstanden sein mag.

831. Thoms saß am hallenden See. 1796.
Nach Zelter's eigener Angabe ist seine Composition vom 1. Dec. 1796.

834. Traute Heimat meiner Lieben. 1780—86.
Mel. nicht von Beneken, sondern nur diesem Texte untergelegt, sie gehört zu dem Liede: Nach so vielen trüben Tagen.

836. Treu geliebt und still geschwiegen.
Vf. Just Friedrich Zehelein: Vermischte Gedichte Baireuth 1790) S. 35. 36, mit einer Comp. von Breul.

838. Treue Liebe bis zum Grabe. 1839.
Nach einer Mel. von Heinrich Wegener in Erk's Germania Nr. 9.

841. Trink, Kamerad! 1829.
Andreas Zöllner, geb. zu Arnstadt 8. Dec. 1804, † zu Meiningen 2. März 1862. — Aus des Lieder-Componisten A. Zöllner Leben u. Streben. Eine Skizze von Aug. Wilh. Müller. Magdeb. 1862.

844. Ueber allen Wipfeln ist Ruh. 1783.
Xaver Schnyder von Wartensee, geb. 18. April 1786, † zu Frankfurt a. M. 27. August 1868.

846. Ueber die Beschwerden dieses Lebens.
Pierre Gaveaux, geb. zu Béziers 1764, † zu Paris 5. Februar 1825. Le Petit Matelot ist v. J. 1795.

851. Und so finden wir uns wieder. 1802.
Vf. Schiller. Zuerst in Becker's Taschenb. 1803 S. 205.

852. Und wüßten's die Blumen, die kleinen. 1822.
Vf. Heinrich Heine. Zuerst gedruckt im Gesellschafter von Gubitz 1822. 28. Januar 16. Blatt.

856. Unsre Berge lugen.
Vf. Abraham Emanuel Fröhlich: Lieder (Frauenfeld 1853) S. 79. F. geb. zu Brugg im Aargau 1. Febr. 1796, Pfarrer zu Aarau. — Auch die Nägeli'sche Mel. sehr verbreitet.

860. Unter allen Wipfeln ist Ruh. 1817.
Im Matrikelbuche des Catharineums zu Braunschweig steht von Kuhlau's Hand: 'Daniel Fridericus Rudolphus Kuhlau, n. 11. Sept. 1785 Uelzena-Luneburgicus'.

861. Unter den Akazien
wandeln gern die Grazien. 1808.
Wilhelm Bach ist nach Inschrift auf seinem Grabsteine geb. zu Bückeburg 27. Mai 1759; vgl. v. Ledebur S. 25.

862. **Vater, also leb' ich wieder!**
  seh' die Schöpfung, preise dich! 1775.
  Vf. Caroline Rudolphi: Gedichte. 1. Aufl. 1781 S. 39.

867. **Vergiß mein nicht, wenn dir die Freude winket.**
  Vf. Max von Knebel, Rittmeister in Diensten des Markgrafen von Ansbach, † 9. Mai 1790, jüngster Bruder des bekannten Karl Ludwig von Knebel. S. Knebel's Nachlass I S. XLII.

871. **Viel tausend Sterne prangen.** 1807.
  Vf. August Eberhard, geb. zu Belzig 12. Januar 1769. Zuerst in der Zeitung für die eleg. Welt 1807 Nr. 184 Sp. 1467.

872. **Viele Gäste wünsch' ich heut.**
  Nach einer facsimilierten Handschrift des Dichters und des Componisten gedichtet von Goethe 12. Oct. 1813, componiert von Zelter 26. Februar 1814. In der Liedertafel zuerst gesungen 9. Sept. 1815.

878. **Vom hoh'n Olymp herab.**
  Ist aus dem Norden schon früh nach dem Süden verpflanzt, es findet sich auch in: Auswahl der vorzüglichsten Rund- und Freundschaftsgesänge (Nürnb. 1795) S. 164.

880. **Von allen den Mädchen so blink und so blank.** 1797.
  Das jetzt gangbare 4stroph. Lied (Lieder-Lexikon Nr. 1937) ist eine Umarbeitung des 7stroph. im Voss. Musenalmanach 1798 S. 197—199. 'B.' unterzeichnet, Anfang: Von allen Dirnen, so flink und so glatt. Ueberschrift: Der Schulknecht.

883. **Von allen Tönen in der Welt**
  ist keiner, der mir baß gefällt. 1822.
  Vf. Wilhelm Müller. Zuerst in: Deutsche Blätter für Poesie, Litt., Kunst und Theater von Karl Schall und Karl v. Holtei 1823 Nr. 17. 30. Januar.

886. **Wär' ich ein muntres Vögelein,**
  ich säng' im goldnen Morgenschein. 1800.
  Mel. von Zumsteeg zuerst als musik. Beilage Nr. 8 zur Zeitung für die eleg. Welt 1801.

887. **Wär' ich ein Vögelein,**
  grüßt' ich im Morgenschein.
  Die Gedichte Nänny's erschienen 1833, aber dies Lied schon 1830 und zwar 'Aus mündlicher Ueberlieferung' zum ersten Mal in der Serig'schen Auswahl 3. Aufl. S. 398; der Text ist hier sehr fehlerhaft.

891. **Wann ich einst das Ziel errungen habe.** 1785.
  Mel. von Jos. Carl Ambrosch wol die bekanntere, zuerst in: Böheim's Freymaurer-Lieder 1. Th. (Berl. 1795) 2. Aufl. S. 18.

892. **Wann's Mailüfterl wäht.**

Joseph Kreipl † zu Wien ... Mai 1866.

898. **Was bruucht me-n-i der Schwyz?** 1796.

Vf. Jost Bernhard Häffliger. geb. 1759.

905. **Was ist das für ein durstig Jahr.** 1816.

Vf. Uhland. Zuerst in der 2. Aufl. seiner Gedichte 1820 S. 81. — Zeller's Comp. erschien im 5. Hefte seiner 'Tafellieder für Männerstimmen' und ist vom 14. Oct. 1823.

907. **Was ist der Mensch? Halb Thier, halb Engel.** 1795.

Dass Evers der Vf. des Liedes ist, steht jetzt fest: Herr F. A. Cropp hat den ersten Abdruck selbst in Händen gehabt und theilt mir Folgendes darüber mit: 'Rede am Bundesfeste des 1ten Januars 1796 von J. L. Evers. Altona 1796'. In der Bibl. der Grossen Loge in Hamburg.) Auf der Rückseite: 'Denen Wenigen, die dieses Gedicht zufällig lesen sollten, oder denen ich es vielleicht vorlegen dürfte, um mich durch ihr Urtheil zu belehren, muss ich zum voraus sagen, dass es nicht für das grosse Publikum, sondern für den kleinen Kreis meiner Freunde geschrieben und abgedruckt ist. Diese letztern, für die es eigentlich nur Interesse haben kann, bathen mich um Abschriften, und um ihren Wunsch zu befriedigen, wählte ich die leichtere Vervielfältigung der Presse. Dieses nämliche hat auch auf das kleinere angeschlossene Gedicht Beziehung'.

Eine Zeitlang galt das Lied auch für ein Schiller'sches und erschien unter dessen Namen 'in Musik gesetzt und für die Guitarre eingerichtet von Rodatz' bei Schott in Mainz. Mehr darüber Joachim Meyer, Neue Beiträge zur Feststellung, Verbesserung und Vermehrung des Schiller'schen Textes (Nürnberg 1860) S. 28. — Eine schlechte Umarbeitung, 'H....' *) unterzeichnet, enthalten die Nordischen Miscellen 1. Bd. (Hamb. 1804) S. 209. 210. — Amandus Eberhard Rodatz, geb. zu Hamburg 1. Febr. 1775, † das. 27. Dec. 1836 als Organist an der Katharinenkirche.

908. **Was ist des Deutschen Vaterland?** 1813.

Vf. E. M. Arndt, † zu Bonn 29. Januar 1860. — Johannes Cotta † zu Willerstedt 18. März 1868. — In einem Aufsatze der Kölnischen Zeitung 1860 Nr. 271 29. Sept.: 'Die Reichardt'sche Melodie zu E. M. Arndt's Was ist des Deutschen Vaterland?' spricht sich R. also aus:

»Die Cotta'sche Melodie summte mir immer vor den Ohren. Ich führe dies lediglich an, um die so oft gehörte Ansicht zu berichtigen, es sei mir ein guter Wurf gelungen. Die Reflexion ist gerade bei diesem Liede vorzugsweise in Anspruch genommen. Nebenbei mahnte mich die Cotta'sche

---

*) Carl Christian Heise.

Melodie, ihre Schwächen zu vermeiden. Sie ist in der gutmüthigen Weise älterer Studentenlieder gehalten, ohne rhythmische Kraft und ohne Beachtung der logischen Declamation, lediglich gefällig. Es könnte scheinen, als wolle ich einen Tadel aussprechen. Das ist und war nie der Fall; denn sie ist wirklich eine Volks-Melodie -- ich hingegen wollte den herrlichen Text für gebildete Sänger-Vereine componiren, in diesem speciellen Falle eine Composition schaffen, welche dem Geiste der Worte vollen Ausdruck gebe und Kennern wie Laien wo möglich dauernd zusage. Dass sie zum Volksliede werden würde, konnte ich nach der ganzen Anlage nicht hoffen, schon aus dem Grunde, weil sie der Harmonie nicht entbehren kann. Erst im August 1825 auf einer Reise durch Schlesien mit vier musicalischen Freunden glaubte ich sie probehaltig, und von der Höhe der Schneekoppe hinab sangen wir sie zum ersten Male. Im Jahre 1826 in Berlin veröffentlicht, wurde dem Liede allgemeinere Verbreitung zunächst durch die daselbst im Herbste 1828 tagende grosse Naturforscher-Versammlung, welcher es von unserer jüngeren Liedertafel (im Verein mit der älteren, der Zelter'schen) gesungen wurde. Die zehn Verse des Arndt'schen Liedes hatte ich aus leicht ersichtlichen Gründen in sechs zusammengefasst. Anfangs brummte der alte Barde; bald aber meinte er, ich möge Recht gehabt haben. Indessen seit der grossen Gewerbe-Ausstellung zu Berlin 1838 fügte ich einen siebenten Vers wieder hinzu

Das ist des Deutschen Vaterland,
Wo Eide schwört der Druck der Hand,
Wo Treue hell vom Auge blitzt,
Und Liebe warm im Herzen sitzt.
Das soll es sein, das soll es sein,
Das, wackrer Deutscher, soll es sein.

Dieser Vers wird zwischen dem fünften und sechsten Vers eingeschaltet, bekommt in erster Hälfte die Musik des letzten und in zweiter Hälfte die des vorletzten Verses. Ich forderte damals durch die Presse sämmtliche Männergesang-Vereine auf, diesen Vers in vorbeschriebener Weise hinzuzufügen; es mag aber wohl nur spärlich geschehen sein. Daher w i e d e r - h o l e ich h i e r d i e s e m e i n e B i t t e, zumal Vater Arndt sichtbar seine Freude darüber bezeigte.«

Die Köln. Zeit. fügt dann noch hinzu :

»Im Jahre 1849 war Reichardt in Paris und wurde dort in verschiedenen Kreisen in der Regel als *Monsieur le compositeur de la Marseillaise Prussienne* vorgestellt. Bei dem grossen Gesangfeste, welches im Jahre 1848 in Mexico Statt fand, trugen 60 Deutsche auch des Deutschen Vaterland in der Reichardt'schen Melodie vor. Es wurde stürmisch *da capo* verlangt. Darauf trat der Bischof, von der Geistlichkeit umgeben, zu den Sängern und dankte ihnen für den Genuss, den sie Allen durch den Vortrag dieser — *Missa protestantica* verschafft hätten.«

914. Was schimmert dort auf dem Berge so schön? 1818.

Vf. Carl Breidenstein, geb. zu Steinau in Kurhessen 28. Febr. 1796, Musikdirector u. Prof. zu Bonn.

915. Was soll ich in der Fremde thun?

Vf. Johann Valentin Adrian, geb. zu Klingenberg a. M. 17. Sept. 1793, ☩ zu Giessen 18. Juni 1864 als Prof. — Zuerst im Morgenblatt 1823 Nr. 44 S. 173, unterzeichnet 'A.'

917. Weg mit den Grillen und Sorgen. 1797.

Mel. von Karl Bornhardt in: Reichardt, Neue Lieder ges. Freude 1. Heft (1799) S. 49.

920. Weint, ach weint, ihr süßen Herrchen! Ritter Marcepan ist todt. 1779.

Vf. Jos. Franz Ratschky: Gedichte (Wien 1791) S. 55—57. Das Volk singt: Herr von Rosenroth ist todt.

923. Weit in nebelgrauer Ferne. 1796.

J. Rudersdorff, geb. (nach v. Ledebur) zu Amsterdam um 1799. — Mel. von Zeller die schönere in Schiller's Musenalm. 1798 als Notenbeilage.

933. Wenn heut' ein Geist hernieder stiege. 1816.

Vf. L. Uhland: Vaterländische Gedichte (Tüb. 1817) Nr. 6.

934. Wenn hier nur kahler Boden wär'! 1777.

Zuerst im Voss. Musenalm. 1778 S. 128, der im Herbst 1777 erschien, während Asmus 3. Th. erst Mai 1778 ausgegeben ward.

935. Wenn ich die Blümlein schau.

Weber's Mel. 1817 in Op. 66.

938. Wenn Jemand eine Reise thut. 1785.

Beethoven's Mel. ist schon v. J. 1786, s. Lenz 5, 395.

939. Wenn in des Abends letztem Scheine. 1793.

Die schöne volksthümliche Mel. von Weiss in der Zeitung für die elegante Welt 1807, Beilage Nr. 4.

941. Wenn man beim Wein sitzt, was ist das Beste?

Vf. August Kopisch: Gedichte (Berlin 1836) S. 35.

952. Wer hörte wol jemals mich klagen?

Text zur Schweizerfamilie von Castelli.

953. Wer ist der Ritter hochgeehrt, der hin gen Osten zieht? 1829.

Heinrich Marschner, † zu Hannover 14. Dec. 1861 als kön. General-Musikdirector.

954. Wer ist ein freier Mann? 1790.

Eine bessere Mel. als die Schwenke'sche in Becker's Taschenb. 1792, 2. Aufl. 1795, Notenanhang S. 9.

957. Wer nie sein Brot mit Thränen aß. 1782.

Zelter's Mel. bereits (nach seiner eigenen Angabe) 14. Juli 1795 componiert.

958. Wer niemals einen Rausch gehabt.

Schon im Akademischen Lustwäldlein 1794 Nr. 31.

962. Wer singet im Walde so heimlich allein? 1823.

Text und Mel. von H. v. F. Der Text zuerst in meinen Gedichten: Breslau bei Grüson 1827 S. 31, die Mel. in (Franz Kugler's) Liederbuch für deutsche Künstler 1833 S. 187. Die Aufzeichnung der Mel. durch Kretzschmer ist handschriftlich noch vorhanden. Zwanzig Jahre später nahm G. W. Fink in sein unkritisches musikalisches Sammelsurium: Musikalischer Hausschatz S. 562 meinen Text und meine Melodie als „Alte Weise" auf mit folgender Bemerkung: 'Auf die Singweise, die ich in meiner Jugend fast so, wie ich sie hier schrieb, secundirte, wozu ich auch fleissig aufgemuntert wurde, besinne ich mich genau; nicht so auf den Text des Liedes, welcher nach Hoffmann von Fallersleben gegeben worden ist'. — Wenn Fink Recht hätte, so wäre es wunderbar, ja unerklärlich, dass seit Fink's Geburt 1783 den vielen Sammlern deutscher Volkslieder und Volksweisen dies Lied mit seiner Melodie völlig unbekannt geblieben sein sollte! Ich würde auf diese Sache gar nicht wieder zurückgekommen sein, wenn nicht der Däne Berggreen noch weiter gegangen wäre als Fink und nun auch noch den Text mir abspräche: s. Tydske Folke-Sange og Melodier, samlede og udsatte for Pf. af A. P. Berggreen, anden Udgave. Kjöbehavn, Reitzel 1863 S. 188.

964. Wer wollte sich mit Grillen plagen? 1776.

Das Hölty'sche Lied führt die Ueberschrift: 'Aufmunterung zur Freude'. Herr Dr. Caspar bemerkt dazu: 'Solche Aufmunterungen waren ein sehr beliebtes Genre der Liederpoesie des vorigen Jahrhunderts. Unter den 80 Liedern zum Gebrauch der vier vereinigten Logen in Hamburg, gesammelt von dem B. S. o. O. u. J. finden sich allein 36 sogenannte Aufmunterungen, nämlich 5 zur Tugend überhaupt; 1 zur Eintracht; 9 (und darunter auch unser Hölty'sches Lied) zur Freude; 6 zur Freundschaft; 1 zur Freyheit; 7 zur Ruhe im Leiden; 4 zur Weisheit; 3 zur Zufriedenheit!'

969. Wie hehr im Glase blinket. 1787.

Zelter's Mel. wurde schon 7. Nov. 1809 in der Liedertafel gesungen.

972. Wie i bi verwicha
ju mei'm Dirndel g'schlicha. 1835.

Constant v. Wurzbach (Biogr. Lexikon 9, 115) fügt dem Artikel über Gustav Hölzel Folgendes hinzu: 'Die Geschichte des Liedes: Das Herz'nload. Eine der berühmtesten Compositionen Hölzel's, welche die Runde durch den Erdball gemacht, und in ihrer hinreissend elegischen Fassung gesungen, nie ihre Wirkung verfehlen wird. „Das Herz'nload" hat eine eigene Geschichte, welche im J. 1860 im Wiener Blatte „Der Wanderer" mitgetheilt ward. In folgenden Zeilen sollen einige Auslassungen nachgeholt und wesentliche Unrichtigkeiten berichtigt werden. Der Vf. des Textes ist der Schauspieler Angelus Schrit, Kaufmannssohn aus Prag, dort um 1810 geboren, der unter dem Anagramm seines Namens als Trisch die Bühne betrat; einige Zeit in Meidling, dann unter Director Carl in Wien spielte. Im Revolutionsjahre 1848 spielte er in Ofen, schrieb ein revolutionäres Schauspiel, für welches er mit zwei Jahren büssen musste. Er hat noch andere Stücke, Prologe und Gedichte verfasst und ist im J. 1861 in Armuth gestorben. Das „Herz'nload" dichtete er im J. 1835 in Pressburg. Veranlassung und Umstände, unter denen diese Dichtung entstand, werden ausführlich von L. A. Frankl in seinen Sonntagsblättern 1846, Nr. 12: „In Hamburg. Geschichte eines deutschen Volksliedes", erzählt. Hölzel passte auf diesen Text ein Motiv an, welches er für eine Composition Weber's hielt, und das sich später als ein Werk Reissiger's herausstellte. Sie erschien also zuerst als „Weber's letzter Gedanke" in Wien im Drucke. Der Wiener Verleger wusste aber nicht, dass dasselbe Lied schon früher in einer Folge komischer Theatergesänge unter dem Titel: „Das Herzeload", Text von A. Schrit, bei Marco Berra in Prag erschienen ist. Also der Text ist nicht, wie „Der Wanderer" erzählt, von Ritter v. Steinhauser, und der Antheil Hölzel's an der Composition, wie er selbst erzählt, ist nur mehr untergeordneter Art, da eigentlich Reissiger den Grundgedanken der Composition verfasst hat'. So weit Wurzbach. — Trotzdem steht die Verfasserschaft des Liedes immer noch nicht fest. Dass Hölzel von der Frau Prix den Text zum Componiren, das 'herzige' Lied des Ritters v. Steinhauser, bekommen habe, erzählt Hölzel selbst. Am 16. Dec. 1860 schrieb mir nun noch weiter Herr Anton Geringer, Postofficial zu Wien: 'Herr A. Prix (der bekannte Theateragent) erschien vor einigen Tagen im Postbureau, und ich befragte ihn, wie es komme: dass Hölzel als Verfasser des besagten Volksliedes den Ritter v. Steinhauser angebe, da doch in den meisten Liederbüchern der Schauspieler Schrit als Vf. genannt wird. Prix theilte mir hierauf mit: Der Vf. sei weder Schrit noch Steinhauser, sondern seine (des A. Prix) eigene Frau, Madame Prix. Hölzel habe sich geirrt, Steinhauser habe ihm wol mehrere Lieder, jedoch keineswegs das Herzensload zur Composition übergeben, worüber ich Hölzel selbst befragen könne. Das Lied rühre von Mad. Prix her; der Schauspieler Schrit habe es ihr 'gestohlen', unter seinem Namen herausgegeben, und so sich 'einige Groschen erworben'. — Der Text auch in: Gesänge aus dem Liederspiel: Er requirirt! In 1 Aufzug. Musik von verschiedenen Componisten. Berlin 1839. 8°. S. 11. — Mel. erschien als Einzeldruck in Querfolio Berlin bei F. S. Lischke unter dem Titel: C. M. v. Weber's letzter musikalischer Gedanke. Das Herzenleid. Lied mit Begl. des Pf. oder der Guit. Eigenthum des Herausgebers.

973. Wie könnt' ich dein vergessen. 1841.

Mel. von Ludwig Erk 1843: Germania Nr. 11.

**977. Wie lieblich winkt sie mir,
die sanfte Morgenröthe. 1773.**

Ehrenberg † 1790.

983. Wie sie so sanft ruh'n! 1779.

Friedrich Burchard Beneken, geb. zu Kloster Wennigsen 13. Aug. 1760, † zu Kloster Wüllinghausen bei Elze im Hannöv. 22. Sept. 1818. (Kirchenb.)

986. Wie wohl ist mir im Dunkeln. 1795.

Mel. von Andreas Romberg erschien 1799.

988. Wiederum hat stille Nacht.

Schon in: Lieder zum Gebrauch in den Logen (Bresslau 1777) S. 64. 65, jedoch mit etwas verändertem Anfange.

991. Willkommen, lieber Mondenschein. 1778.

Mel. von Samuel Gottlob Auberlen, geb. zu Fellbach bei Stuttgart 23. Nov. 1758, † zu Ulm um's J. 1825 als Organist.

**996. Winter, ade!
Scheiden thut weh. 1835.**

Als Volkslied 'Aus Leipzigs Umgegend nach Aufzeichnung des Dr. Hildebrand' mitgetheilt in Mannhardt's Abhandlung: Der Kukuk (in Wolf's Zeitschrift für deutsche Mythol. 3. Bd. S. 212. 213).

**998. Wir hatten gebauet
ein stattliches Haus. 1819.**

Vf. August von Binzer, † zu Neisse 20. März 1868.

1003. Wir sind nicht mehr am ersten Glas. 1812.

Vf. Uhland. Zuerst in: Deutscher Dichterwald von Justinus Kerner (Tübingen 1813) S. 79, unterz. Volker.

1005. Wir winden dir den Jungfernkranz. 1817.

Mel. von Weber vom 21. März 1820.

1009. Wo Kraft und Muth in deutscher Seele flammen. 1815.

Vf. Karl Hinkel, geb. zu Chemnitz, Senior der Saxonia zu Leipzig 1815, † 22. Dec. 1818. Gedichtet im Juli 1815 bei Gelegenheit des zur Begrüssung des zurückgekehrten Königs unternommenen Zugs der Leipz. Studentenschaft nach Dresden; s. Lieder zur 50jährigen Jubiläumsfeier des Corps Saxonia zu Leipzig 1862 S. 31.

1017. Wolauf, Kameraden, auf's Pferd, auf's Pferd. 1797.

Zahn's Mel. war dem Schiller'schen Musenalm. für 1798 beigefügt als Notenbeilage, unterzeichnet 'Z...' Dieselbe findet sich jedoch nicht in allen Exemplaren.

Später erschien Zahn's Composition zugleich mit der von Zumsteeg in Steindruck. Der Druck ist zugleich als eins der frühsten Erzeugnisse der Lithographie merkwürdig. Ich fand ein Exemplar in der Fürstlich Fürstenberg'schen Bibliothek zu Donaueschingen. Es sind 4 Blätter in Folio, schön geschrieben, auf dem letzten die Musiknoten, 'Steinschrift von Mohl': Reiterlied von Schiller. Stein-Druck. Stuttgardt in der Steindruckerey und Tübingen in der J. G. Cotta'schen Buchhandlung. Geschrieben und in Stein gegraben von J: Carl Ausfeld. 1807.

1018. Wolauf, noch getrunken den funkelnden Wein!
Vf. Justinus Kerner, ✝ zu Weinsberg 21. Febr. 1862. Zuerst in Justinus Kerner's Poet. Almanach für das J. 1812 S. 108.

**1025. Zu Mantua in Banden
der treue Hofer war. 1832.**
Vf. Julius Mosen, ✝ zu Oldenburg 10. Oct. 1867. — Mel. von Ludwig Berger Op. 43.

1031. Zwischen Frankreich und dem Böhmerwald. 1854.
Vf. Hoffmann von Fallersleben, Heinrich, nach dem Kirchenb. August Heinrich, geb. zu Fallersleben unweit Braunschweig 2. April 1798.

Während des Drucks.

698. Noch einmal muß ich vor dir stehn. 1819.
Theodor Friedrich Kniewel, geb. zu Danzig 24. Jan. 1783, ✝ zu Stuttgart als Pastor em. 186.. (Mitth. des Hrn. Robert Hein.)

1090. Keine Sonne brachte den Tag. 1824.
Franz Lachner, geb. im baier. Städtchen Rain 2. April 1804, Hofkapellmeister zu München.

1138. Willkommen, o silberner Mond! 1764.
Christoph Willibald Gluck, geb. zu Weidenwang in der Oberpfalz 2. Juli 1714, ✝ zu Wien 15. Nov. 1787. Vgl. Wurzbach 5, 221.

Nachwort
zur dritten Auflage.

⁓⁓⁓⁓

Es ist eine betrübende Erscheinung, dass diejenigen Schriftsteller, von welchen wir glaubten, dass ihnen mit unserm Buche am meisten gedient sein müsste, sich um dasselbe am wenigsten bekümmern. Vor nun beinahe zehen Jahren erschien mein Büchlein 'Unsere volksthümlichen Lieder' in zweiter Auflage, ich habe aber nicht gemerkt, dass es bis jetzt von sonderlicher Wirkung gewesen ist: die Sammler von Liedern verfahren meist alle noch immer auf dieselbe unverantwortliche Weise wie ihre Vorgänger. Man schlage nur eine beliebige Sammlung auf, da findet man schlechte, oft ganz verstümmelte Texte, unrichtige Angaben über die Verfasserschaft oder, was am Ende noch das Bessere ist, gar keine. Niemandem fällt ein, zu den Quellen zurückzugehen, und den wahren Verfasser zu ermitteln, und beides wäre ihm doch hier bequem genug gemacht. Und das gilt nicht allein von den vielen Commers- und Liederbüchern und den vielerlei Sammlungen für die Schuljugend, sondern auch von den Blumenlesen, die unter allerlei hochklingenden, vielversprechenden Titeln in prachtvollen Einbänden mit Goldschnitt, oft sogar mit theueren Illustrationen, nebenbei auch wol unter einem beliebten Schriftstellernamen erscheinen und so auf den Weihnachts- oder Putztisch wandern.

Ein guter Kaufmann liefert gute, reine Waare, aber unsere Anthologen oder mehr noch ihre Brotherren nehmen das nicht

so ängstlich, beide verlassen sich auf einander, jene suchen mit
Ihrem Namen, diese mit ihrer Firma für die Vortrefflichkeit
Ihrer Erzeugnisse einzustehen (die Flagge deckt die Ladung!)
und beide wissen dann noch, durch willfährige Tagesschrift-
steller und eigene kostspielige empfehlende Anzeigen das Publicum anzulocken. Bedürfniss und Liebhaberei begnügen sich
dann am Ende mit Büchern, die ganz abgesehn von gutem Geschmack in der Auswahl, das wenige Gute nicht einmal in
einer billigen Anfoderungen genügenden Form darbieten.

Doch man muss so vieles im Leben thun, dessen Erfolg
man nicht erlebt, und so mag es denn auch mit meiner Arbeit
sein, die bei aller Mühe doch für mich die Freude des Suchens
und Findens und so vorläufig auch Lohn genug hatte, zumal ein
besserer Weg bereits angebahnt ist durch die eifrigen Bemühungen Ludwig Erk's, der in seinem deutschen Volksgesangbuch 'Germania' *) gezeigt hat. wie man bei Liedersammlungen
wissenschaftlich verfahren muss.

Schliesslich habe ich nur noch öffentlich meinen Dank ab-
zustatten allen Freunden und Förderern meines Unternehmens,
unter ihnen besonders den Herren: Musikdirector Ludwig Erk
in Berlin, Dr. Karl Goedeke in Göttingen, Anton Geringer.
Joseph Maria Wagner und Regierungsrath Dr. Constant von
Wurzbach in Wien, Dr. Wilhelm Buchner in Crefeld, Friedrich
August Cropp und Dr. Carl Rudolf Caspar in Hamburg und Dr.
Heinrich Weismann in Frankfurt a. M.

---

*) Berlin, Verlag von Otto Janke 1869.

Schloss Corvey, 28. Februar 1869.

H. v. F.

Dichter und Tonsetzer.